Derrière
les portes closes

Stephan Orth

Derrière les portes closes

Mes aventures en Iran

Traduit de l'allemand
par Hélène Boisson

PAYOT

Retrouvez l'ensemble des parutions
des Éditions Payot & Rivages sur

payot-rivages.fr

TITRE ORIGINAL :
Couchsurfing im Iran

There is a crack in everything –
that's how the light gets in.

Leonard COHEN, « Anthem »

62 JOURS, IRAN.
22 HÔTES RENCONTRES.
DISTANCE TOTALE PARCOURUE:
8 484 KM (HORS EXCURSIONS
D'UNE JOURNÉE)
EN AVION: 2 275 KM
EN BATEAU: 85 KM
SUR ROUTE: 6 124 KM
TURKMÉNISTAN
MER CASPIENNE
Ardabil
Abbas Abad
Mashhad
Teheran
Marivan
Hamedan
Hajij
Kermanshah
AFGHANISTAN
IRAN
Ispahan
Yazd
IRAK
Fath-ol-Mobin
Ahvaz
Arband Kenar
Kerman
Kalouts
Shiraz
Boushehr
Bam
Bandar Gaah
PAKISTAN
GOLFE PERSIQUE
Bandar Abbas
Charak
Qeshm
ARABIE SAOUDITE
Dubaï

À la frontière

Quand tu as peur, vraiment la trouille de ta vie – quand tu te dis que ça y est, ton heure est venue, soudain, tu perçois tout ce qui t'entoure avec une netteté deux fois plus grande. Le cerveau passe en mode alarme. Tout ce qui compte, c'est ici et maintenant. Plus de place pour les détails qui n'ont rien à voir. Chez moi, cet état se manifeste ainsi : sommé de répondre aux questions des policiers, pas moyen de me souvenir de mon propre code postal. Je suis assis dans la salle d'interrogatoire d'un poste de police, en Iran. La pièce est équipée d'un grand bureau avec un ordinateur de marque Samsung. Au centre, une table basse et sept fauteuils dont la garniture de cuir marron est encore recouverte de housses en plastique transparent. Une porte étroite donne sur le hall d'entrée, une autre sur un couloir où l'on voit d'autres portes qui mènent vers d'autres bureaux. Les murs vert clair sont ornés des armes du pays – quatre croissants de lune autour d'une épée. Juste à côté, dans un cadre doré, l'inévitable double portrait des dictateurs. Khomeini, comme toujours, jette un regard sombre sur la pièce, Khamenei affiche au contraire un large sourire – je ne l'ai jamais vu aussi réjoui. À croire que dans des endroits comme celui-ci, il est vraiment dans son élément.

– Il y a deux ans, deux espions ont été arrêtés ici, dit Yasmine[1], mon accompagnatrice. Ils sont toujours en prison à Téhéran.

– Mais qu'est-ce qu'ils avaient fait ?

– Je n'en sais rien.

Il faut dire qu'en Iran, être soupçonné d'espionnage est un véritable jeu d'enfant. Quelques photos souvenirs de l'aéroport ou de bâtiments officiels suffisent. Ou le simple fait de se trouver à proximité des frontières du pays. Nous sommes actuellement à Nossoud, au Kurdistan iranien ; une dizaine de kilomètres à peine nous séparent du pays voisin.

– Nous avons été informés que des étrangers séjournaient ici, dit l'un des deux agents.

Il porte un pantalon bouffant à la mode kurde et une chemise kaki.

– Aujourd'hui, normalement, on est en congé, ajoute-t-il pour justifier l'absence d'uniforme.

Visage énergique, pectoraux gonflés à bloc ; il semble passer beaucoup de temps dans une salle de musculation. Son collègue vêtu de rose paraît plus doux, plus bienveillant, avec sa bedaine naissante sous le large turban qui lui sert de ceinture ; il donne l'impression de trouver tout cela bien désagréable, lui aussi. *Bad cop, good cop* : les rôles sont clairement répartis entre le méchant et le gentil.

Mon code postal ? Sous le coup de la peur, je donne un faux numéro. Le bon flic nous propose une tasse de thé : en Iran, c'est toujours le moment de boire le thé. Peu après, un jeune homme en treillis entre, les bras chargés d'un plateau. En portant la tasse à mes lèvres, je constate que j'ai les mains

1. Pour ne pas mettre en danger les personnes citées, les prénoms ont été pour la plupart modifiés et tous les noms de famille ont été omis.

qui tremblent. Il vaudrait pourtant mieux ne pas avoir l'air trop nerveux.

– Si tu pouvais essayer de retrouver ton passeport, ce serait bien, me glisse Yasmine.

Je n'en ai montré qu'une copie, en prétendant avoir laissé l'original dans ma chambre d'hôtel. Mais le fait est que, depuis des semaines, je n'ai pas passé une seule nuit à l'hôtel. Je me mets donc à fouiller suffisamment longtemps dans tous les compartiments de mon sac à dos. Tout à coup, ô surprise, je finis par mettre la main sur le précieux document. Un employé en costard-cravate entre par la porte de derrière et emporte mon passeport dans la pièce voisine.

– Il en fait une copie et appelle les services de l'immigration pour voir si tout est en règle, commente Yasmine.

L'interrogatoire continue. Numéro de mobile ? Situation familiale ? Nom du père ?

L'homme en kaki tient en main une feuille A4 où figurent les informations que j'ai données, papier pelure type Pelikan Handicopy 303H. Yasmine traduit les questions et les réponses.

– Profession ?

– Il est étudiant, ment-elle sans me consulter.

Lors de ma demande de visa, j'avais indiqué « *website editor* », ce qui s'approche davantage de la vérité.

– Âge ?

– Trente-quatre ans.

– Qu'est-ce que tu étudies ? traduit Yasmine.

– La littérature anglaise et américaine, précisé-je.

C'était il y a huit ans. Mieux vaut ne pas évoquer l'école de journalisme qui a suivi.

– Qu'est-ce que vous êtes venus faire ici ?

– Quelle relation y a-t-il entre vous ?

– C'est un ami de ma famille. Il est ici en vacances, répond Yasmine.

Un soldat va chercher nos bagages dehors, dans le coffre du taxi, et cale les sacs contre la table vitrée qui occupe le milieu de la pièce.

– Sortez tout, demande l'homme à la chemise kaki.

Sur le mur, Khamenei, le chef de l'État, semble sourire encore plus fort. Bonnes dents pour son âge, plus de soixante-dix ans.

Tout en tirant du sac à dos les pochettes où j'ai rangé mes vêtements, puis ma serviette qui sent le chien mouillé, je passe mentalement en revue tout ce que j'ai emporté. Guide de voyage ? Livres sur l'Iran ? Rien de bien méchant. Le seul ouvrage interdit serait *Persépolis* de Marjane Satrapi, et je l'ai laissé à Téhéran. Par chance, je n'ai pas pris de *news magazine* allemand, ni aucune revue où on verrait des femmes dévoilées.

– Drogues, alcool, viande de porc ?

Négatif.

Et mes notes ? Hautement suspectes. J'ai déjà rempli deux carnets Moleskine et la moitié d'un troisième. Sur la première page, impossible de manquer les titres, écrits noir sur blanc : Iran 1, Iran 2 et Iran 3.

Ma carte de presse ? Dans le portefeuille. Quel idiot, j'aurais dû la laisser à la maison.

– Et dans l'appareil photo ?

Ça devient délicat. Installations militaires, centrale nucléaire, fêtes alcoolisées, filles tête nue. Tout ce qu'il faut, en somme. Sans compter que je risque de mettre en danger plusieurs de mes amis. Heureusement, quelques photos particulièrement intéressantes sont stockées sur une carte mémoire qui se trouve non pas dans l'appareil, mais un peu plus à l'abri, quelque part dans la sacoche.

Mais pour l'heure, c'est la trousse de toilette où je range ma petite pharmacie d'urgence qui focalise l'attention. Le fonctionnaire en pantalon bouffant inspecte attentivement chaque boîte de comprimés. Imodium, aspirine, paracétamol, et quelques produits aux plantes, GeloMyrtol, Iberogast, Umckaloabo. Visiblement, je ne suis pas un trafiquant de drogue.

Puis mon Netbook : il me faut l'allumer, montrer qu'aucun dossier suspect ne traîne sur le bureau. Tout est camouflé sous des intitulés insoupçonnables. C'est bon, je peux l'éteindre. Intéressé, le flic tourne et retourne ma liseuse pour e-books, la laisse maladroitement tomber par terre, s'excuse, puis se plonge un moment dans mon guide des arts et monuments de l'Iran. 100 % touristique. Inoffensif. Parfait.

Il trouve un bloc-notes, d'allure iranienne celui-ci, dont un de mes hôtes m'a fait cadeau. « *In the name of God, presented to Mr Stephan during his travel to Lorestan Province, 3.2.1393.* » Le policier inspecte toutes les pages : à part la dédicace du début, pas la moindre inscription. Le cadeau idéal.

Coup de chance, il ne voit pas les trois autres carnets, dissimulés au milieu d'un tas de billets d'entrée et de tickets de caisse. C'est fini. On peut tout remballer. Je me retiens pour ne pas respirer un grand coup, jusqu'au fond de mes poumons. Ce qui ne serait pas très malin, étant donné l'odeur de serviette moisie qui a envahi la salle d'interrogatoire. Je referme la fermeture éclair du sac à dos, je me rassieds sur un siège recouvert de film plastique et j'attrape mon verre de thé. Ma main ne tremble plus.

– Et maintenant, faites voir l'appareil photo, demande l'homme en tenue kaki.

Derrière lui, sur le mur, Khamenei rit dans sa barbe géante.

Il rit, il rit, sans plus pouvoir s'arrêter.

تهران

TÉHÉRAN

Population : environ 10 millions d'habitants
Province : Téhéran

Welcome to Iran !

« Méfie-toi des terroristes et des kidnappeurs ! » (Un ami)

« C'est pareil qu'en Arabie saoudite, non ? Surtout, ne regarde pas les femmes dans les yeux ! » (Un journaliste spécialisé dans les voyages)

« Tu vas te faire pousser la barbe ? Tu me rapporteras un tapis ? » (Une amie)

« T'es cinglé. Je vois vraiment pas l'intérêt d'aller là-bas. » (Un collègue originaire d'Iran)

Un mois déjà. Le train d'atterrissage du TK 898 en provenance d'Istanbul avait à peine touché le sol que s'ouvrait une autre chronologie. Le temps de l'Iran. Deux heures trente d'avance, six cent vingt et un ans de retard. Bienvenue à l'aéroport Imam Khomeini, nous sommes aujourd'hui le 7 Farwardin 1393, *Happy Nowruz*, nous vous souhaitons une bonne année.

Sur le siège 14B, un monsieur un peu enveloppé engloutit la dernière gorgée de sa bière turque de marque Efes. À la place 17F, une adolescente enfile une paire de chaussettes pour dissimuler ses chevilles. Noirs, blonds, châtains, roux, gris, colorés, coiffés, peignés, en bataille, courts ou longs, les cheveux disparaissent sous des voiles noirs, marron ou rouges. On repère les étrangères à leur manque de pratique : dès qu'elles essaient d'ouvrir le casier à bagages, leur foulard glisse et leur tombe sur la nuque, contrairement à celui des Iraniennes. Il faut recommencer la manœuvre. *« Respected Ladies : Observe the Islamic dress code »*, ordonne une pancarte à l'intérieur du terminal (sans s'embarrasser de *please* ni de *thank you*).

Près des tapis roulants, au-dessus d'une enseigne lumineuse vantant les téléphones Sony, les premiers portraits géants des deux barbus me saluent, dix fois plus grands que nature. Rouhollah Khomeini a un regard sombre et rusé. Même en photo, ses yeux semblent capables de tout transpercer. Du haut de son intelligence et de son infinie froideur, le Guide de la Révolution contemple le monde. Quant à son acolyte Ali Khamenei, avec ses lunettes trop grandes et ses yeux vides, il paraît simplet, inoffensif – étonnant quand on sait qu'il s'agit de l'un des chefs d'État les plus puissants et les plus brutaux de l'histoire contemporaine. Mais peut-être cette insignifiance n'est-elle que relative : auprès du sombre Khomeini, même Saddam Hussein ou Mouammar Kadhafi feraient figure de gamins venus passer un test de récitation du Coran. « À partir de maintenant, où que tu ailles, on te tient à l'œil », dit en substance le regard des deux ayatollahs. Leurs portraits sont dans tous les magasins, tous les restaurants, dans les maisons, les bâtiments publics, les mosquées, les hôtels, les gares routières. Pour échapper à la présence de Khomeini et Khamenei, pas d'autre solution que de s'enfermer dans un appartement, entre quatre murs. Ou d'être aveugle.

Le 7 Farwardin 1393. Du point de vue des lois, là encore, il faut se transporter quelques siècles en arrière. En Iran règne la charia : une femme vaut la moitié d'un homme devant la loi et peut se voir lapidée pour adultère. En Iran, je suis un délinquant : dans mon sac à dos, je transporte un kilo et demi de *marzipan* de Lübeck (la pâte d'amandes contient une petite dose d'alcool) et quelques salamis polonais (à la viande de porc). Il ne me manque plus que quelques numéros de *Playboy* pour mériter la médaille du touriste le plus bête à avoir jamais foulé le sol iranien.

D'un autre côté, sans quelques transgressions comme celles-ci, le projet qui m'amène en Iran n'aurait aucune chance d'aboutir. Alors pourquoi ne pas commencer tout de suite, entrer d'emblée dans mon nouveau rôle (escroc, imposteur, comédien) ? Le plus tôt sera le mieux.

Le 7 Farwardin 1393. Mon téléphone mobile refuse catégoriquement d'afficher la date. Avant 1971, rien n'existe (pourquoi 1971 ?). En guise de représailles, je lui fais ingérer une carte SIM iranienne. Pour l'obtenir, il m'a fallu signer séance tenante trois formulaires en persan. J'ai demandé au vendeur de quoi il retournait, mais son anglais était trop limité.

– *No problem !* m'a-t-il dit.

Et devant mon regard interrogateur, il a répété, d'une voix plus douce, amicale même :

– *No problem !*

Comme j'ai absolument besoin d'une carte SIM locale, je signe. Je viens peut-être de donner mon accord pour que chacun de mes SMS soit expertisé par les services secrets. Après tout, qu'importe ? De toute manière, ils le font. C'est même annoncé dans les consignes de sécurité de l'Office allemand des Affaires étrangères.

Les choses s'améliorent au moment de changer de l'argent : au guichet de la Melli Bank, l'employé m'explique qu'il peut me donner 35 000 rials pour un euro, mais qu'à l'étage du dessus, il y a un bureau de change où l'euro est à 40 000 rials. Aussitôt dit, aussitôt fait – pour moi, le taux sera même de 41 500. Pas mal. Il m'a fallu venir jusqu'en Iran pour qu'un banquier me donne un bon conseil. J'aurai encore affaire à quelques changeurs, car les distributeurs automatiques locaux n'acceptent pas les cartes européennes, sérieux inconvénient quand on compte rester longtemps. Pour deux mois, j'ai emporté deux mille euros et mille dollars en petites coupures. Les liasses sont judicieusement réparties un peu partout dans mes bagages. Espérons qu'au moment où j'en aurai besoin, je me souviendrai des cachettes. Avec ses six tapis à bagages, l'aéroport est plus petit que l'on ne s'y attendrait pour une métropole comme Téhéran, qui compte dix millions d'habitants. De grands piliers, beaucoup de verre et de béton. Ni Starbucks, ni McDonald's, ni Louis Vuitton en vue. Toutes les enseignes sont iraniennes, fast-foods, banques, boutiques de souvenirs. Une affiche gigantesque nous souhaite une bonne année. On y voit un aquarium, symbole de vie. Peut-être sommes-nous dans le seul pays au monde où un poisson prisonnier d'un bocal peut représenter la vie. Des familles nombreuses au grand complet attendent les nouveaux arrivants, bouquets de fleurs à la main. Tous ces gens se sont levés au beau milieu de la nuit pour être là à l'heure. Il est un peu plus de quatre heures du matin. À côté d'eux, je me sens très blond et plutôt grand. En d'autres termes, la probabilité qu'un passant me demande son chemin dans la rue est quasi nulle.

– *Welcome to Iran !* me lancent en revanche deux jeunes femmes en tchador.

En persan, *tchador* signifie littéralement « tente » : tout est dit.

– *Where are you from ? Are you married or single ?*

Mais déjà, elles s'éloignent, tout sourires sous leurs tentures fantomatiques. Dans l'aéroport, un tel accoutrement est plutôt rare ; la plupart des femmes se contentent d'un simple foulard. Plus sa propriétaire est jeune, plus ses couleurs sont à la mode et plus l'arrière du crâne s'étire en longueur. Les chignons et autres coiffures haut perchées semblent être toujours en vogue. Avec un foulard par-dessus, on jurerait que bon nombre d'Iraniennes ont une morphologie digne du film *Alien*, inspiré par le mythique H. R. Giger. En revanche, les hommes se promènent le plus souvent tête nue. La combinaison turban + grande barbe est bien plus rare que les clichés sur l'Iran ne le laissaient supposer. Dans tout le terminal, je ne repère que deux cas.

Et si, après ma rencontre avec un banquier bien intentionné et mon petit flirt avec ces filles en tchador, le chauffeur de taxi ne cherchait même pas à m'arnaquer ? Au bout d'une heure à peine, me faudrait-il revoir tous mes préjugés envers ce pays ? En arrivant à l'aéroport international de Téhéran, tout visiteur se dirigeant vers le centre-ville doit obligatoirement passer devant le monument à la gloire des martyrs – il n'existe pas d'autre route.

Du côté gauche de l'autoroute reposent deux cent mille victimes de la guerre contre l'Irak ; c'est le plus grand cimetière du pays. Du côté droit, au bord de la route, c'est le tombeau de Khomeini, celui-là même qui a envoyé à la mort tant de ceux qui reposent en face. Chacun des quatre minarets de son mausolée mesure quatre-vingt-onze mètres de haut – un mètre par année de sa vie. Une gigantesque coupole dorée reflète la lumière des phares. Le premier grand monument religieux que voient les touristes, c'est le mausolée de l'ayatollah. « Ici, vous entrez dans mon pays, ici, c'est ma loi qui s'applique », leur signale encore le Guide suprême vingt-cinq ans après sa mort.

Le taxi s'arrête. Non, le chauffeur ne veut pas d'argent. Pour un ami comme moi, la course sera gratuite. Soucieux de respecter les règles de politesse très subtiles en vigueur dans le pays, je proteste énergiquement.

– Soixante-dix mille, finit-il par annoncer.

– En rials ou en toumans ?

Il y a deux façons différentes d'énoncer les prix ; de l'une à l'autre, il faut ajouter ou enlever un zéro, ce qui ne facilite pas la vie aux touristes.

– En toumans, bien sûr.

Va pour les toumans. Il faut tout multiplier par dix. Je lui tends deux billets de cent mille, puis un billet de cinq cent mille. Presque trois euros de plus que le tarif officiel indiqué sur la pancarte de l'aéroport. Très sympathique, ce gars-là, mais de toute évidence, il m'arnaque.

On n'est jamais déçu par les chauffeurs de taxi.

CONSEILS PRATIQUES

COMMENT PAYER EN IRAN ?

- Écouter le prix annoncé.
- S'étonner : Comment ? C'est tout ? !
- Convertir ce montant en rials (ajouter un zéro).
- En fait, ce n'est pas donné. Mais toujours moins cher que chez nous.
- Chercher les billets de banque correspondants (prévoir un délai de 30 à 60 secondes).
- Payer.

Ce qu'il y a de plus beau, à Téhéran, c'est la proximité des sommets de l'Elbourz, qui s'élèvent jusqu'à quatre mille mètres d'altitude, au nord de la ville. La majeure partie de l'année, ils sont pourtant invisibles, à cause du nuage de pollution qui enveloppe la ville. Le chaos de la circulation automobile est légendaire, avec près de quatre millions de voitures pour les dix millions d'habitants. Des véhicules pour lesquels, bien souvent, des concepts tels que « pot catalytique » ou « norme Euro 5 » ne peuvent être qu'une vaste blague. Le chef de la police routière a un jour calculé qu'à Téhéran, la pollution est aussi élevée que si quarante-huit millions de véhicules aux normes actuelles étaient en circulation. Les pots d'échappement de la seule capitale iranienne exhalent donc davantage de monoxyde de carbone que la totalité du parc automobile allemand. Chaque année, des milliers de personnes meurent à cause de ces émanations. Il serait paraît-il moins mauvais pour la santé de fumer quarante cigarettes par jour que de se promener quelques heures dans les rues de la capitale iranienne, les jours de smog.

Mais tôt le matin, pendant les vacances du Nouvel An, le géant gris de Téhéran dort encore. Circulation quasi nulle, visibilité OK. Derrière la tour Milad, on voit les montagnes dès les premières lueurs du jour, avec leurs sommets couverts d'une épaisse couche de neige. Dans une ville encore endormie, quand les volets des magasins sont fermés et les habitants encore chez eux, la première chose qu'on voit, ce sont les panneaux. Pancartes publicitaires, panneaux indicateurs, logos. Les caractères persans me sont encore peu familiers, avec leurs lignes et leurs courbes si décoratives. C'est le chiffre cinq qui est le plus facile à reconnaître, avec sa forme de cœur renversé. Un salon de coiffure semble n'avoir que huit coupes différentes à proposer, mais elles sont toutes peintes sur la devanture. Juste les cheveux, sans le visage qui va avec. Moins réaliste, une publicité pour un supermarché montre un client dont le chariot est entièrement rempli par une pomme géante, aussi grosse qu'un medicine-ball. Quelques mètres plus loin, un magasin de voitures orné d'une étoile Mercedes. On n'y vend que des Peugeot, des Hyundai et des Saipa (la marque nationale iranienne), mais pas la moindre voiture allemande.

Par ailleurs, Téhéran semble compter un nombre disproportionné de banques. Sepah Bank, Pasargad Bank, Samen Credit Institution, Saderat Bank, Melli Bank. On cherche en vain les noms des établissements financiers internationaux.

Il y a quelques années, UBS, le Crédit suisse et HSBC se sont retirés d'Iran. Il est encore trop tôt pour envoyer un message à celle qui va m'accueillir ce soir. Je me fais déposer à proximité de l'ancienne ambassade américaine et je me promène dans le quartier. Des deux côtés de la rue s'alignent des blocs d'appartements qui ressemblent à de gigantesques boîtes à chaussures grises. Depuis le trottoir, murs et grilles cachent l'entrée des maisons à la vue des passants, et les fenêtres sont protégées des regards par du verre dépoli, des miroirs ou des rideaux tirés. Je marche dix minutes sans qu'une fenêtre me laisse entrevoir ne serait-ce que le plus petit détail d'une salle à manger, d'une cuisine. En Iran, les appartements sont les refuges de gens qui ont tous quelque chose à cacher, des citadelles à l'abri du monde extérieur. Car l'un des paradoxes du royaume de Khomeini est justement qu'on ne peut être libre qu'entre quatre murs. Je suis venu ici à la recherche des petites et des grandes libertés des Iraniens. Je voudrais découvrir, deviner les secrets de ce pays, savoir ce qui se passe derrière toutes ces portes fermées.

Pour cette aventure, j'ai pris mes tickets d'entrée sur des portails en ligne comme Couchsurfing, Hospitality Club ou BeWelcome, où des gens proposent à des voyageurs de passer la nuit chez eux. Déjà plus de dix mille membres pour l'ensemble de ces réseaux en Iran, et la tendance est clairement à la hausse. Et ce malgré les risques de s'attirer des ennuis avec la police en hébergeant des étrangers. Parmi les informations délivrées aux voyageurs par les Affaires étrangères allemandes, on peut lire : « Il est demandé aux Iraniens de ne pas entretenir de relations "outrepassant les limites normales" avec des étrangers. Dans quelques cas, des ressortissants allemands qui avaient trouvé à se loger en Iran par le biais des réseaux sociaux en ligne ont fait l'objet de contrôles de la part des autorités iraniennes et ont été invités à quitter immédiatement le pays. » Et un peu plus loin : « En passant la nuit au domicile de particuliers ou de familles iraniennes dont les coordonnées n'ont pas été communiquées lors de la demande de visa, les voyageurs doivent savoir qu'ils s'exposent à la confiscation de leur passeport et à des poursuites judiciaires. »

J'ai contacté une cinquantaine de couchsurfers avant mon départ de Hambourg, et j'en connais quelques autres depuis mon premier voyage en Iran, un an plus tôt. La plupart d'entre eux sont très réactifs et m'ont donné leur numéro de portable afin que je puisse les contacter pendant mon séjour. Je n'ai cité aucun de leurs noms lors de ma demande de visa : avoir tant de contacts personnels pouvait sembler suspects. Une de mes connaissances a vu son visa refusé après avoir donné l'adresse d'un ami iranien comme lieu de séjour. Quelques années auparavant, il était entré sans problème, en se contentant de donner des adresses d'hôtels situés dans des villes touristiques.

Deux mois dans un État voyou, un été dans l'Axe du mal. Là où d'autres subissent la dictature, je profite de mes vacances. Je ne traverserai le pays ni d'ouest en est, ni du nord au sud. Je ne suivrai pas les conseils des guides de voyage, je passerai à côté des curiosités à ne surtout pas manquer. Ce sont les gens qui décideront où j'irai. J'ai prévu un itinéraire approximatif, mais je suis prêt à le bouleverser à tout moment si des Iraniens ont une meilleure idée à me proposer. Et pour les idées moins bonnes, je suis partant aussi. À Qom, je ferai comme les Qomiens. Tel est en tout cas mon projet.

Car le but de mon voyage est l'assimilation : dans les semaines qui viennent, moi, l'Occidental aux cheveux blonds, je veux devenir un Iranien, au moins un peu. Et j'oubliais : un mariage est également au programme.

Ma *to-do-list* peut donc se résumer ainsi :
1. Découvrir des secrets.
2. Devenir un Iranien.
3. Me marier.
4. Sortir d'ici vivant.

À : Yasmine, Téhéran

Hey Yasmin, how are you, my dear? This is my iranian number. When can I come to your place?

À : Massoud, Kish

Hey Massoud, this is Stephan from CS, how are you? I will arrive on Kish in a few days, could you host me for 1 or 2 nights? Would be great! :)

À bas les USA !

C'est l'heure du petit déjeuner. J'entre dans la première gargote venue, où sont déjà attablés les ouvriers d'un chantier voisin. Un seul plat au menu : une soupe bien grasse. À la cervelle de bœuf. En temps normal, j'apprécie la viande très tendre. Cette fois, le problème est plutôt qu'elle est *trop* tendre pour moi. Découverte du jour : 8 h 30 du matin, ce n'est pas le meilleur moment pour faire des expériences gastronomiques. Les autres clients, eux, trouvent ça délicieux. Preuve suffisante que je suis aussi loin de l'assimilation qu'Ispahan est loin de la bonne ville d'Iserlohn (Rhénanie-du-Nord-Westphalie).

Le constat vaut aussi pour la langue : en dehors de « bonjour », « thé », « au revoir » et « merci », je sais dire *almâni* (« allemand ») et aussi *Man farsi balad nistam* (« Je ne parle pas le persan »). Une phrase que je maîtrise si bien que le vendeur de cervelle ne me croit pas. Il engage aussitôt une vaste offensive de conversation. Devant mon peu de répondant, il finit pourtant par se rendre à l'évidence : je ne comprends pas un traître mot de ce qu'il dit.

Quand on loge à l'hôtel, on peut débarquer n'importe quand. Chez un particulier, c'est un peu plus compliqué. Il faut attendre que les hôtes soient là, s'adapter au rythme de vie des autres. Comme j'ai réservé mon billet d'avion à la dernière minute, je n'ai pas pu m'entendre avec Yasmine sur une heure de rendez-vous.

– Dès que tu as atterri, contacte-moi ! m'a-t-elle écrit sur Facebook.

Aussi longtemps que mon SMS reste sans réponse, je suis un sans-abri encombré de son gros sac. Le quartier où je me trouve est connu pour son art visuel au service de la propagande.

« DOWN WITH USA » peut-on lire sur un mur, en énormes capitales, devant ce qui fut autrefois l'ambassade américaine. Quelques mètres plus loin, une statue de la Liberté dont le visage est une tête de mort, et dont la couronne argentée est ornée de longues piques de métal. Juste à côté, le Capitole de Washington, le dôme surmonté d'un drapeau israélien. Je connais ces graffitis par des reportages sur l'Iran ; ces images sont devenues le symbole même de la capitale iranienne. La plupart de ces documentaires mentionnent des fanatiques religieux, des projets de bombes atomiques, des diatribes haineuses contre l'Amérique ou Israël. Au palmarès des États les plus mal famés, l'Iran revendique depuis des années la première place.

– *Welcome to Iran !* dit une voix près de moi.

L'inconnu en costume qui s'adresse à moi paraît sincère, ce qui crée un contraste étrange avec les fresques qui nous entourent. Je passe un coup de fil à Yasmine, personne ne décroche. Je pousse jusqu'à la House of the Artists, un centre culturel situé à proximité de la réplique morbide de la Liberté guidant le monde. Une occasion rêvée de faire connaissance avec des artistes iraniens, promet mon guide de voyage – apparemment pas ceux qui ornent les murs de slogans anti-américains. Hélas, vacances du Nouvel An obligent, le local est fermé, tout comme le café attenant. Je cherche un banc où m'installer dans le parc le plus proche, et avec mon sac à dos en guise d'oreiller, je m'autorise un petit somme.

De : Yasmine, Téhéran

Hi, i told you no problem with time,
always welcome!

La réponse à mon SMS arrive dans l'après-midi. Je prends aussitôt un taxi pour rejoindre le sud de la rue Eskandari. Yasmine me serre la main pour me saluer. Elle porte un T-shirt noir orné d'une tour Eiffel étincelante, avec une casquette de base-ball par-dessus son voile

– Alors, comment ça va ? Quoi de neuf ? demande-t-elle.

Je l'ai rencontrée l'an dernier, lors de mon premier voyage en Iran. Nous obliquons dans une ruelle, et derrière un portail de fer qui grince, nous entrons dans une cour où sont garées deux petites Saipa (la marque automobile locale). Un escalier en béton nous conduit à l'étage. Enlever ses chaussures, serrer dans ses bras la mère de Yasmine, lui tendre la boîte de *marzipan*, ranger les bagages dans la chambre. Je me souviens très bien de l'appartement. La maîtresse de maison porte un haut à bretelles et n'est pas voilée. Quant à Yasmine, elle ôte son foulard à peine la porte franchie, visiteur masculin ou pas, laissant voir ses cheveux courts teints en blond. D'après les chiffres officiels du régime, 99 % des Iraniens seraient musulmans. Mais la famille de Yasmine n'est pas très portée sur la religion. Une fois à la maison, plus besoin de faire semblant. Aux fenêtres du salon, un épais rideau ne laisse passer ni la lumière du jour, ni les regards indiscrets. Thé brûlant, fruits secs et barres chocolatées Chichak, dont l'emballage imite celui des Snickers. Je me sens aussitôt comme chez moi. Les Iraniens sont passés maîtres dans l'art de mettre les invités à l'aise.

Sur l'écran de la télévision, un discours du Guide suprême Khamenei. Ses petites fiches à la main, l'homme fort du pays vocifère dans deux micros à la fois : l'Iran ne fera jamais aucune concession aux Américains. Leur seul but étant de voler le pétrole iranien, il faut leur opposer une lutte sans merci. L'orateur pourrait lire les mêmes formules sur les murs de l'ancienne ambassade des États-Unis. Quand il n'est plus dans l'ombre de Khomeini, Khamenei apparaît un peu plus charismatique. Juste un peu.

– Il y a des discours comme ça tous les vendredis, explique Yasmine.

– Mais nous sommes jeudi.

– C'est une rediffusion. Comme ça, tout le monde se souvient que, le lendemain, il dira la même chose, mais en d'autres termes. Mets-nous donc autre chose, maman ! ajoute-t-elle à l'intention de sa mère, qui change de chaîne.

Une émission de vie pratique où l'on apprend à faire ses bouquets de roses dans les règles de l'art. Puis, c'est une chaîne musicale qui passe le clip de « G. U. Y. », la chanson de Lady Gaga. « *Touch me, touch me, don't be sweet* »... La chanteuse est tout de blanc vêtue, mais porte si peu de vêtements que la couleur n'évoque pas particulièrement l'innocence.

Je demande à Yasmine pour quelle raison les Iraniens vouent une telle haine aux États-Unis.

– Pas les Iraniens, corrige-t-elle, le gouvernement iranien. Il y a beaucoup de jeunes qui rêvent de s'exiler aux États-Unis, parce que c'est un pays libre. Mais certains croient aussi que la CIA décide en coulisses du destin de l'Iran, comme elle l'a déjà fait plusieurs fois dans le passé. Lors des élections présidentielles, la rumeur dit toujours que les Américains trafiquent les résultats.

– Cette fois-ci, ça a mieux marché que la fois d'avant, non ?

Lors de mon précédent séjour, Mahmoud Ahmadinedjad (*alias* « le fou de Téhéran ») était encore au pouvoir. Voici maintenant neuf mois qu'il a été remplacé par un homme plus modéré, Hassan Rohani. Mais derrière le nouveau président, c'est encore et toujours Khamenei qui tire les ficelles, ce qu'on a trop souvent tendance à oublier tant il est peu présent sur la scène internationale.

– Pourquoi tous les Européens sont-ils si fans de Rohani ? m'interroge Yasmine.

– Parce qu'il parle bien, parce qu'il a l'air raisonnable. En tout cas comparé à son prédécesseur, qui racontait n'importe quoi devant toutes les Assemblées de l'ONU. Et vous, vous n'êtes pas convaincus ?

– En un an ou presque, les choses n'ont pratiquement pas changé. La police des mœurs est toujours là, les prix continuent de grimper, et avec les États-Unis, les relations ne se sont pas tellement améliorées.

– Mais il y a eu des avancées diplomatiques : les sanctions contre l'Iran ont été allégées, et pour la première fois depuis trente-cinq ans, deux chefs d'État, iranien et américain, se sont parlé au téléphone.

– Beaucoup de paroles, pas beaucoup d'actes. Rohani est issu de la même caste cléricale que Khamenei et Khomeini.

Il fait juste semblant d'être plus libéral, plus moderne. Il est très fort pour manier les grands mots, mais jusqu'ici, il n'a pour ainsi dire rien fait.

Yasmine a trente et un ans. Un peu ronde, elle porte du vernis à ongles orné de petites coccinelles, et en une fraction de seconde, elle est capable de passer du ton le plus sérieux à un grand éclat de rire. Elle a hâte que soient levées les restrictions commerciales. Depuis qu'en mars 2012, l'Iran a été exclu de l'alliance bancaire SWIFT, le pays est de fait coupé de toutes les transactions économiques mondiales. Encore plus de produits qu'avant sont indisponibles dans le pays, y compris des médicaments de première nécessité.

– J'ai une maladie osseuse, je ne peux pas me passer de mes comprimés, mais ici, il n'y en a plus. J'espère que, l'an prochain, je pourrai avoir une bourse et faire mon doctorat en Allemagne. Tout ce que je veux, c'est quitter ce pays.

Informaticienne de formation, elle termine un mémoire de master en management touristique. Son sujet : les champs de bataille de la guerre Iran-Irak et les flux de visiteurs qui s'y rendent. Chaque année, en effet, des millions d'Iraniens retournent encore sur les lieux. Sans doute le père de Yasmine pourra-t-il lui donner un coup de main pour la rédaction. Pendant le conflit, il était officier de Marine ; en ce moment, avec quelques anciens compagnons d'armes, il est parti revoir les zones du sud du pays où ils ont jadis combattu. Il me faut encore me connecter à internet, envoyer quelques messages à des hôtes potentiels, réserver un vol intérieur pour l'île de Kish. L'ordinateur est installé dans la chambre qui sera la mienne pour les prochains jours : deux lits ornés d'une parure à fleurs, une armoire en bois, une commode pleine à craquer de toutes sortes de babioles, pas de fenêtre. D'habitude, c'est là que dort Yasmine, mais elle ira dormir avec sa mère durant mon séjour.

Yasmine ferme la fenêtre du navigateur où s'affichait sa page Facebook. En principe, Facebook est interdit. Seuls des serveurs proxy permettent d'y accéder. Je n'ai encore jamais vu un Iranien de moins de trente-cinq ans qui ne soit pas sur Facebook. Yasmine m'aide à réserver mon billet d'avion ; pas facile de s'y retrouver dans les vols intérieurs.

– Tu veux y aller en Fokker, c'est le moins cher, ou ajouter un supplément Boeing ?

– Un Fokker, ça ira.

Comme le persan se lit de droite à gauche, il me semble toujours que, sur le site, les horaires des vols sont écrits à l'envers : le dimanche, par exemple, mon Fokker décollera à 15 h 10 et atterrira là-bas à 13 h 15. Yasmine me réserve un billet que je pourrai aller retirer deux jours plus tard dans une agence de voyages.

– Est-ce que ça te dirait de voir quelques champs de bataille, cette fois-ci ? s'enquiert Yasmine. On pourrait y aller ensemble, dans trois semaines.

Premier jour, premier changement de programme. Naturellement, j'accepte.

Sur le tapis du salon, la maman de Yasmine déroule une toile cirée à fleurs, où elle dépose des petits plats contenant des boulettes de viande hachée, des pommes de terre, ainsi que de galettes de pain et du *dough*, un lait fermenté qui rappelle un peu l'*ayran* des Turcs.

– Tu te souviens ? dit Yasmine en souriant. L'an dernier, à la fête du jour de l'An, tu avais tout renversé sur ton T-shirt !

CONSEILS PRATIQUES

PARTAGER UN REPAS EN FAMILLE

- S'asseoir par terre en tailleur.
- Attendre le signal de départ : « *Bokhor, bokhor !* ».
- Dans la galette de pain, prélever un morceau de forme rectangulaire.
- Le garnir du plat principal, rouler le tout.
- Mordre dans le rouleau.
- Ramasser discrètement les aliments qui jonchent le tapis (ils ne tombent jamais sur la toile cirée).

La télévision reste allumée en permanence. Soudain, il est question d'un autocar rempli de pèlerins se rendant sur un ancien champ de bataille, qui a explosé en passant sur une mine. Juste dans la région où le père de Yasmine se trouve en ce moment. D'ailleurs, sa fille est inquiète car depuis la veille, il n'a pas donné de nouvelles. Il ne répond pas au téléphone.

– Mais comment un bus a-t-il pu rouler sur une mine abandonnée vingt-cinq ans plus tôt ? demandé-je. Les routes ne sont-elles pas déminées depuis longtemps ?

– Si, mais après avoir percuté une voiture qui venait en sens inverse, le bus a quitté la chaussée. C'est comme ça qu'il est tombé sur une de ces mines de la guerre. Une malchance incroyable.

La mère de Yasmine, on la comprend, n'est pas enchantée à l'idée que nous y allions bientôt tous les deux. Pour la énième fois, elle essaie de joindre son mari, mais en vain.

– C'est un endroit assez isolé, dit-elle, il doit y avoir des problèmes de réseau.

Yasmine change de sujet.

– Dimanche, ça te dirait de m'accompagner à une réunion ? Quelque chose d'ultra-interdit ?

– Avec plaisir. Qu'est-ce que c'est ?

– Des relations, disons, spéciales.

– Spéciales comment ?

– Très spéciales.

– J'aimerais bien en savoir un peu plus.

– Le BDSM, le bondage, le sado-maso, tu connais tout ça ? C'est ce qu'il y a de plus interdit en Iran. On se retrouve dans un parc. Esclaves, maîtres et maîtresses.

– Ah bon ?

– Je savais bien que tu ne dirais pas non !

Longue vie au shah

Mais d'abord, un peu d'histoire.

Le lendemain, visite du Musée national d'Iran, que les connaisseurs appellent « la mère des musées ». C'est du moins ce qu'affirme une plaque apposée sur le mur extérieur du bâtiment. Les pièces exposées sont en effet absolument sensationnelles. Qui sait que les Perses ont tourné le premier dessin animé du monde ? « Tourné » au sens propre du terme : il s'agit d'un petit calice d'argile sur lequel on voit un bouc qui saute pour atteindre les branches d'un arbre. La scène se décompose en cinq images ; mais en faisant tourner assez rapidement le récipient, on perçoit le mouvement, comme avec un flip-book. J'imagine qu'aux Oscars de l'an -2300, « Le bouc mangeur de branches » aurait raflé tous les prix, scénario, mise en scène, acteur principal, effets spéciaux, sans oublier la bande-son (frottement de l'argile sur le sable du sol) et le meilleur second rôle (pour l'arbre).

L'actualité culturelle en Allemagne à la même époque ? Quelques énergumènes chevelus qui se racontent leurs chasses, le soir dans la caverne.

Et aux États-Unis ? Pas mieux.

Autre séquence très cinégénique : une scène de trône sculptée dans la pierre datant de l'époque achéménide, qui montre le grand roi Darius, grandeur nature, avec son fils Xerxès. Tous deux ont des barbes spectaculaires et tiennent en main des fleurs de lotus. Enivrés par les vapeurs qui s'échappent de deux encensoirs, ils reçoivent les représentants de provinces éloignées de l'empire. Au moment où ce bas-relief voit le jour, la Perse est la première superpuissance de l'histoire, avec un territoire s'étendant de l'Inde jusqu'au Danube. Des pays aussi divers que la Turquie, la Syrie, l'Égypte, la Libye, le Pakistan ou l'Afghanistan font tous partie de l'immense empire de Darius. Un réseau routier de plusieurs milliers de kilomètres est mis en place, avec d'innombrables caravansérails pour les voyageurs. C'est aussi le premier polysystème de l'histoire.

Au moment d'envoyer un colis à l'étranger, il allait falloir, au cours des siècles suivants, faire particulièrement attention. Car au gré des conflits, batailles et invasions par divers conquérants, les frontières ne cessent de se déplacer. D'abord, Alexandre le Grand. Ensuite, les Parthes. Les Sassanides. Les Arabes, Gengis Khan, Tamerlan, les Safavides. Les bons shahs, les mauvais shahs. Au XXe siècle, la dynastie des Pahlavi. Et pour finir : la Révolution, Khomeini, Khamenei. À l'arrivée au pouvoir des mollahs, en 1979, la Perse, ancienne puissance mondiale en train de tourner à la dictature religieuse, avait déjà une expérience bien supérieure à celle des autres nations en matière de tyrans sans scrupule.

Mais si je m'étais promené tout seul ce jour-là, j'aurais manqué la deuxième heure du cours d'histoire. Car je serais évidemment passé à côté des passionnants détails de la porte Bagh-e-Melli. Cette entrée monumentale d'un champ de manœuvres a été édifiée en 1922 par le shah Reza Pahlavi, avec de gigantesques portes ornées de fleurs en fonte. Des carreaux de faïence peints à la main représentent des paysages idylliques et des armes de guerre. En arrière-plan, des prairies, des forêts, des lacs, des maisons de paysans aux toits rouges, et au premier plan, des mitrailleuses Vickers entre deux drapeaux iraniens.

– Il n'y a pas quelque chose qui te frappe ? demande Yasmine.

– Sans les flingues, ce serait très joli.

– Mais non, pas ça ! Regarde bien les drapeaux iraniens.

– Au milieu, dans la bande blanche, il manque le logo avec les croissants de lune. Et dans la partie rouge, on voit les pattes coupées d'un animal.

– Exactement ! On a repeint le lion en blanc. C'était le symbole de la nation iranienne sous le règne des deux shahs pahlavi.

– Et comme la peinture rouge coûtait trop cher, on a laissé les pattes du lion en l'état ?

– C'est possible. Et tu vois les armoiries en métal tout en haut de la porte ?

– On en a découpé la moitié.

– Là aussi, c'était un lion. Et en dessous, on lisait

« Longue vie au shah ». Khomeini a fait ajouter une plaque de métal pour en masquer une partie : il ne reste plus que « Longue vie ».

– Mais est-ce que c'est toujours aussi facile de voir les interventions de la censure ?

– Ce serait trop beau ! Mais heureusement, tout le monde n'est pas aussi aveugle que toi, ajoute Yasmine.

Au palais du Golestan et dans le parc qui l'entoure, ultime station de notre triathlon historique, les lions n'ont pas été supprimés. Il y en a tellement qu'un peu de peinture blanche n'y aurait pas suffi. La plupart d'entre eux sont occupés à en découdre avec des dragons et autres taureaux représentant les différents ennemis des Perses, symboles très prisés par les monarques qui résidèrent en ces lieux du XVIIe au XXe siècle. Yasmine m'apprend qui était le shah le plus stupide de tous les temps : Nasser-al-Din, deuxième moitié du XIXe siècle. Par exemple, il s'était mis en tête que la couleur rouge lui était réservée, et personne d'autre que lui ne pouvait plus porter aucun vêtement rouge.

– C'était aussi un collectionneur passionné, qui passait son temps à échanger des villes entières de son royaume contre des œuvres d'art.

Dans l'une des salles de son palais, quatorze vitrines contiennent des porcelaines précieuses venues de Russie, d'Angleterre ou d'Allemagne.

– Chacune de ces vitrines était une ville, explique Yasmine, jamais à court d'anecdotes qu'on ne trouve pas dans les livres d'histoire. Un jour où il était ivre, il a même voulu échanger Téhéran. Mais à la dernière minute, un conseiller l'en a empêché, en lui rappelant qu'il s'agissait tout de même de la capitale de son empire.

L'intérieur du palais témoigne non seulement de la collectionnite aiguë du monarque, mais aussi de son narcissisme invétéré : plusieurs centaines de carreaux de faïence montrent les exploits de Nasser à la chasse. Non loin de là, sur son tombeau, on voit le portrait du défunt, qui arbore une barbe impressionnante. Juste au-dessus, on a installé une plaque de protection constellée de fientes de pigeons. Chaque jour, les volatiles viennent conchier l'effigie de Nasser, dont les yeux de pierre assistent impuissants au spectacle. Il y a de plus belles façons de passer sa vie éternelle.

Le dernier shah de Perse, Reza Pahlavi, a été couronné au palais du Golestan. De 1941 à la révolution de 1979, il a dirigé les affaires de l'État. Certes, il a eu des relations plus paisibles avec les religieux que son père, par exemple en supprimant l'interdiction de porter le tchador. Mais son train de vie fastueux, sa politique discutable et sa proximité avec l'Occident lui ont valu beaucoup d'ennemis. Un jour, il a fini par devenir si insupportable que le peuple est descendu dans les rues, préparant la voie à l'arrivée des mollahs au pouvoir. Une fois Pahlavi en exil, c'est bientôt le grand retour de Khomeini, accueilli en héros par des foules immenses.

Devant toutes ces salles des glaces, ces chambres aux trésors, toute cette débauche de marbre du Golestan, on en arrive inévitablement à la conclusion que la vie de shah ne doit pas être désagréable. J'interroge Yasmine sur mes chances de parvenir un jour à cette fonction, ce qui me vaut de sa part un bruyant éclat de rire. Elle me montre une courette où une photographe immortalise les visiteurs dans un authentique costume royal. Du folklore pour touristes, bien sûr. Mais pour cinq euros les deux photos, il faut dire qu'on en a pour son argent. J'enfile une robe de soie verte, un manteau bleu brodé de fleurs, je coiffe un couvre-chef rond orné de plumes. Une assistante renouvelle prestement l'adhésif pour la barbe. J'avais déjà eu le sentiment d'attirer l'attention : plusieurs visiteurs étaient venus me dire : « *Welcome to Iran !* » Maintenant, de plus en plus de curieux s'attroupent pour assister à ma séance photos. Peut-être devrais-je en profiter pour recruter quelques vassaux ? Je les gratifie d'un signe de tête, lève lentement la manche de mon manteau de soie pour les saluer, et leur adresse un sourire plein de dignité. Mais la tension de la peau fait tomber la barbe postiche, ruinant toutes mes ambitions monarchiques. Les gens s'esclaffent royalement. Leçon du jour : un shah ne doit jamais sourire.

Couchsurfing pour débutants

Le lendemain, je prends la ligne 1 du métro en direction du nord. Un homme à la tenue soignée, chemise et pantalon de ville, coiffure à la Michael Ballack, vient s'asseoir à côté de moi. Il m'adresse la parole tout d'abord en persan, puis en anglais. Il lui suffit de cinq minutes de trajet pour m'expliquer ce qui ne tourne pas rond dans son pays. Il m'apprend qu'il a trente ans, qu'il est électricien dans une entreprise qui produit des machines, et qu'il gagne deux cents dollars par mois.

– Avec ça, on ne peut pas vivre, pas même payer son loyer ! Pas question non plus de se marier.

Étonnamment confiant et direct, il ajoute :

– Tu sais, pour nous, le sexe est un vrai problème. Si on n'a pas d'argent, on ne peut pas se marier, et avant le mariage, il ne peut rien se passer. Depuis la crise financière, ça n'a fait que s'aggraver. Rares sont les gens qui peuvent se permettre d'avoir plusieurs enfants. Et en même temps, on ne peut pas dire qu'on se bouge le cul. Je ne suis pas une exception. Après le travail, je reste sur mon canapé, les yeux dans le vide, parce qu'il n'y a rien d'autre à faire. Les Iraniens sont incroyablement sympas, mais quand tu les connaîtras de plus près, tu verras aussi leurs défauts. L'envie, par exemple, dès qu'un autre possède plus qu'eux. Et le manque de combativité : on essaie de se débrouiller, de tirer le meilleur parti de la situation telle qu'elle est, mais on n'ira pas se battre pour ou contre quelque chose. Je te souhaite une bonne journée. Bienvenue en Iran !

À la station Mofatteh, je descends et me mets en quête du café Raam, à l'angle de la rue Mehrdad et de la rue Aslipour. Je suis un peu en retard. Une vingtaine de jeunes gens sont assis en cercle sur des chaises. Le tour de table a déjà commencé.

– Je m'appelle Mehdi, j'ai vingt-huit ans, ça fait trois ou quatre jours que je suis membre. Je travaille comme guide touristique. Je n'aime pas les hôtels parce qu'ils manquent d'humanité, de singularité. J'aime voyager léger, le plus simplement possible.

– Moi, c'est Atafeh, j'ai vingt-quatre ans et je participe depuis quelques mois. J'aimerais rencontrer des locaux qui me fassent découvrir leur ville. J'adore les surprises.

– Neda, vingt-neuf ans. Je me suis inscrite il y a un mois, et j'ai déjà fait du couchsurfing en Allemagne. On se fait plein d'amis en voyageant de cette façon.

– Stephan, trente-quatre ans, je viens d'Allemagne. Ça fait plus de dix ans que je suis inscrit, j'ai accueilli environ quatre-vingts invités et je suis allé chez cent vingt personnes. Je ne peux plus m'imaginer voyager sans faire du couchsurfing.

Le café est plein de bibliothèques design remplies de livres. Au mur, une affiche du film *Chinatown*. Il y a du Nescafé et des mojitos sans alcool. Ambiance digne d'une rencontre autour d'un texte de la Bible. Ou d'un groupe de parole. Ou d'une secte. Deux douzaines de personnes entre vingt et quarante ans sont venues apprendre les principes du couchsurfing. Leur gourou s'appelle Pedram. C'est un chauve plein de charisme, avec un MacBook et un T-shirt Adidas, qui boit de l'eau dans une gourde de cycliste lors de ses rares pauses. Chaque jour ou presque, il organise un événement collectif : découverte gratuite de la ville, promenade photographique ou visite de musée. Et tous les quinze jours, il propose une réunion d'information pour les débutants. Aujourd'hui, c'est la quatorzième fois.

– Je vais commencer par présenter les bases, à savoir les règles du surfing et du hosting, et les consignes de sécurité, annonce Pedram.

Nulle crainte à avoir concernant la relève :

– Il y a un an, Couchsurfing comptait quatre mille membres en Iran. Aujourd'hui, ils sont plus de treize mille.

Une fille aux cheveux roux et au foulard tiré en arrière demande :

– Quand on va chez des gens qu'on ne connaît que par internet, comment savoir si on peut leur faire confiance ?

– C'est une très bonne question, répond Pedram. La confiance, c'est le plus important. La règle de base, c'est de lire attentivement chaque profil avant de rencontrer la personne. Fiez-vous à votre instinct, à vos tripes. Parfois, on sent tout de suite qu'il y a quelque chose qui cloche. Et puis il y a les évaluations : dès qu'on a reçu un invité chez soi, dès qu'on est allé chez quelqu'un, on laisse un petit commentaire sur le site.

La rousse me demande quelle a été ma plus mauvaise expérience depuis que je pratique le couchsurfing. Je lui parle de ce visiteur venu de Francfort qui tenait à discuter toute la nuit des subtilités techniques des chaînes stéréo, alors que le lendemain, à huit heures, j'avais un examen important à l'université. En fait, il se croyait un peu à l'hôtel, avec *room service* à disposition 24 heures sur 24.

– C'est ce qui t'est arrivé de pire ? demande-t-elle, incrédule.

– Oui. Et juste après, c'est un autre invité qui m'a volé un rouleau de papier-toilette.

Pas de quoi fouetter un chat, donc.

De : Massoud, Kish

Hello Stephan, I have the in-laws here, but might kick them out so I can host you. Just call me when you arrive ok?

Torture

Les vertes frondaisons ondulent au vent, un ruisseau printanier murmure, et dans l'avenue, les voitures vrombissent. De jeunes couples flânent main dans la main dans les allées récemment goudronnées. Les couples de Téhéran se tiennent par la main dans les parcs, dès lors qu'ils se sentent à l'abri des regards inquisiteurs. Des ados en sweat-shirt à capuche, coiffure à la Justin Bieber, escaladent en skate-board les hauts rebords des trottoirs. Ils tombent, se relèvent, apparemment insensibles à la douleur, et écoutent en permanence de la musique dans leurs écouteurs, parce que les ghettoblasters sont interdits. Deux messieurs âgés se cramponnent à des agrès métalliques peints de toutes les couleurs. On en trouve dans de nombreux espaces verts, pour les gens qui n'ont pas les moyens ou l'envie de fréquenter une salle de sport. La version iranienne des parcours de santé.

C'est un beau dimanche de printemps au parc Goftegoo, dont le nom signifie plus ou moins « papoter » – très exactement ce que nous sommes en train d'y faire. Farshad m'explique que, ces dernières années, on donne aux enfants de moins en moins de prénoms à connotation religieuse.

– Les gens s'interrogent de plus en plus sur leur foi, et maintenant, on ne s'appelle plus tous Mohammad ou

Hussein. Il aime bien son prénom, qui signifie « heureux ». Amir me demande si j'aime l'Iran ; je loue l'amabilité des gens, les musées, les palais. Yasmine raconte aux autres comme j'étais drôle en costume de shah. Seul Kaveh reste à l'écart, silencieux : il ne parle presque pas l'anglais et il est de mauvaise humeur car, le matin même, il s'est fait piquer son portefeuille dans le métro.

Tous les cinq, nous nous dirigeons tranquillement vers la buvette située au milieu du parc. La terrasse offre une vue magnifique sur le mont Elbourz, dont le sommet blanc émerge d'un océan de maisons, et sur la tour Milad, l'une des plus hautes tours de télévision du monde avec ses 435 mètres. Sous la balustrade, un lac artificiel avec des berges bétonnées où les petits enfants admirent de gros canards et imitent leurs *coin-coin*.

Nous plaçons côte à côte trois tables en plastique jaune vif numérotées 33, 34 et 35, car on attend encore d'autres amis. Nous nous installons et commandons des bouteilles d'eau et du thé. À l'entrée du parc, nous nous sommes déjà présentés. La deuxième manche commence : Yasmine désigne tour à tour Farshad, Amir, Kaveh puis elle-même, en précisant : « Esclave, maître, maître, maîtresse. » Après quoi, elle me montre du doigt en riant : « Et lui, il ne s'est pas encore décidé. » C'est sur un forum en ligne que Yasmine a organisé cette rencontre. Si la police apprend de quoi il retourne, nous serons arrêtés. Quel est le programme des heures qui viennent ?

– On commence par la théorie, et ensuite, on fera une petite expérience avec toi, suggère l'esclave Farshad. On pourrait t'attacher à la table pour te montrer ce que c'est que l'hospitalité iranienne.

Les deux maîtres et la maîtresse se tordent de rire. J'essaie de les accompagner de mon mieux. Mais j'apprécie davantage les explications de Yasmine :

– On se réunit une fois par mois pour parler de nos relations, des techniques… D'un peu de tout, en fait, dit-elle.

À chaque fois, le groupe se donne rendez-vous dans un lieu différent, que Yasmine ne dévoile que quelques heures à l'avance.

– Chez soi, c'est impossible d'accueillir tant de monde, ça attirerait l'attention.

Farshad a trente-deux ans, des cheveux bien peignés et fixés avec du gel, des yeux marron très doux, une chemise bleu pâle.

– Tu sais, on voit des allusions partout. Regarde, la marque de ta bouteille d'eau : *Oxub*, ça fait penser à une abréviation codée du mot anglais *submission*, « soumission ». Avec la bouteille, on pourrait faire un super gode-ceinture. Un peu gros, mais ça ne fait mal qu'au début. Après, tu es dans une sorte de transe.

Farshad me demande ce que je sais du BDSM. Je réponds de mon mieux : une histoire de jeux de rôle, de domination, de douleur. Qui dépasse sans doute les limites de ce que peut comprendre le clergé iranien.

– D'ailleurs, c'est complètement fou, quand tu penses que l'imam Hussein a combattu pour la liberté, tandis que maintenant, il n'y a plus aucune liberté pour nous, embraye Amir, un homme très sportif au crâne chauve qui porte des lunettes rondes.

Les chiites iraniens vénèrent Hussein, petit-fils du prophète Mahomet, mort lors de la bataille légendaire de Kerbala pour défendre ses convictions. Chaque année, au mois de Moharram, ils le pleurent. La tradition veut aussi qu'on se donne des coups de fouet pour faire pénitence.

– Ça n'aurait pas un petit côté sado-maso ? demandé-je.

– Parfois. Par la douleur, les croyants veulent expier, se délivrer de leurs péchés, explique Farshad.

Certes, depuis, l'autoflagellation a été interdite, mais ça ne suffit pas à dissuader les gens. Chaque année, ça recommence. À chacun son plaisir.

– Pour moi, ce n'est pas une question de pénitence, mais de responsabilité, dit Farshad, qui travaille dans un cabinet d'avocats. Le plus important, c'est la confiance qu'on donne. On peut comparer ça à un oiseau qui vit dans une cage : il est totalement dépendant de son maître, vraiment à sa merci. Le fait de donner toute la responsabilité à l'autre peut procurer un sentiment de détente incroyable. Après, on se sent comme neuf.

Donne-moi un dictateur qui me persuade qu'il me veut du bien, et je le suivrai.

Amir ajoute :

– L'idée, c'est de débrancher la pensée logique et de se concentrer sur les sensations, sur le fait qu'on peut apprécier quelque chose d'irrationnel. Beaucoup de gens le sentent, mais n'osent pas se l'avouer. On l'a bien vu avec le succès de *Fifty Shades of Grey*.

– On peut se procurer ce livre en Iran ? demandé-je.

– Non, bien sûr. Personne ne doit lire ça dans ce pays.

Entre-temps, la conversation glisse de plus en plus vers le persan, et je ne saisis plus que quelques termes anglais comme *sadist*, *domination* ou *submission*, à croire que les équivalents en persan font défaut. Farshad se rend compte que je ne peux plus suivre :

– On est en train de faire un plan à ton sujet, me dit-il, avec un grand sourire.

Deux nouveaux venus nous saluent d'une poignée de main : Shahin, un écrivain timide (« mon premier esclave, il y a quelques années », me glisse Yasmine), et Babak, journaliste dans une agence de presse.

– Lui, me dit Yasmine, c'est un *switch*. Tantôt maître, tantôt esclave.

Le jeune homme s'excuse pour le retard : il a été arrêté par la police. Pas à cause du rendez-vous d'aujourd'hui, mais juste par hasard. Sa voiture a été contrôlée et fouillée à la recherche de drogues et d'alcool. Le coffre, les sièges, la boîte à gants, tout. Juste à l'entrée du parc, les forces de l'ordre sont là, avec leur tente militaire et leurs fusils automatiques. De temps en temps, on voit un policier patrouiller dans les allées. Notre terrasse constitue un excellent poste d'observation. Mais la perspective d'une arrestation ne semble pas troubler outre mesure un homme comme Babak – pas même sur le chemin de sa réunion sado-maso. Il ne tarde pas à changer de sujet, pour en venir à ce qu'il faut avoir vu en Iran.

– Tu vas visiter le pays ? Alors il faudrait que tu ailles à Kermanshah voir la montagne de Farhad et Shirine, me conseille Babak.

Comme il ne parle pas l'anglais, c'est Yasmine qui traduit à mon intention.

– Qui sont Farhad et Shirine ? lui demandé-je.

Il se met alors à me raconter une histoire :

– Dans les montagnes du Kurdistan vivait un humble tailleur de pierre du nom de Farhad, qui tomba amoureux de la princesse Shirine. Un jour, en l'entendant jouer de la flûte, elle devint folle de lui, même s'il n'était pas digne de son rang. Or, Khosro II, qui était alors le grand roi de la Perse, courtisait justement la princesse. Dès qu'il eut vent de leur relation, il mit au point un plan pour séparer les deux jeunes gens. Il décréta que Farhad devrait accomplir, pour se montrer digne de la main de Shirine, une mission impossible.

– Creuse un canal dans le roc entre deux vallées du Kurdistan, ordonna-t-il à Farhad, un canal d'une longueur de quarante lieues, et tu l'auras.

Aussitôt dit, aussitôt fait. Le tailleur de pierre prend ses outils et se met au travail. Chaque jour, avec sa pelle et sa pioche, il creuse le rocher, des premières lueurs de l'aube jusque tard dans la nuit, des mois, des années. Pendant son sommeil, Shirine vient parfois voir en secret comment avancent les travaux. Farhad dort à même la pierre, avec sa pelle en guise d'oreiller. Shirine constate que tous les cinq mètres, il a sculpté une statue d'elle dans le roc en signe d'amour, et cela lui fait chaud au cœur. Si grand fut le labeur quotidien de l'artisan que de longues années après, il commença à voir le bout de la tâche impossible qu'on lui avait assignée. Khosro, qui voulait l'empêcher à tout prix de parvenir à ses fins, fit venir ses vizirs pour mettre au point avec leur complicité un nouveau plan. Ses conseillers lui proposèrent d'envoyer à Farhad une vieille femme chargée de lui annoncer que Shirine était morte, afin qu'il abandonne son entreprise. Le lendemain, une vieille alla donc trouver le vaillant tailleur de pierre. Comme elle se lamentait et versait des larmes, Farhad lui demanda la raison de sa tristesse.

– Je pleure sur la mort. Et sur toi, lui répondit-elle.

– Pourquoi donc ? demanda Farhad tout étonné.

– Valeureux homme, dit-elle, tu as bien travaillé, mais tous tes efforts furent accomplis en pure perte. Celle à qui tu aspires est morte.

Le désespoir emplit le cœur de Farhad, et il lança sa pelle dans les airs. En redescendant, l'outil le frappa mortellement au cou. Son sang se mit à couler dans le canal qu'il avait creusé avec tant de peine. Quand Shirine apprit la nouvelle, elle se mit aussitôt en route pour la montagne. Voyant son bien-aimé mort à ses pieds, elle ramassa son outil, et de désespoir, se tua à son tour d'un violent coup sur la tête. Aujourd'hui encore, les deux amoureux gisent côte à côte, très loin là-haut dans les montagnes du Kurdistan. Et aujourd'hui encore, sur les pentes du mont Bisotoun, on peut voir l'endroit où Farhad, par amour, a creusé sa tranchée dans le roc.

On entend Farshad soupirer. Il paraît ému, même s'il a sans doute entendu ce récit bien des fois.

– Il y a tant d'histoires d'amour dans la littérature, dit-il, mais celle-ci est la seule qui parle d'un amour parfait, inconditionnel.

Ce n'est que maintenant que je remarque la proximité entre son prénom et celui de Farhad, le héros légendaire.

En tant qu'esclave, il est difficile de trouver la partenaire idéale, car en Iran, où du point de vue juridique, les femmes sont des citoyens de seconde zone, les dominas sont manifestement très convoitées.

– Nous sommes bien trop rares, je reçois tellement de demandes sur internet que je pourrais avoir vingt esclaves à la fois si je voulais, dit Yasmine. Elle n'en a pourtant pas besoin : elle a un copain depuis neuf mois. Régulièrement, elle poste des photos de jeux BDSM dans la forêt, ou de sessions organisées dans le donjon d'une maison située dans le nord de l'Iran. Sur des pages Facebook accessibles aux membres du groupe seulement. Dans le milieu, cela lui a valu une certaine notoriété.

– Et si on rentrait ? Il commence à faire froid, déclare-t-elle soudain.

– Moi, ça ne me fait rien, je suis masochiste, plaisante Babak.

Nous nous transportons cependant jusqu'à un restaurant en sous-sol où chacun s'installe, sans chaussures, sur des banquettes. Au mur, des tableaux représentent des scènes de bazar. Kaveh, le maître dont le pseudonyme est « Rough » en raison de sa particulière brutalité, installe un coussin dans mon dos et fait de la place pour que je puisse m'installer à mon aise.

Devant des bières sans alcool Istak et des boulettes de viande, nous parlons des problèmes de circulation à Téhéran, de Franz Kafka et des meilleures méthodes pour fabriquer soi-même des accessoires érotiques en bois. Mais pas de politique, sauf une seule fois, en passant :

– Jusqu'ici, ils nous ont laissés tranquilles, avec notre groupe en ligne. Si on faisait un forum de discussion critique à l'égard du gouvernement, ce serait autre chose, dit Farshad.

– Les pratiques sexuelles hors normes, en Iran, c'est grave, mais l'engagement politique, c'est dix fois pire.

Avant de nous quitter, dernier petit tour dans les allées du parc Goftegoo. Shirin et Amir discutent menottes, fouet et autres cravaches. Farshad m'apprend l'existence d'un jeu de société, le Femdomopoly, le terme *femdom* renvoyant à *female domination*. Dans ce jeu, c'est le dé qui décide quel type de douleur ou d'humiliation on doit subir. Yasmine s'assied à l'écart du groupe pour discuter avec Shahin, l'écrivain. Puis ils font un tour dans le parc, main dans la main. Seul un œil très attentif remarquera que, ce faisant, la jeune fille plante profondément ses ongles longs dans la paume de son compagnon. Ils passent tous deux près du lac artificiel où nagent quelques poissons rouges – ici, les poissons rouges sont libres. Dehors, à l'entrée du parking, la police monte la garde, avec tente militaire et MG, comme si l'on était à un poste-frontière et non pas dans un jardin public tout ce qu'il y a de plus normal où des gens se retrouvent pour discuter, quelque part dans Téhéran.

CONSEILS PRATIQUES

TRAVERSER LA RUE EN IRAN

- Attendre que, dans la file de véhicules la plus proche, un petit espace vide se forme.
- Le film des moments marquants de votre vie se déroule en accéléré dans votre esprit.
- Pour les débutants, se placer dans le sillage d'un groupe d'autochtones et se calquer sur leur rythme.
- Avancer résolument, mais sans hâte excessive, la tête formant un angle à 90° avec le sens de la marche.
- Éviter tout mouvement brusque.
- En calculant la trajectoire des véhicules, ne pas compter sur la moindre tentative de freinage.
- Attention, ne jamais emprunter les passages piétons ! Ce sont des pièges.
- En cas de trafic modéré, les automobilistes sont prêts à effectuer de brefs écarts vers la droite ou vers la gauche. Un coup de volant à droite ou à gauche est considéré comme moins pénible qu'un déplacement de pied de l'accélérateur jusqu'à la pédale de frein.
- Rester attentif au *feed-back* : si on vous klaxonne de une à trois fois, tout va bien. Si cela se produit quatre fois et plus, il convient d'améliorer la gestion du timing et/ou le langage corporel.

NB : si pendant plus de trente secondes, vous n'entendez plus aucun coup de klaxon, pas de doute, vous êtes mort.

کیش

KISH

Population : 20 000 habitants
Province : Hormozgan

Liberté

Mon vol intérieur pour l'île touristique de Kish décolle de l'aéroport de Mehrabad, un terminal moderne aux halls étincelants de propreté, avec éclairage au néon, publicités vantant des appartements de luxe et petites tables équipées de stations de chargement pour tous types de téléphones portables. Quant aux noms des compagnies aériennes, je n'en ai le plus souvent jamais entendu parler. Mahan Air. Caspian. Iran Aseman Airlines. Sur mon billet, rempli à la main par une employée d'agence de voyages, on lit « Kish Airlines ».

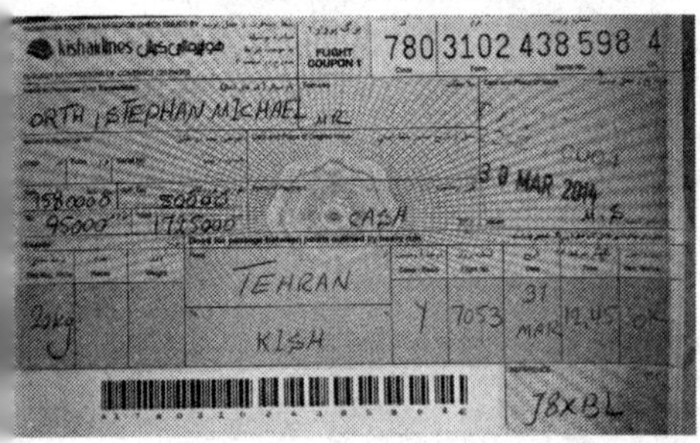

Au mur, sur une affiche, un Khomeini au regard particulièrement sombre à côté duquel on lit : *« Have a nice trip. »* Il y a trente-cinq ans de cela, l'avion Air France de l'ayatollah atterrissait sur ce même aéroport, où des millions d'Iraniens venaient fêter son retour d'exil. Ils avaient réussi l'impossible : chasser de son trône le shah tant détesté. Mais dans les années qui suivirent, la plupart des révolutionnaires allaient connaître une amère déception : l'ayatollah se mua en un despote intransigeant, dirigeant sa République islamique sans la pompe et les excès de ses prédécesseurs, mais avec au moins autant de brutalité.

Je fais les cent pas dans le hall en essayant de profiter d'un instant d'inattention pour photographier discrètement l'affiche. Dans les aéroports, les gares et tous les bâtiments publics, les photos sont en effet interdites. Une passagère en tchador, sourcils soigneusement épilés, interprète mon errance autrement.

– Tu t'es perdu, tu as besoin d'aide ? demande-t-elle.

– Merci, je jette juste un coup d'œil, réponds-je.

– Bienvenue en Iran, ajoute-t-elle alors.

Elle se présente : Solmaz, trente-cinq ans, titulaire d'un master en philosophie. Elle rêve d'aller faire une thèse en Suède. Pour le moment, elle prend l'avion jusqu'à Mashhad où elle va prier sur le tombeau de l'imam Reza.

– Et tu voyages seul ? me demande-t-elle. La solitude ne te pèse pas trop ?

– Pas le moins du monde. Ici, quand on est seul, on n'a jamais l'impression d'être un touriste.

Avoir peur de manquer de contact humain en Iran, c'est un peu comme faire le tour du monde sur son voilier et se demander si on va bronzer.

– Oui, avec les étrangers, on est aimables, dit-elle, songeuse. Est-ce que tu reviendras à Téhéran ?

– Oui, dans quelques semaines, disons six ou sept.

– Je pourrai te montrer la ville, *inchallah*.

Elle me souhaite un excellent séjour à Kish et me conseille

de faire une croisière sur le bateau au sol transparent. Et de visiter le Water Parc. Sans oublier le delphinarium.

– On peut y voir des dauphins qui savent se brosser les dents.

Le temps d'échanger nos numéros de téléphone portable, et mon vol est annoncé. Par le hublot, le lieu de vacances numéro un du pays se présente comme une ellipse de sable d'un blanc presque immaculé, plate comme une serviette de bain et large d'une quinzaine de kilomètres. Mais ce manque de relief naturel est largement compensé par les grands mille-feuilles de béton qui se dressent sur la côte nord-est de l'île. Des hôtels forteresses bien utiles pour absorber le demi-million de touristes qui débarque sur l'île chaque année.

Les Allemands ont Majorque, les Iraniens ont Kish. Ils l'adorent et retournent y passer leurs vacances année après année. Mais les étrangers, eux – en général venus des Émirats arabes unis, n'y passent qu'une nuit, le temps d'obtenir un nouveau visa pour Dubaï ou Abu Dhabi. Dans mon guide de voyage, il est précisé : « Les non-Iraniens n'ont finalement que peu de raisons de faire le déplacement. »

L'île est donc l'endroit idéal pour entamer la transformation qui doit faire de moi un véritable Iranien. C'est la raison pour laquelle j'atterris à présent sur l'asphalte brûlant de l'aéroport de Kish. Si l'aéroport Mehrabad de Téhéran incarne l'Iran le plus moderne, celui de mon île déserte fait penser à une piste de danse pour adolescents coincée entre deux stands de loueurs de voiture. Sur une musique techno assourdissante, deux danseurs couverts de peinture argentée de la tête aux pieds font un numéro de breakdance ; leurs pirouettes sont nettement plus gracieuses que celles des jeunes gens dont le petit boulot de vacances consiste à se promener en costume de Bob l'éponge ou d'éléphant rose pour la plus grande joie des enfants, quelques mètres plus loin. Ils doivent terriblement transpirer sous leurs épaisseurs de laine. Mais pour que les arrivants n'oublient pas qu'ils se trouvent en Iran et non pas au Club Mickey, on a accroché au mur une grande carte géographique des environs, flanquée de portraits souriants de Khomeini et Khamenei. On y lit le slogan : *« Persian Gulf Forever »* – une salutation qui vise tout particulièrement les visiteurs venus des pays arabes. Car depuis des siècles, ce nom est l'objet d'une bataille acharnée, les riverains du sud étant désireux d'appeler le bras de mer commun le « golfe arabe » ou « golfe d'Arabie ». Se demander où est le problème – après tout, ce n'est qu'un nom – serait méconnaître la fierté nationale des Iraniens. Leur enlever ainsi la seule mer qu'ils possèdent (puisque, à vrai dire, la mer Caspienne, tout au nord du pays, n'est rien d'autre qu'un lac) revient à leur faire un terrible affront.

Mon hôte, Massoud, vingt-trois ans, m'a annoncé par SMS qu'il allait essayer de m'héberger. Il m'a demandé de l'appeler juste après l'atterrissage. Je compose donc son numéro. Une sympathique voix grave me répond dans un argot américain irréprochable *(« What's up, bro ? »)*, puis propose de me rappeler dans quelques minutes pour m'indiquer l'itinéraire à suivre. Grâce à lui, mon arrivée sur l'île commence à ressembler à un vrai roman d'espionnage. Un autre passager met à profit cette courte attente pour faire connaissance. Au bout de cinq minutes, il m'invite à son mariage, dans le nord de l'Iran. Las ! m'étant déjà engagé avec Yasmine pour aller visiter les champs de bataille, je décline à grand regret la proposition. Puis je décline une fois encore. Et une troisième fois pour confirmer.

CONSEILS PRATIQUES

LE CODE DE POLITESSE DU *TAAROF*

Les Iraniens peuvent vous offrir les choses les plus incroyables : courses en taxi gratuites, tapis, achats au bazar... Mais ne pas voir qu'il s'agit de simples marques de courtoisie serait se fourrer le doigt dans l'œil jusqu'au coude. Une règle d'or : refuser poliment non pas une, mais deux fois. Ce n'est qu'à la troisième proposition qu'on peut être sûr que l'offre est faite pour de bon : on peut accepter sans faire perdre la face à son interlocuteur. Attention : même la formule « *Taarof nakone !* » (« pas de code de politesse ») est justement une formule de politesse.

À l'intention du chauffeur de taxi, Massoud m'envoie l'itinéraire par SMS. Mais mon téléphone n'affichant pas les caractères persans, je me rends à la cabine téléphonique jaune vif la plus proche, je l'appelle et je lui passe directement le chauffeur. Le taxi emprunte des allées de graviers bordées de palmiers, avec des ronds-points ornés de statues d'animaux marins et d'eucalyptus attachés à des tuteurs. Les voitures sont plus grosses et plus modernes qu'à Téhéran : moins de Saipa et de Peugeot, plus de Hyundai et de Toyota, et même quelques Mercedes. Les rues et les trottoirs sont aussi propres que si on venait d'y passer l'aspirateur, ce qui offre un étonnant contraste avec l'aspect négligé du reste du pays.

Le chauffeur s'arrête dans le quartier Ararbar, à l'ouest de l'île. Froides et neuves, les rangées de maisons en blocs de pierre taillée et polie évoquent l'argent et la ville de Dubaï. Le quartier est tout neuf, et la moitié de la rue est d'ailleurs encore en chantier.

– Il y a un an, ici, il n'y avait rien, commente Massoud, qui est venu m'ouvrir la porte à mon nouvel appel téléphonique, un gars à la peau brune en polo gris, visage anguleux, sourcils broussailleux, brushing soigné. Il est contrôleur aérien pour la compagnie Iran Aseman Airlines, mais à côté, il enseigne aussi l'anglais.

– Un thé ?

Il me conduit jusqu'au premier étage. Sur le canapé à pois orange attendent sa sœur Mahboubeh, coiffeuse, avec ses enfants Saler, treize ans, et Saba, onze ans. La femme de Massoud apporte du thé noir et des gâteaux secs couleur sable. Elle aussi s'appelle Mahboubeh – dans ma tête, je la numérote aussitôt « Mahboubeh n° 2 ». Architecte, elle prend en ce moment des cours de peinture et de dessin. Les deux femmes et la fillette gardent en permanence leur foulard sur la tête dans la maison. C'est à cause de moi, l'invité étranger, car à part moi, tout le monde fait partie de la famille.

– La maison est bien pleine aujourd'hui, mais ça ira, on tiendra bien à six ! commente joyeusement Massoud.

L'appartement doit avoir une surface d'environ quarante mètres carrés. Il n'y a qu'une salle de séjour, une cuisine séparée, une chambre et une salle de bains. Les murs sont nus, hormis une citation du Coran gravée sur du papier argenté. Un téléviseur LG *made in South Korea* d'au moins 42 pouces domine la pièce où nous nous trouvons. On y voit un prédicateur qui récite le Coran : il chante si faux que peu à peu, tous les hommes présents dans la mosquée se mettent à pleurer.

– Mais non, c'est parce que l'histoire qu'il raconte est très très triste, corrige Massoud. C'est la mort du martyr Hussein.

Puis il change de sujet :

– Tu aimes *Flight Simulator* ?

Et voilà déjà le contrôleur aérien qui branche à son ordinateur portable un joystick en forme de manche d'avion et deux haut-parleurs.

– On va faire un tour en Allemagne. Qu'est-ce que tu connais comme liaison pas trop longue ?

– Hambourg-Berlin, peut-être ? proposé-je.

Nous sommes déjà aux commandes d'un Airbus A330 à destination de Berlin. Je reçois une formation express en techniques de pilotage.

– *Ground speed : 330 kilometers per hour, altitude : 6000 feet, direction : 110*, annonce-t-il en me montrant les indications en question. Berlin, c'est facile, il y a un système d'atterrissage assisté. C'est bien, chez vous, en Allemagne. Ici, tous les aéroports n'en sont pas équipés.

À cause des sanctions, il est devenu impossible d'importer tout ce qui touche à la technologie moderne. Même pour les pièces détachées d'avion, cela pose problème.

– C'est pour ça qu'ici, il y a plus d'accidents que dans les autres pays, précise Massoud.

Il prend pour exemple la ligne Oroumiyeh-Tabriz, au nord-ouest de l'Iran. Des montagnes, des paysages fabuleux, de fortes turbulences. Au moment de l'atterrissage, sans assistance, le train avant a tendance à lâcher.

– Tu vois ? C'est à cause des sanctions.

Kish est une île riche en possibilités de shopping. Nous passons le début de soirée à parcourir d'immenses centres commerciaux d'acier et de béton baptisés Paradise I, Paradise II ou encore Kish Trade Center. On y trouve de nombreuses marques étrangères : Adidas, Puma, Zara, Samsung, Louis Vuitton ou encore LG Electronics. Mais on longe aussi des allées entières de vitrines remplies de vêtements contrefaits, comme ceux de la marque Didas, sans le *a*, à deux bandes au lieu de trois.

On peut se procurer des sous-vêtements Calven Kliem ou des pantalons Tommy Dooyao (la typographie rappelant fort celle de Tommy Hilfiger), ou encore des calculatrices Cetezen ou Casho. Mais c'est en achetant des chaussures de sport censément produites par la marque américaine Columbia que le client doit se montrer encore plus attentif : à la place du logo original constitué de huit rectangles, la version locale est ornée d'une croix gammée.

– Kish est une zone franche, sans taxes, tout y est 10 à 40 % moins cher, m'explique Massoud, en montrant du doigt la marée humaine qui se presse dans un hall aussi grand qu'un amphithéâtre. Au milieu, une immense publicité Reebok.

– Comme tu vois, les Iraniens adorent le shopping. Surtout les femmes.

Et ils adorent aussi les fast-foods. Surtout sa femme.

– Si c'est pour manger iranien, autant cuisiner moi-même, dit la pragmatique étudiante en arts plastiques. Pour le dîner, ce sera donc *greek pizza* et Pepsi chez Iranwich, où l'on est servi sur un plateau en bois avec un set de table en carton ondulé. Le lieu ressemble à un grand McDonald's. Tout est complet jusqu'à la dernière table ; il faut attendre qu'une place se libère. Les murs, les sièges, la carte, tout est rouge – comme le ketchup qui accompagne tous les plats (les Iraniens mangent toujours leur pizza avec du ketchup).

Un écran de télévision passe un dessin animé où l'on voit des chenilles et des castors très mignons. Ce n'est qu'*in extremis*, en déployant toute la force de persuasion dont je suis capable, que je parviens à remporter la bataille verbale pour payer la pizza. Il est déjà plus de vingt-deux heures et je suis si affamé que j'aurais bien englouti à moi tout seul deux de ces bombes caloriques dégoulinantes de fromage et de gras.

– Est-ce que les Iraniens mangent toujours à cette heure-ci le soir ? demandé-je à Massoud.

– Non, parfois pas avant onze heures, voire minuit. Il y a quelques mois, j'ai hébergé un gars qui venait de Suisse, il voulait toujours dîner à six heures du soir, un vrai cinglé.

Juste avant que je me lance dans un exposé sur les dernières découvertes des nutritionnistes en matière d'heures de repas, le téléphone portable de Massoud retentit. Après un bref échange, il me lance :

– Ça te dirait d'aller à la pêche, toute la nuit, jusqu'au lever du soleil ?

Fatigué par la chaleur, ramolli par la pizza, je n'oublie pourtant pas que je suis résolu à accepter toutes les idées de mes hôtes, même les moins réjouissantes. Il faut y aller au bluff :

– Mais oui, avec plaisir !

– Est-ce bien nécessaire ? demande Mahboubeh n° 2, exprimant mes sentiments profonds.

Je sens qu'elle se fiche éperdument de la passion de Massoud pour la pêche à la ligne, et lui de ce qu'elle peut en penser. Ils sont mariés depuis cinq ans.

De : Kian, Qeshm

Hey Stephan! I'm kian from qeshm island. I'm really waiting to meet you. At the moment because of holidays I am in Tehran but on Friday I am going to go to my lovely island. See you soon Cheers

Nous rentrons à la maison en taxi. Massoud fait une rapide prière en direction de La Mecque, qui se situe apparemment du côté opposé au téléviseur. C'est l'heure de l'émission « Kolah Ghermezi », « bonnet rouge », une série de marionnettes très populaires dans la veine de « Rue Sésame », apparemment inoffensive mais qui, en raison d'allusions critiques sur la société, n'est que peu goûtée des autorités du pays. Mahboubeh n° 2 monte le son, les acteurs ont des voix aiguës, stridentes. Trois mètres plus loin, Massoud se jette sur le sol en scandant : *« Allahou akbar. »*

Je prends une douche rapide. Or, il faut rappeler ici une vérité trop peu connue en matière de couchsurfing : la salle d'eau constitue un lieu à haut risque. Elle abrite en effet les activités les plus à même de causer des dommages irréparables avec celui ou celle chez qui vous habitez. Savoir-vivre, capacités d'adaptation, petit cadeau à l'arrivée : plus rien de tout cela ne compte à partir du moment où le visiteur, le rouge au front, vient annoncer qu'il faut appeler un plombier en urgence.

Dans un appartement étranger, aucun lieu ne réserve finalement plus de pièges que les sanitaires. Chasse d'eau capricieuse, robinetterie qui s'arrache du mur ou levier baignoirc/pommeau de douche récalcitrant ne sont encore qu'un moindre mal. Dès mon arrivée, l'an passé, un hôte iranien m'a instamment recommandé de ne pas actionner l'interrupteur prévu pour mettre en route le chauffe-eau : en raison d'un faux contact, quelques minutes auraient suffi pour déclencher un incendie. (Fort heureusement, je n'ai encore jamais eu à mettre en ligne un message comme : « Merci pour l'hébergement. Encore désolé d'avoir mis le feu au pâté de maisons. L'omelette du petit déjeuner était délicieuse. »)

Mais les différences culturelles concernant l'utilisation des toilettes sont elles aussi redoutables. En Iran, les W.-C. à la turque sont la norme. On utilise un tuyau accroché à un petit crochet près de la cuvette. Parfois, il y a aussi un rouleau de papier-toilette, parfois non. Parfois, il y a une petite poubelle à proximité, parfois non. À l'entrée, il y a toujours une paire de mules en plastique, et le sol est mouillé par endroits. Il faudrait vraiment qu'un sociologue envoie une centaine de cobayes venus de l'Europe de l'Ouest tester les installations locales, afin d'observer combien d'utilisations différentes seraient faites des différents éléments en présence.

Dans certains pays, on doit jeter le papier-toilette dans la cuvette, dans d'autres, il faut le mettre à la poubelle. Ailleurs, ni l'un ni l'autre : il faut simplement laisser le moins possible de papier souillé à la vue des autres utilisateurs. C'est à cette troisième et dernière catégorie qu'appartient l'Iran. En conséquence, l'utilisation du tuyau de rinçage doit être chaque jour perfectionnée, l'objectif étant d'avoir besoin d'un peu moins de papier chaque jour. La technique est véritablement maîtrisée le jour où des toilettes publiques de difficulté supérieure (saleté, absence de papier, pas l'ombre d'un essuie-mains, niveau olfactif digne d'une unité de fabrication d'ammoniaque) peuvent être abordées presque sans crainte.

On en profitera pour mettre en garde ici contre une erreur typique de débutant. De retour d'un voyage en Iran, un ami allemand m'a confié qu'il n'avait encore jamais autant fait travailler ses quadriceps. Or, il est évident que si les Iraniens, mais aussi les Chinois ou les Indiens n'avaient pas compris (vers l'âge de trois ans au plus tard) que la position la meilleure est celle qu'on adopte pour glisser le plus vite possible sur la neige, tous les habitants de ces régions du monde auraient à l'âge adulte des cuisses de lanceurs de poids.

Dans la salle d'eau de Massoud, deux défis se présentent à moi : premièrement, il n'y a qu'un minuscule crochet au mur pour suspendre à la fois toutes ses frusques et sa serviette. C'est la même chose dans bien des salles de bains iraniennes : on n'a visiblement pas coutume d'y accrocher quoi que ce soit, ou alors seulement à la poignée de la porte. Deuxièmement, le sol de la douche n'est pas séparé du reste de la pièce, ce qui fait que j'inonde nécessairement la totalité de la salle de bains ; or, le carrelage ne présente pas la pente suffisante pour que l'eau s'évacue d'elle-même jusqu'à l'orifice des toilettes. Eu égard à cette configuration défavorable, peut-être serait-il envisageable de laisser un centimètre d'eau derrière soi en sortant de la salle de bains. Mais un invité a toujours à cœur de bien faire. Faute d'un accessoire approprié, celui qui ouvrirait par inadvertance la porte de la pièce assisterait à un spectacle des plus étonnants : un étranger rampant à quatre pattes, vêtu seulement d'une serviette et de sa sandale droite, pied gauche nu se balançant en l'air tandis qu'armé de l'autre sandale, il s'efforce de pousser l'eau stagnante vers la sortie. Mes nouveaux amis BDSM de Téhéran trouveraient sans doute cela formidablement humiliant.

Le golfe Persique

Après avoir emporté une petite laine et de quoi grignoter, Massoud et moi descendons dans la rue, accompagnés du jeune Saler, pour attendre le fameux *fishing buddy*. Je m'aperçois soudain que j'ai oublié ma lampe frontale. Massoud me passe ses clés et je remonte en courant à l'appartement. Je frappe, j'ouvre et me retrouve aussitôt nez à nez avec une inconnue trônant en survêtement sur le canapé à pois, très jolie, avec la crinière opulente d'une chanteuse soul des années 1970. Elle me regarde, effrayée, et en une fraction de seconde, je réalise qu'il s'agit de la version dévoilée de Mahboubeh n° 2. La métamorphose est totale. Je ressors précipitamment. « Entrez ! » me dit-elle quelques secondes plus tard. Je me répands en excuses. Elle n'a pas l'air très contente. J'espère que cela tient pour moitié au moins à notre partie de pêche, et pas seulement à mon stupide faux pas.

Darius, l'ami de Massoud, arrive un peu en retard, avec son sac à dos et sa canne à pêche. Dans les cinquante-cinq ans, cheveux blancs, moustache blanche et sourcils noirs. En allemand, il sait dire *« Guten Tag ! »*. Un taxi nous emmène jusqu'au port de pêche, puis tout au bout d'une longue jetée. Le chauffeur nous demande plusieurs fois si c'est bien là que nous allons. Nous escaladons quelques rochers noirs.

Ça sent l'eau salée et le vent. Massoud et Darius préparent nos lignes.

– Donne un poisson à un homme, déclare sentencieusement Massoud, et il mangera un jour. Apprends-lui à pêcher, et il mangera toute sa vie.

Il m'apprend donc à pêcher. Du moins en partie. Pour cette nuit, ma mission consiste à attacher à la canne, une fois que l'appât est bien accroché, une pince munie de deux petits grelots. Quand les clochettes sonnent, c'est que la canne a bougé : fortes chances qu'il y ait une touche. Mais il suffit parfois d'un gros coup de vent pour faire sonner les grelots. Tandis que les deux cannes à pêche, coincées entre les rochers, attendent les poissons, et nous le tintement des clochettes, je demande à Massoud d'où il tient son accent américain si impeccable.

– Je suis un grand fan du coach Anthony Robbins, me répond-il. Un jour, j'ai cherché son nom sur Skype et j'ai trouvé quelqu'un qui pouvait correspondre. En fait, ce n'était pas lui, mais je lui ai quand même envoyé un message. Maintenant, on est amis, et tous les deux, on a beaucoup travaillé mon anglais.

Dans mon imagination, les parties de pêche nocturnes étaient des moments où les conversations se limitaient à l'essentiel : les étoiles, les vagues, la vie et la mort – et de temps en temps, une petite lampée de whisky ou de rhum. Or, nos premières heures au bord de l'eau ne ressemblent aucunement à cela. Jusque-là, j'avais considéré Massoud comme un gars assez peu bavard ; me voilà vite détrompé. Il parle de la session de trente minutes qu'il a réservée en ligne avec le vrai Anthony Robbins, le grand spécialiste de la motivation.

– Il m'a demandé quel était mon but dans la vie. J'ai répondu que je voulais devenir millionnaire. Alors il m'a dit : « Ce n'est pas comme ça qu'il faut commencer. Tu dois d'abord te concentrer sur qui tu es. Est-ce que tu as déjà vu un aiguilleur du ciel prof d'anglais à mi-temps devenir millionnaire ? Non. Alors il faut que tu changes quelque chose dans ta vie. Par exemple que tu montes ta propre entreprise. »

Massoud a déjà son idée pour créer un commerce. Il s'apprête à déménager à Shiraz, où habitent ses beaux-parents, pour ouvrir un café où Iraniens et étrangers pourraient discuter.

– Et ça fera de toi un millionnaire ? demandé-je.

– Non, sûrement pas. Mais l'idée, c'est d'avoir un but dans la vie. Je te donne un exemple : ma grand-mère a quatre-vingt-cinq ans, et quand elle achète certains produits, elle prend une dose pour dix ans. Et ça ne m'étonnerait pas qu'elle vive même dix ans de plus, tellement elle y croit.

Massoud me conseille la lecture de trois ouvrages intitulés *Think and Grow Rich*, *The Seven Habits of Highly Effective People* et *Awaken the Giant Within*. Il m'explique qu'il s'est approprié beaucoup des principes qui y sont décrits et que, maintenant, il les applique dans sa vie de tous les jours.

C'est alors qu'on entend sonner les petits grelots. Tout doucement par rapport au bruit du ressac, mais bien distinctement. Massoud se saisit de la canne à pêche et commence à tourner la manivelle. Le fil se tend, la canne forme une parabole, Massoud serre les dents. À la surface de l'eau, on voit tout à coup apparaître quelque chose qui se tortille frénétiquement. Un bon mètre de long. Mais brusquement, la canne se détend.

– Et merde, il a filé ! fait Massoud. Aucune idée de ce que c'était. Un gros truc. Enfin, c'est ce qui est bien quand on pêche : jusqu'au dernier moment, on ne sait pas à quel poisson on a affaire.

– Un peu comme dans le couchsurfing, ajouté-je.

À l'horizon, on voit briller les lumières des hôtels et des chantiers où on en construit de nouveaux. Éclairés par nos frontales, nous grignotons des *tochme* (graines de tournesol), des pistaches, des biscuits au citron. Plusieurs heures durant, plus rien ne mord. Il est déjà deux heures et demie du matin, et c'est moi qui aurais bien besoin d'un *motivation coach* pour ne pas proposer qu'on lève le camp et qu'on aille tous se coucher. Mais avec Massoud, qui aurait besoin d'un coach ?

– Les erreurs sont positives, car elles nous donnent l'occasion d'apprendre, déclare-t-il.

Nous changeons de poste, en rebroussant chemin sur une cinquantaine de mètres le long de la jetée. Une bonne décision. Quelques minutes plus tard, les clochettes sonnent. Un silure d'une bonne longueur atterrit sur la berge. Aussitôt, Saler le piétine et lui donne des coups sur la tête avec un outil jusqu'à ce qu'il ne bouge plus. Quelques instants après, c'est au tour de Massoud d'avoir de la chance : un autre poisson-chat s'abat sur les rochers. Pas de doute, avec ses moustaches qui rappellent celles d'un vrai chat. D'ailleurs en anglais, on l'appelle aussi *catfish*. Cette fois, c'est bien parti. Avant l'aube laiteuse et embrumée viennent s'aligner sur le rivage quatre poissons-chats, un *hamour* (une variété de mérou) et un capitaine. Nous marchons quelques minutes jusqu'au marché aux poissons voisin, où nous faisons vider et découper en filets nos prises. En s'occupant des silures, le vendeur fait la grimace. D'un air dégoûté, il les débite en morceaux aussi gros que possible et se débarrasse aussitôt des déchets en les portant directement dans le container de dehors.

– Les poissons sans écailles ne sont pas *halal*, m'explique Massoud. Les croyants ne sont pas censés les manger.

Il donne le sac en plastique contenant les filets de poisson-chat à Darius, moins regardant que lui pour ce qui touche à la religion. Après une nuit presque blanche hormis quelques petites heures de sommeil sur le tapis, la meilleure façon de récupérer, à Kish, est d'aller farnienter au bord de l'eau. L'île est réputée avoir les plus belles plages du pays. Comme Massoud doit aller travailler, je m'aventure tout seul du côté du nord-est. En manque de caféine, je bois pour la première fois, dans un snack, un Zam-Zam-Cola *made in Iran*. Ça a le goût du Coca-Cola – avec plus de sucre et moins de bulles. Le nom du breuvage est intéressant : Zamzam est le nom de la source la plus sacrée du sanctuaire de La Mecque. Assez amusant d'appeler ainsi quelque chose d'aussi typiquement américain que du soda.

Sur une piste cyclable, des filles passent à faible allure sur des vélos (selles réglées bien trop bas). Ici, les femmes n'ont pas à craindre les foudres de la police des mœurs. Sur l'île, les règles sont moins strictes qu'ailleurs : les vacancières marchent pieds nus dans le sable, portent des sandales, des leggings moulants. J'aperçois même une femme tête nue, ce qui serait impensable partout ailleurs en Iran. Des bateaux à moteur tirent des canots gonflables pleins d'estivants qui crient au passage des vagues. Quelques adolescents, garçons et filles, jouent au foot. Des conducteurs de chameaux attendent le client. Sous un kiosque de bois, un musicien avec une barbe sophistiquée à la Kevin Kurányi (le joueur de foot) pratique avec art son *daf*, un tambour large et plat. Mais en voyant une voiture de police tourner dans le secteur, il remballe à la hâte son instrument.

Deux tables plus loin est assise une dame d'une cinquantaine d'années, hijab vert clair, foulard de soie motif léopard autour du cou, énorme montre-bracelet argentée. Elle écoute « Wind of Change », son téléphone portable appuyé sur son étui à lunettes de manière à tourner le haut-parleur dans sa direction. Sur la table, un bol de chips, un paquet de cigarettes Kent, un thé dans un gobelet en carton. *« The future's in the air, I can feel it everywhere, listening to the wind of change »*, chante Klaus Meine, le chanteur des Scorpions. Des vélos passent le long de la terrasse, les palmiers s'inclinent sous une petite brise fort agréable. Kish est justement connue pour son vent : il n'est pas rare que les catamarans s'échouent sur la terre ferme par gros temps. Nous faisons connaissance. Elle s'appelle Afsaneh et a quitté Téhéran sept ans auparavant pour s'installer sur l'île.

– J'aime l'air frais, la mer, l'atmosphère détendue, dit-elle.

Deux fois par semaine, elle vient faire un tour sur le bord de mer.

– J'aime tellement marcher, mais Téhéran, c'est trop sale. Trop de smog.

Sur ces mots, elle allume une cigarette. En Iran, les femmes n'ont pas le droit de fumer. *« The wind of change blows straight into the face of time, like a storm wind that will ring the freedom bell »*, affirme le téléphone. J'aimerais tant le croire. On pourrait voir l'île de Kish comme le laboratoire où s'élaborerait l'avenir du pays. Mais en réalité, elle évoque bien davantage un lieu de refuge temporaire. Une enclave, ou plutôt une « exclave », où sont exceptionnellement tolérées les petites libertés. Un peu comme les vacances chez les grands-parents, où les enfants peuvent faire plus de bruit et manger plus de chocolat. Mais ensuite, dès qu'on rentre chez les parents, ce sont les règles habituelles qui s'appliquent.

Pour éviter que les Iraniens ne se rendent compte que ce

qu'ils ont le plus aimé dans leurs vacances, c'est cette part de liberté supplémentaire, l'île est équipée de centres commerciaux, de hors-bord, de trains fantômes, d'un parc d'attractions de sept hectares avec jardin aux oiseaux et delphinarium.

Je demande à Afsaneh si ce qu'on m'a dit au sujet du dauphin qui se brosse les dents est vrai.

– Mais oui, m'assure-t-elle. Et il y en a un qui fait de la peinture. Ses tableaux se vendent entre mille et huit mille dollars.

Aussitôt, l'idée me vient de m'acheter un dauphin. Combien peut bien coûter un animal comme celui-là ?

– Un million de dollars, dit-elle.

Avec une moyenne de quatre mille cinq cents dollars par dessin, il faut tout de même deux cents œuvres d'art pour amortir le dauphin.

Je décide d'abandonner mes projets commerciaux et de m'acheter une bonne glace.

Ensuite, je vais dire un petit bonjour à Mesut Özil, mais aussi à Messi, Ronaldo et Neymar. Leurs caricatures géantes en plastique ornent une avenue qui mène jusqu'à la plage. C'est bientôt la Coupe du monde de football, et pour la première fois depuis de longues années, l'Iran s'est qualifié. Messi et Neymar ont beaucoup de cheveux et presque plus de visage. Au contraire, l'athlète *Mahsood Ozil*, avec sa petite houppette, son énorme nez et ses yeux globuleux, fait penser à une créature apparue lors d'une croisière sur le bateau à fond vitré. Mais peut-être est-ce le dauphin qui l'a peint ?

Le lendemain matin, ce sont Massoud et Pitbull, le rappeur américain, qui me tirent de mon sommeil. Un binôme vraiment infernal. Je dors juste en dessous du poste de télévision, sur le tapis. À sept heures et demie tapant, mon hôte lance un vidéo-clip à un volume digne d'une boîte de nuit. Comme un prof d'aérobic atteint de TDHA, il danse dans toute la pièce et chante à tue-tête : « *Aeeyayay, aeeyayay, let it rain over me.* » Un cri à réveiller les poissons morts – et les touristes endormis. Dans le clip, on voit une BMW Z4 fonçant à travers un paysage désertique qui n'est pas sans rappeler l'île où nous nous trouvons.

– *It's time for breakfast, and time for Nature Day !* me crie Massoud, tout guilleret.

Contrairement à moi, mon hôte est manifestement du matin.

Par *Nature Day*, il désigne Sizdah Be-Dar, la fête qui marque la fin des deux semaines de vacances de la nouvelle année, un jour férié où tout le pays s'en va pique-niquer dehors. Mahboubeh n° 1 et n° 2 se hâtent de dérouler une nappe en plastique sur le sol et d'y déposer des galettes de pain, du fromage de chèvre et de la confiture de carottes maison. Après ce petit déjeuner express, nous sortons quelques provisions du frigo pour garnir les paniers à pique-nique et courons prendre un taxi. Faute de BMW Z4, ce sera une Toyota. Ceci dit, le chauffeur n'est pas en reste pour les pointes de vitesse. Nous nous arrêtons sur le bord de mer, il y a des rochers et des petits kiosques de bois au toit équipé de panneaux solaires. Mais ils sont tous pris, nous arrivons trop tard. Nous étalons donc la nappe à pique-nique en plein air, sur le sable. Massoud aligne sur un barbecue des morceaux de poulet marinés dans le safran et le citron.

Les meilleurs professeurs de langue du monde sont les enfants. Avec Saler et Saba, je lance un jeu qui consiste à montrer du doigt tous les objets qui nous entourent et à dire leur nom en anglais et en persan. Les gamins s'amusent tellement qu'ils ne veulent plus s'arrêter. Nous répétons tant de fois que je finis par assimiler les mots mer *(daryâ)*, ciel *(asemân)*, nuage *(âbr)*, poisson *(mâhi)*, soleil *(khorshid)*, pomme *(sib)*, oreille *(gosh)*, nez *(bini)*, œil *(cheshm)* et voiture *(mâshin)*. Notre excursion fait également le plus grand bien aux connaissances linguistiques de notre ami Saler, dont le répertoire se limitait jusque-là à deux expressions : *« How are you ? »* et *« Get out of my face, asshole »* – toutes deux prononcées à la perfection.

Il y a un an jour pour jour, lors de mon premier voyage en Iran, j'ai fêté le fameux « Nature Day » avec Yasmine et sa famille. Près de cinquante personnes s'étaient donné rendez-vous dans un jardin entouré de hauts murs, à l'extérieur de Téhéran. Nous avions joué au volley-ball et pratiqué des danses interdites sur de la musique pop persane. À l'intérieur de la maison, on servait du whisky. En dehors de la ville, toutes les rues étaient bordées de nappes de pique-nique et de tentes, le moindre espace vide faisant office de table pour un repas en plein air. Dès lors que trente, cinquante, ou peut-être soixante millions de personnes quittent leurs appartements à l'abri des regards pour faire la fête dehors toute une journée, c'est l'état d'exception en Iran. À Kish, le paradis des vacanciers, je m'attendais à plus d'excès encore que tout près de la capitale. Mais Massoud doit reprendre le travail à une heure de l'après-midi : les avions ne s'arrêtent pas de voler les jours fériés. On attaque donc le poulet au safran, on regarde un peu les vagues, et peu après midi, il est temps de tout ranger pour rentrer à la maison. Mon séjour à Kish touche à sa fin.

Pour mon dernier soir, Mahboubeh n° 2, un vrai cordon-bleu, nous sert un autre repas de fête : nous dégustons avec du riz le capitaine et le mérou que nous avons pêchés nous-mêmes.

Lost in Transportation I

Il existe un jeu bien connu des voyageurs : le ping-pong interguichet. Le touriste dégoulinant de sueur, muni de connaissances linguistiques très limitées et d'un gros sac à dos, exprime par gestes son souhait de prendre un ticket pour monter dans le bus, le train, le bateau ou l'avion. On l'envoie quelque part. Une fois arrivé sur place, il est expédié à un autre endroit, d'où on l'envoie encore ailleurs, et ainsi de suite. Cela peut durer un certain temps, mais pas éternellement, car aucun terminal au monde ne possède un nombre infini de guichets. Si à la fin de la course, le touriste a un ticket en main et est en mesure d'embarquer, il a gagné. Dès qu'un même lieu est cité pour la deuxième fois, il a perdu. Boucle sans fin, *game over*. Les établissements financiers ou encore les hotlines des fournisseurs d'accès internet offrent également toute une série de variantes à ce jeu.

Pour moi, la partie commence à l'entrée de l'aérodrome de Kish – où le chauffeur de taxi m'a déposé alors que j'avais bien précisé « au départ des bateaux ». Un petit homme en bleu me fait signe vers la droite :

– *Old terminal.*

Je parcours cent cinquante mètres vers la droite, pour tomber sur un soldat qui fait exagérément mine de ne rien comprendre, hausse les épaules et montre du doigt deux cabanes en bois, une bleue et une jaune, à environ deux cents mètres de là. Si j'en crois les images qui encadrent les deux guichets, on vend à gauche des places sur les petits bateaux, à droite sur les gros bateaux. Le guichet de gauche étant fermé, je m'adresse à celui de droite. Il y a six personnes devant moi. Ils discutent si longtemps qu'ils semblent payer leur ticket non pas avec de l'argent, mais en donnant des nouvelles de toute la famille. Après une bonne demi-heure d'attente, c'est à moi de jouer.

– *You cannot get ticket now*, me répond le caissier.

Mais j'ai fait des progrès. Je ne me laisse plus décourager si vite.

– *No. Passport first, passport*, dit-il, en me montrant l'ancien terminal, celui que je viens de quitter.

Zut et flûte. Troisième étape, fin de partie. Mais je refuse de m'avouer vaincu. Retour à la case soldat.

– *Passport, passport !* dis-je avec le même geste de la main.

Étonné de me voir revenir, il me dévisage comme si j'étais un extraterrestre et hausse les épaules encore plus ostensiblement que la première fois. Puis il me désigne les deux cabanes en bois qui se trouvent derrière moi. Nous échangeons ensuite quelques regards. Chacun de nous n'en revient pas qu'on puisse être aussi bête. Soudain surgit de nulle part un employé du port, grassouillet, dans l'obscurité du terminal abandonné.

– *Mister, come here.*

Il mc conduit jusqu'à un burcau où sont assis dcux autrcs hommes en chemise et pantalon de costume. L'un des deux m'apporte un verre d'eau.

– *Passport, please.* D'où venez-vous ? Comment trouvez-vous l'Iran ? Asseyez-vous. Un verre de thé ? Où souhaitez-vous aller ?

Je réponds dans l'ordre « *Germany* », « magnifique », « avec plaisir » et « Charak », première localité située sur la terre ferme, à une quarantaine de minutes en bateau, à en croire mon guide.

– Et où irez-vous ensuite ?

– Bandar Abbas.

À quatre bonnes heures de Charak en bus.

– Dans trois heures, il y a un gros bateau qui part pour Bandar Lengeh, c'est plus près de Bandar Abbas, dit-il.

– Combien de temps dure le trajet ?

– Quatre heures. Et de là-bas, il n'y a que deux heures de route jusqu'à Bandar Abbas.

– Alors ce sera plus rapide par Charak. Est-ce qu'il y a bientôt un départ pour Charak ?

– Je n'en sais rien.

Mais il a un collègue mieux informé :

– Charak maintenant ! dit-il.

Il récupère mon passeport dans la photocopieuse et me fait signe de le suivre. Il traverse résolument le grand hall, puis s'avance vers les quais, où un matelot est en train de larguer les amarres. Un petit bateau s'en va, si lentement que d'un grand bond, j'aurais presque pu monter à bord. L'employé fait de grands signes, pousse des cris, mais pas moyen d'arrêter les machines. Il me ramène alors à l'aérogare : nouveau terminal, trente mètres de haut, tout en matériaux nobles couleur argent, gris et beige. Sur des écrans plats, des spots publicitaires pour des appartements et pour toutes sortes d'attractions touristiques, Ancient City of Harireh, Underwater World, et une course de chevaux apparemment très réputée. J'ai raté la plupart des activités qu'offre l'île, mais les heures que j'ai passées avec Massoud et sa merveilleuse famille valaient bien tous les delphinariums du monde.

La salle d'attente est pleine de passagers ; le détour par l'embarcadère m'a fait éviter les contrôles de sécurité.

– Dans cinquante minutes, prochain départ pour Charak, dit mon sauveur, avant de disparaître dans l'oubli éternel.

Tous ceux qui sont assis là ont des billets en main, je n'en ai toujours pas. Attente. Doute. Faut-il que je ressorte et retourne au guichet en bois ? Enfin, une voix annonce le départ pour Charak, une file d'attente se forme devant le contrôle des tickets, à l'endroit qui donne accès au quai. Finalement, je peux payer sur place en liquide, 27 000 toumans, soit 7 euros. Mais je n'obtiens pas de billet : l'employé empoche l'argent et me fait tout simplement signe d'avancer. Pas de billet, double visite à une station, et pourtant objectif atteint : c'est moi qui remporte la partie de ping-pong.

De : Kian, Qeshm

Good morning Today I will arrive qeshm at 3p.m.
Unfortunanately because I live in company's
accommodation I can't host but maybe we can meet.

Les Aryens

Au contraire du terminal, le Pelikan que j'ai emprunté est tout sauf futuriste. Siège au rembourrage éventré, tapis persans usés jusqu'à la corde et une mécanique qui évoque un marteau-piqueur à l'agonie. Au moment même où je me demande si, avant de rendre l'âme, il pourra parcourir les vingt kilomètres qui nous séparent de l'autre rive, comme si nous nous étions donné le mot lui et moi, le moteur s'arrête. Un colosse visiblement en colère et bourré d'anabolisants essaie de hisser sur le pont, par l'échelle de fer, son corps de boxeur catégorie poids lourd. Par chance, ses deux compagnons de voyage sont :

a) de corpulence comparable ;

b) conscients du fait que démolir le capitaine ne faciliterait en rien la résolution du problème.

Ils le retiennent de toutes leurs forces.

– *Arabs*, dit mon voisin avec mépris.

Lui aussi est bâti de telle façon que mon propre torse me semble tout à coup bien maigrichon et mes biceps inexistants.

– *Almâni : high. Irani : high. Arabs : low*, continue-t-il dans un anglais laborieux.

J'ai déjà précisé que je viens d'Allemagne. Il me montre du doigt, se désigne lui-même et commente : « *Arians.* » Puis il abat sur mon épaule son avant-bras aussi épais qu'une cuisse.

En l'espace d'une seconde me viennent à l'esprit au moins trois cents meilleures raisons d'être apprécié que celle-là. Mais le thème des Aryens est omniprésent en Iran ; le nom du pays lui-même signifie, en abrégé, « peuple des Aryens ». Ici, le terme n'est aucunement entaché du péché de l'idéologie raciale, de l'Holocauste ; on l'emploie tout naturellement, de même que les Chinois se définissent comme des Asiatiques, ou les Croates comme des Slaves. Des millénaires avant que des savants européens douteux n'aillent inventer des attributs tels que « blond aux yeux bleus » ou « de type nordique », les habitants de l'Iran s'appelaient déjà eux-mêmes des Aryens. Aujourd'hui, ils sont convaincus de partager des origines communes avec les peuples germaniques et indiens. C'est ce qui explique qu'en 2014, l'Iran est bien le seul pays du monde où les Allemands sont congratulés d'être des Aryens.

Après un arrêt de dix minutes, le moteur redémarre dans un grondement furieux, et le Pelikan usé par les ans se remet à peiner pour atteindre les falaises grises de la côte. Mon voisin se présente : Nader, de Kerman. Ses deux amis, qui portent des T-shirts presque identiques ornés d'énormes logos Abercrombie & Fitch (l'un en gris, l'autre en blanc), s'appellent Moshtaba (de Bandar Abbas) et Ismaïl (d'Ispahan). Tous trois ont des chaussures de sport toutes neuves aux pieds et des smartphones tout neufs en main. Aucun d'eux ne maîtrise l'anglais, c'est pourquoi j'ai recours au meilleur truc de conversation-malgré-la-barrière-de-langue qui soit : plutôt que la théorie des races, le football. Si l'on devait transcrire notre conversation, les résultats ne laisseraient sans doute pas transparaître la force du rapprochement affectif qui s'effectue entre nous :

– *Mehdi Mahdavikia !*

– *Ooh, goood !*

– *Ali Daei !*

– *Ali Daei ! Bayern München good ! Schwains-Tiger ! Ballack ! Lahm !*

– *Yes, very good players !*

– *World Cup ! Brazil !*

– *Iran against Argentina, oooh !*

– *Messi ! Oooh no !*

À la suite de quoi, nous sommes devenus les meilleurs amis du monde. Les trois garçons me demandent si j'ai besoin qu'on me dépose à Bandar Abbas. Le bateau accoste à Charak, et peu après, nous voilà dans la Peugeot 405 blanche d'Ismaïl, qui elle aussi a sans doute connu des jours meilleurs. On grignote des fruits secs en écoutant les Gipsy Kings, et on fonce à toute allure vers l'est. Sous le rétroviseur intérieur se balance un dé en mousse. C'est incroyable comme ce voyage fait penser à un jeu de dés. Si j'avais attrapé le bateau précédent, si dans celui-ci, je m'étais assis à une autre place, je ne serais pas dans cette voiture. Si à Téhéran, au lieu de Yasmine, j'avais contacté un autre des milliers de couchsurfers potentiels, je ne m'apprêterais pas à me rendre sur les anciens champs de bataille, à la frontière avec l'Irak.

Par la vitre, on voit défiler un paysage désertique tremblant sous la canicule, avec des dunes de sable modelées par le vent et des panneaux « Attention chameaux ». Je remarque les nombreux châteaux d'eau de forme conique qui font penser à des fusées de pierre à demi enfouies dans le sable. Après les joueurs de foot, un autre sportif est à l'honneur :

– Ismaïl Schumacher ! s'exclame Nader, hilare, en désignant son ami au volant.

Le fait est qu'il conduit comme s'il avait Mika Häkkinen et Damon Hill à ses trousses, dans leur Formule 1. Son allure de pilote de course serait irréprochable s'il ne fumait pas cigarette sur cigarette, ce qui l'empêche de garder les deux mains sur le volant. Au passage de deux ralentisseurs, notre voiture manque de décoller. La troisième fois, notre pilote se montre plus prudent : juste devant, il freine si brutalement que toute la suspension gémit. Dans aucun autre pays je n'ai vu autant de dos-d'âne sur les routes : l'Iran est vraiment le pays des ralentisseurs. Comment s'empêcher d'y chercher la métaphore d'autre chose ?

Selon des statistiques qui viennent de sortir, 25 000 Iraniens ont perdu la vie au cours de l'année précédente dans des accidents de la route, soit 68 morts par jour. Le gouvernement vient de se fixer pour objectif de ramener ce nombre à 20 000.

En tout cas, ce n'est pas le prix de l'essence qui va décourager qui que ce soit de mettre la gomme. Nous faisons le plein à 7 000 rials le litre, soit 17 centimes d'euro. À mi-parcours, petite halte pour boire du thé, que nous préparons avec un thermos d'eau chaude. Je n'ajoute pas de sucre, ce qui me vaut trois regards scandalisés. Nader considère d'un air malheureux son sachet de thé : *Ahmad Tea London*, peut-on lire sur l'étiquette.

– *English bad !* commente-t-il, tout en croisant ses deux index. *English against Iran.*

Dans la première moitié du XXe siècle, les Britanniques ont tiré un maximum de profit du pétrole et du gaz iraniens, après avoir réussi à faire signer au shah des contrats particulièrement juteux. Je sens la main de Nader se poser sur mon épaule.

– *Hitler good. Hitler help Iran.*

Hitler ne s'est jamais intéressé au pétrole des Perses, et pendant la Seconde Guerre mondiale, les deux pays étaient alliés. Le genre de sujet qu'un professeur d'anglais qui se respecte évite d'aborder avec ses élèves pour la première semaine de cours.

Je proteste :

– *Hitler not good !*

Il m'interroge alors :

– *Merkel good ?*

Après une seconde de réflexion, je décrète sentencieusement :

– *Hitler bad, Merkel good.*

Une leçon de politique allemande certes un peu schématique, mais qui n'est pas sans contenir une part de vérité. Le reste du voyage, nous ne parlons plus beaucoup, mais j'espère pouvoir un jour savoir dire autre chose en persan que « poisson » et « soleil ». Dans la ville portuaire de Bandar Abbas, c'est l'heure des au revoir. Le bateau que je prends jusqu'à l'île de Qeshm est deux fois plus grand et trois fois plus moderne que le Pelikan de Kish. J'espérais qu'un couchsurfer pourrait m'héberger sur l'île, or Kian vient de m'écrire qu'il était désolé, mais que l'appartement appartient à son employeur qui pour l'instant ne l'autorise pas à recevoir des visiteurs.

À : Kian, Qeshm

Hey Kian, no problem, would be great to meet!
Can you recommend a hotel to stay?

De : Kian, Qeshm

Ask the taxi driver for Hafez guesthouse, it's not expensive but I m not sure if it's clean

Sur le pont découvert du bateau, je contemple les énormes supertankers qui sillonnent le golfe Persique. Beaucoup sont de vieux rafiots dont on ne saurait dire s'ils avancent ou s'ils sont immobiles, jusqu'à ce qu'on distingue la chaîne de l'ancre qui s'enfonce dans l'eau. Les dés du voyage ont voulu que prenne place derrière moi une famille avec une fille à qui je donnerais environ vingt ans, et deux garçons dans les six et huit ans. Les deux petits me fixent de leurs immenses yeux sombres, je feuillette mon guide de conversation persan afin de leur lire à haute voix la phrase : *« Esme tan tshi ast ? »* (Comment t'appelles-tu ?) Les parents se nomment Reza et Ehsan, la fille Mobina, et la famille vient des environs de Yazd. Le reste de la conversation consiste en *« Welcome to Iran »* et autres *« Do you like Iran ? »*, mais surtout en regards amicaux et curieux. Mobina me demande mon numéro de portable, nous nous souhaitons un bon séjour sur l'île, elle me prend en photo, puis nous nous disons au revoir.

Un chauffeur de taxi m'emmène à bord d'un Toyota Corolla préhistorique dans des rues sans caractère où les boutiques se succèdent à l'infini, jusqu'à la fameuse Hafez Guesthouse. Dès que je lui indique mon origine, il tend la main droite vers le pare-brise et hurle : *« Heil Hitler ! »*, avant d'éclater de rire. Décidément, c'est ma journée.

قشم

QESHM

Population : 114 000 habitants
Province : Hormozgan

Le génie dans la bouteille

Dans l'entrée de la Guesthouse Hafez traînent quelques loubards à l'air désœuvré. Mon entrée semble les réjouir : enfin, il se passe quelque chose. En langue des signes, je fais comprendre au jeune gars en maillot du FC Barcelone qui se tient derrière le comptoir que je cherche une chambre. Il me regarde, désemparé.

– *Double room 40 000, no single room*, intervient un homme qui n'a pas un poil sur le caillou, mais dont la poitrine s'orne d'une abondante toison (impossible de l'ignorer, car il ne porte qu'un vieux pantalon de jogging et des sandales de plage). C'est un client de l'hôtel, ce qui ne l'empêche pas de prendre en charge l'ensemble des formalités d'inscription.

– Ne mange pas ici, ajoute-t-il, la cuisine n'est pas bonne. Mais dans les chambres, tu ne risques rien.

La mienne a exactement la largeur de deux lits une place.

Pas besoin de sortir un mètre pour vérifier : deux lits côte à côte occupent déjà toute la place. Ils sont recouverts de couvertures tachées, motif Cendrillon. Le tuyau de la climatisation, qui semble dater des débuts de l'ère industrielle, passe à travers la vitre en verre dépoli pour déboucher dehors. Le trou, trop grand, semble avoir été fait à grands coups de marteau ; il laisse passer un bon courant d'air et un unique rayon de soleil.

La double porte métallique qui mène au couloir est elle aussi pourvue d'une vitre, mais celle-ci a été occultée par un poster publicitaire pour les T-shirts Deluxe Diamond. En fait de luxe, l'inventaire s'arrête là. L'équipement se compose d'un minuscule téléviseur cathodique de marque Konka (hors service), d'un réfrigérateur Super General (bruyant) et d'un tapis (usé).

Quelques minutes plus tard, on frappe à la porte. C'est encore le chauve. Ses apparitions soudaines me font penser à celles d'un bon génie sorti d'une bouteille. Sur une carte de visite de l'hôtel, il a écrit son prénom, Mehran, et son numéro de portable.

– Si tu as besoin d'aide, appelle-moi.

L'endroit ne serait-il pas si sûr que ça, finalement ? Il me montre encore la salle de bains, à laquelle on accède en traversant une petite cour intérieure. Dans la douche, côté hommes, la lumière ne marche pas.

– Demain, tu pourras utiliser la douche des femmes, me dit-il.

Mehran vient de Téhéran. Peu avant la chute du mur, il a passé un mois à Berlin-Ouest.

– Tu veux boire quelque chose ? me demande-t-il. J'ai de la vodka iranienne.

Absolut verboten ! Il me fait signe de le suivre.

– J'ai fait toutes les pharmacies en demandant de l'alcool pour soigner des piqûres d'insectes.

Après quelques essais infructueux, un vendeur a fini par lui demander s'il voulait une petite ou une grande bouteille.

– Une petite, a-t-il répondu pour ne pas éveiller les soupçons.

Puis il a demandé les prix. Naturellement, il était plus avantageux de prendre la grande bouteille. Mehran a fait mine d'hésiter, puis a choisi le grand modèle. 20 000 toumans, 5 euros.

– Je fais toujours comme ça. Entre !

Il ouvre la porte de sa chambre, qui a juste la taille d'une cellule de prison, comme la mienne. Dans un des deux lits, il y a un petit garçon endormi. Sur le sol, près du frigo, Mehran ramasse une impressionnante bouteille d'un litre. Avec son ventre rond et son col très court, elle semble tout droit sortie d'un musée de la pharmacie. « Alcool éthylique 96 % », peut-on lire sur l'étiquette, à côté de la mention « Inflammable ». De quoi soigner d'innombrables piqûres d'insectes.

– On peut y mettre de l'eau ou du Pepsi, dit Mehran. À la maison, je finis une bouteille comme ça en cinq jours. Pas de souci, on ne va pas te mettre en prison pour ça. Et puis c'est un excellent produit. Qualité médicinale.

La formule éveille aussitôt des souvenirs en moi. Je l'ai entendue lors de mon précédent voyage. « Qualité médicinale ! » disait aussi Samira, l'étudiante de Tabriz, il y a presque un an déjà, en sortant de son armoire une bouteille d'éthanol. Degré d'alcool : 70 %. Un élixir du diable. Coupé au jus d'orange, ça avait le même goût que des bonbons chimiques qu'on aurait fait fondre dans de l'essence. Allongés par terre sur des couvertures, dans sa petite chambre d'étudiante, nous regardions un film sur mon ordinateur portable – *L'Exorciste*. Nous venions de passer trois jours à sillonner ensemble les étendues sauvages du Kurdistan, à nous soûler avec ces cocktails tout droit venus de l'enfer et à fumer des narguilés parfumés au melon. Nous avions beaucoup parlé de la liberté – autrement dit des possibilités qui s'offraient à elle de quitter le pays. Naturellement, je voulais la revoir. Mais quelques semaines plus tôt, Samira m'avait écrit pour m'annoncer qu'elle avait réussi. Grâce à une bourse, elle étudiait donc le génie mécanique à Shanghai et n'avait pas l'intention de rentrer en Iran.

Les goûts et les odeurs sont des souvenirs plus puissants que les événements eux-mêmes. Le goût de bonbon chimique me revient en bouche, et je crois même sentir un léger chatouillement au fond de ma gorge. Si agréables que puissent être les expériences qui y sont associées, je m'abstiens de tout verre de Coca-Éthanol, ou autre mixture que Mehran pourrait avoir envie de m'offrir.

Le lendemain matin, la lumière n'étant pas réparée, je me glisse subrepticement chez les dames. Quel peut bien être le sort qu'on réserve en Iran à un homme découvert dans des douches réservées à l'autre sexe ? Je crois que si je suis pris, je me contenterai de dire que c'est un génie sorti d'une bouteille qui m'a envoyé là.

Le couchsurfer Kian n'a pas le temps de me rencontrer avant le soir. Je découvre donc l'île avec un chauffeur de taxi. Elle est connue pour ses contrebandiers qui font passer cartouches de cigarettes et jerricans d'essence vers la péninsule omanaise de Moussandam ou les Émirats arabes unis. Mais aussi pour ses canyons et ses *mesas* de grès ocre et rouge que l'on s'attendrait davantage à voir dans un décor de western de l'Utah. Pour le reste, on y trouve beaucoup de poussière, quelques torchères enflammées et des mangroves sur le rivage. Contrairement à Kish, pourtant quinze fois plus petite, l'île de Qeshm n'est pas encore équipée pour le tourisme de masse. Mais cela devrait bientôt changer, m'annonce Kian devant un ragoût de poisson pris dans un self-service aux murs nus, aux tables branlantes et aux lampes design. C'est un grand gaillard d'un mètre quatre-vingt-dix, sympathique, un peu enveloppé, polo Nike rouge, lunettes à monture invisible. On vient juste de construire deux nouveaux hôtels cinq étoiles, me dit-il, et quatre centres commerciaux. Je me fais aussitôt la réflexion qu'en matière d'hôtels, la marge de progression est forte. L'État met en place les conditions d'un essor de l'île : les entrepreneurs ne paient pas d'impôts, et les salariés comme Kian, ingénieur dans une centrale électrique à gaz, non plus. Il m'explique qu'aujourd'hui, c'est une date importante pour l'Iran. Les pourparlers sur le nucléaire ont permis un assouplissement des sanctions. Pour la première fois depuis trente-cinq ans, on a pu importer des pièces d'avion depuis les États-Unis. En outre, l'Iran est à nouveau autorisé à exporter du pétrole, et sur les 100 milliards de dollars gelés sur des comptes à l'étranger, 4,9 milliards ont déjà été débloqués.

– Ici en Iran, nous avons eu 200 accidents d'avion au cours des dernières décennies, qui ont fait plus de 2000 morts, en général à cause du manque de pièces de rechange, dit Kian.

Le manque de médicaments a aussi créé de gros problèmes et causé la mort de nombreux patients, ceux atteints d'un cancer, par exemple.

– Ça ne touche jamais le gouvernement, seulement les gens ordinaires.

Cet été, Kian va faire un voyage en Europe. D'abord, l'Italie, car il a entendu dire qu'en ce moment, c'est là qu'il est le plus facile d'obtenir un visa Schengen. Ensuite, Paris, Disneyland, et pour finir, l'Allemagne. Il a un oncle qui habite aux alentours de Stuttgart. Il lui a déjà appris trois mots allemands que Kian est fier de me répéter – l'un avec une faute, les deux autres en authentique dialecte de la Forêt-Noire.

بم

BAM

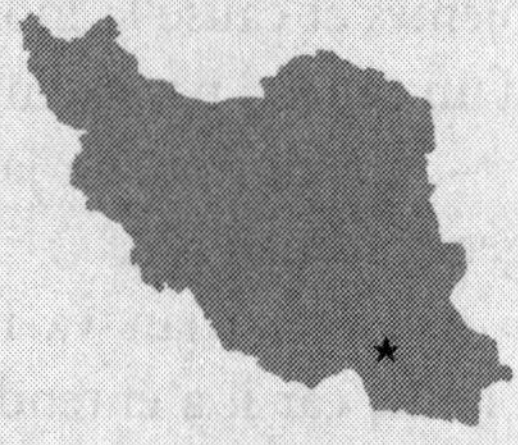

Population : 77 000 habitants

Province : Kerman

Lost in Transportation II

Le lendemain matin, je prends un bateau qui me ramène sur la terre ferme. Dans le terminal mal éclairé de Bandar Abbas, je commence une nouvelle partie de ping-pong interguichet jusqu'à ce qu'une femme en tchador, tout en pouffant de rire, veuille bien me vendre un ticket pour Bam. Elle me demande mon passeport afin de recopier mon nom sur le billet. Mais pendant que je fouille dans mon sac pour le retrouver, elle change d'avis et complète elle-même le billet : *« Mr Price »*. Allah seul sait comment ce nom lui est venu. Depuis l'affiche accrochée au mur derrière le guichet, Khomeini me lance un regard soupçonneux. Comme il me reste une heure avant le départ, je m'offre un kebab : tranches de poulet grillé, tomates noires et oignons émincés dans une galette de pain.

– D'où viens-tu ? demande le vendeur.

– *Germany.*

– *Almâni ! Germany ! Arian ! Klinsmann !*
– *Ali Daei ! Mehdi Mahdavikia !*

L'espéranto footballistique fonctionne à tous les coups. Nous rions ensemble, lui et moi, mais j'ai comme l'impression d'être un pauvre demeuré que tout le monde vient aider par pitié, parce que au fond les gens se disent : « Ça ne doit pas être facile tous les jours, il faut être bien gentil avec lui. » Bref, il devient urgent d'apprendre le persan.

Certes, en pensant cela, je ne rends pas justice à l'accueil chaleureux que me réserve le vendeur de kebab. Mais tout voyageur au long cours le sait bien : à l'étranger, dans une journée, les occasions de passer pour un con sont entre trois et dix fois plus fréquentes que chez soi. En achetant des fruits, en prenant un billet, en demandant son chemin. Toutes les petites démarches du quotidien que l'on accomplit d'ordinaire en pilote automatique demandent tout à coup des trésors de créativité – une expérience très formatrice du reste, puisqu'elle vous enseigne l'humilité devant les petites choses. Et qui vous apprend aussi si vous êtes capable ou incapable de rire de vous-même. Soudain, on redevient l'enfant de cinq ans que maman envoie tout seul, sa pièce de monnaie dans la main, acheter une boule de glace à la fraise au monsieur. Dans cet exercice apparemment simple, l'échec et les larmes ne sont pas exclus. En entretien d'embauche, les recruteurs aiment bien demander au candidat de décrire la dernière fois qu'il est allé « au bout de ses propres limites ». Pour moi, il serait bien plus intéressant de demander aux gens de raconter la dernière fois où ils se sont sentis complètement ridicules. Réponse possible : en cherchant d'où part le bon bus sur le parking géant de la gare routière de Bandar Abbas. Il faut dire que le nom de ma destination y contribue. J'aborde les conducteurs de bus, les porteurs, je leur dis « Bam ? », ils me répondent « Bam ! Bam ! », ils hochent la tête, ils montrent du doigt, ils me prennent par la main, et me voilà bientôt assis dans un autocar (le bus bleu de Bam, donc). À l'arrière, une inscription « Allah ». Sur les côtés, on lit : « Adidas ». À toi de choisir quel est ton Dieu.

En plus de notre ami *Mr Price from Germany*, il n'y a que cinq autres passagers. Il semblerait que Bam ne soit pas une destination particulièrement courue. Mes compagnons de voyage portent des espèces de blouses sur des pantalons amples, et ont l'air plus pakistanais qu'iraniens. À mesure que le bus progresse vers le nord, le paysage devient plus vert et les montagnes plus hautes. Au bord de la route, des palmiers et de grandes serres. Aujourd'hui, beaucoup de camions-citernes sont de sortie. Je prends mon guide de voyage et révise à voix basse quelques formules en persan. Mon téléphone sonne. Numéro inconnu commençant par l'indicatif 0098. Un numéro iranien. La liaison est très mauvaise. J'entends une voix de femme, mais impossible de comprendre le moindre mot. À un moment, j'ai bien l'impression de distinguer la phrase *« I love you »*. Mais ce n'est sans doute, dans cette journée à la chaleur torride, que l'hallucination auditive d'un voyageur solitaire. Occupé. Ensuite, quelques nouveaux appels de ce même numéro, mais à chaque fois que je décroche, l'autre personne raccroche.

Contrôle de police : un soldat très costaud monte à bord, équipé d'un gilet pare-balles et d'une arme automatique. Il ignore les autres passagers, mais me demande mon passeport et me fait signe de le suivre à l'extérieur du bus. Sur la clôture qui sépare les deux voies, on a construit une sorte de piédestal sur lequel trône le cadavre d'une auto complètement détruite. Il ne reste presque rien du capot, les vitres sont en mille morceaux et toute la carrosserie est calcinée. Le véhicule a dû percuter un obstacle à une vitesse phénoménale. À présent, il sert à mettre en garde tous les chauffards qui passent, comme une sorte d'équivalent métallique des photos de cancer du poumon sur les paquets de cigarettes. Juste devant l'épave, le soldat s'arrête, flanqué de deux collègues curieux. Intéressé, il regarde les visas des différents pays que j'ai visités. Il a l'air sincèrement épaté que j'aie à ce point roulé ma bosse :

– *China ?*

– *Yes,* dis-je, *kheili khoub !* (ce qui signifie « très joli »).

– *Nepal ?*

– *Kheili khoub.*

– *Ghana ?*

– *Kheili khoub.*

Il me rend mon passeport en me souhaitant bon voyage. Je viens de passer avec succès mon premier interrogatoire officiel sur le territoire iranien. En retournant m'asseoir dans le bus, je sens sur moi le poids de tous les regards. Le chauffeur remet les gaz, mais à peine une demi-heure plus tard, le bus s'arrête de nouveau. Montent quelques aventuriers portant barbes et cheveux longs. Bizarrement, hormis leurs baluchons de la taille d'un sac à main, ils n'ont pas de bagages. Il reste pourtant des centaines de kilomètres à parcourir jusqu'au terminus, Zahedan, à la frontière pakistanaise.

De : Numéro inconnu

Hello, where is you? I want. Telphon nambr almani please you calling now. I am mobina

À : Mobina

Hi mobina, i m on a bus to bam, tomorrow kerman.
Are you still on qeshm? Have a nice day!

J'avais presque oublié Mobina, la jeune fille rencontrée sur le bateau qui me menait à Qeshm. Ceci dit, le numéro n'est pas le même que tout à l'heure.

De : Mobina

Yes. I have nice day. Can you speak pershin?
I want tell phone.almani you

Shafa please. cam yazd

Pas facile de deviner ce qu'elle veut. La prudence s'impose. Politesse, distance, ne pas s'engager, mais rester sympa.

À : Mobina

Sorry i dont speak persian.
I dont use almani phone now.
I will go to yazd in 3 days

Nouvel appel du premier numéro. Il semblerait que ma dégaine de *backpacker* assoupi au fond d'un bus soit un excellent piège à filles. Si puissant qu'il opère à distance. Cette fois-ci, mon interlocutrice ne raccroche pas. Je crois entendre les phrases « *I love you* » et « *Where are you ?* », mais au bout de deux minutes, j'interromps la conversation à cause des nombreux parasites et j'opte pour les SMS.

À : numéro inconnu

Hi, how do i know you?
I m traveling to bam and kerman now

De : numéro inconnu

Hi.lammina.myfriendseeyouinbander.iamiran.plese
come hear Harat.icannotmanyspeakenqlish

Elle semble en tout cas éprouver une nette aversion pour les espaces entre les mots. Les seules personnes dont j'aie fait la connaissance à « Bander », autrement dit Bandar Abbas, étaient Ismaïl Schumacher et les fans du Führer – ce qui soit dit en passant ferait un très mauvais nom pour un groupe de rock. Étrange, donc. Mais son *« I am Iran »* me plaît tellement que j'enregistre son numéro dans le répertoire de mon téléphone à la lettre I comme « Iran ».

De : Iran

Iloveyou. Whataboutyou?

Encore des doutes sur le charme du style routard ? Iran m'aime, et pourtant, on se connaît à peine. Maintenant, il s'agit de ne pas faire n'importe quoi. Garder la tête froide. Attendre une demi-heure avant de répondre. Ne pas montrer trop d'émotion, sans paraître distant non plus. Ne pas oublier que c'est assez absurde, que c'est un jeu. Attention à ne pas donner l'impression que ce sera trop facile de m'avoir.

À : Iran

I think i love you too

Entre-temps, il fait noir dehors. Un panneau routier m'apprend que nous sommes à Abareq, puis un autre que quarante kilomètres nous séparent de Bam. Le bus ralentit, bifurque sur une route latérale, puis entre sur un petit parking où il manœuvre un bon moment avant d'arriver à se garer. Le chauffeur coupe le moteur, éteint les phares. Silence total, obscurité totale. Dans ce genre de situation, au lieu de me stresser *illico*, j'ai pris l'habitude de bien observer les réactions des autochtones. Personne ne proteste, personne ne va discuter avec le conducteur, personne n'a l'air de s'étonner. En principe, pas d'inquiétude à avoir. Quelques minutes plus tard apparaissent deux phares. Un pick-up chargé d'une grosse citerne se gare juste à côté du bus. L'homme qui en descend est une sorte de version afghane de Johnny Depp dans *Pirates des Caraïbes,* coiffé d'un turban et encore plus maigre. Dans un casting pour un film sur Al-Qaïda, on le ferait passer avant tous les autres candidats, pour éviter qu'il se fâche.

On entend du bruit à l'arrière du bus, ça sent l'essence. C'était donc un arrêt pour faire le plein. Mais qui tire vraiment en longueur. Dix minutes. Vingt minutes. Personne n'a pourtant l'air surpris, ni inquiet. J'en profite pour une petite pause pipi. Quelques passagers, assis par terre en cercle, fument une cigarette pour passer le temps. On voit passer des types équipés de lampes frontales. Le bus est flanqué d'une structure en bois supportant des bidons rouillés, avec une sorte de pompe qui plonge dedans et de gros tuyaux qui dépassent.

Je manque de renverser Johnny Depp dans le noir.

– *Tshetori ?* demande-t-il, autrement dit : « Comment ça va ? »

– *Khoubam*, ça va très bien – ma réponse n'est pas tout à fait exacte, dans la mesure où selon le programme annoncé, nous devrions déjà être arrivés à bon port depuis trois heures.

Le pirate s'éloigne pour retourner à ses tuyaux. Jusqu'à ce qu'enfin, le moteur et les phares se rallument, il s'écoule encore une bonne heure. À l'intérieur, l'odeur d'essence est si atroce que deux femmes plaquent leur foulard sur leur nez pour tenter de se protéger. « Bam 15 km », « Bam 5 km », annoncent les panneaux. Tout allait trop lentement, et maintenant, tout va trop vite. Le bus ne marque pas d'arrêt, alors que, dès le début, j'avais bien indiqué ma destination au chauffeur. Je vais le voir à l'avant :

– Bam ?

– Bam ! répond l'homme qui tient le volant, avant de tracer un demi-cercle dans l'air avec son bras.

En me fondant sur son ton de voix désinvolte, j'en conclus qu'à la première occasion, il va faire demi-tour et me ramener là-bas. Mais les minutes passent et il file toujours tout droit. J'essaie de lui faire comprendre que je dois absolument aller à Bam : il montre la route derrière lui. Il discute un moment avec son copilote, tous deux semblent anormalement gais et assez peu sensibles à mon sort. Les consignes de sécurité délivrées par le ministère allemand des Affaires étrangères précisent que c'est dans la province de Kerman et dans sa voisine de l'est, le Sistan-Baloutchistan, qu'il existe « le plus sérieux risque d'enlèvement ». Nous voilà justement arrivés à l'est de Kerman. En Allemagne, avant mon départ, je me suis demandé jusqu'où j'étais prêt à aller pour écrire ce livre sur l'Iran. J'avais décidé de m'exposer à des problèmes avec les autorités à peu près comme le font les habitants du pays eux-mêmes, mais de me montrer extrêmement prudent sur le chapitre des enlèvements.

– *Stop here please !*

Aucune réaction du conducteur. Je me demande quelle est la prochaine halte prévue. Mais nous sommes maintenant au beau milieu du désert de Lout. La prochaine ville de quelque importance est Zahedan, à deux cent cinquante kilomètres de là. Enfin, le bus ralentit, puis s'immobilise. La porte s'ouvre, le conducteur me montre un restaurant de l'autre côté de la route, son collègue sort mon sac de la soute et me le met dans les bras. Je suis fatigué, j'ai mal à la tête à cause des vapeurs d'essence et j'ai fait dix heures de bus au lieu de six. Lentement, je me traîne jusqu'à l'auberge. Tout ce que je veux, c'est me mettre au lit et dormir. Je pousse la porte, et là, serpentins, confettis et chapeaux pointus : « Il est vraiment, il est vraiment, il est vraiment phénoménal… » Tout ça, vous l'aurez compris, c'était pour rire, Mister Price ! Quel nom ridicule, ha ha ha ! Le présentateur sort de la cuisine et me montre la caméra cachée, juste à côté du portrait de Khomeini. En tout cas, c'est l'impression que me fait le changement radical d'ambiance qui s'opère dès que je franchis le seuil. On m'entoure, on me salue, on me souhaite la bienvenue, on veut prendre des photos souvenirs, on me presse de questions sur ma santé, sur l'Iran, sur l'Europe et le monde entier. J'avoue que la seule question qui m'intéresse vraiment, c'est comment je vais pouvoir me rendre à Bam : il sera bientôt minuit.

Mais je me rends. J'accepte de m'asseoir et de boire une bière sans alcool au citron de marque Hoffenberg – cadeau de la maison. *« Willkommen im Iran ! »* Encore des photos de groupe, encore des vœux de bon voyage. Et puis tout à coup, dehors, dans la nuit noire surgit un bus qui part bel et bien pour la ville de Bam. Lui aussi, il empeste comme si on avait renversé quelques jerricans de diesel dans l'allée centrale. Mais plus rien ne m'importe maintenant : il m'emmène à destination, et je n'ai même pas besoin de payer.

Le tremblement de terre

– Ça alors, tu as pris un de ces bus qui puent ? s'amuse Akbar Panjali, tard dans la nuit, tout en me servant une assiette de riz avec des morceaux de poulet froid.

– Ce sont des trafiquants d'essence, des contrebandiers, continue-t-il. Dans l'espace prévu pour les bagages, ils cachent des réservoirs, et sous les sièges aussi. Ils arrivent à trimbaler 2 000 litres d'essence là-dedans. Au Pakistan, on leur rachète le carburant sept fois le prix qu'ils l'ont payé en Iran. Pour l'instant, les contrôles ne sont pas très stricts.

Et le commerce ne marche pas seulement vers l'est, mais aussi vers le sud : depuis Bandar Abbas, la marchandise est acheminée par bateau vers les pays du Golfe. Les villages aux alentours de Bam sont très pratiques pour faire le plein, à peu près à mi-chemin entre la côte et la frontière.

– Au passage des check-points, tu peux voir les chauffeurs de bus qui vont vite trouver le chef des policiers pour lui faire passer en douce quelques millions de rials, ajoute Akbar. La plupart des passagers ne sont pas de vrais voyageurs, mais des complices.

Il y a quelques semaines, au Pakistan, l'un de ces autobus iraniens de contrebande est entré en collision avec un poids lourd. Gigantesque incendie, trente-huit morts. Mais les criminels n'hésitent pas à prendre le risque de parcourir des centaines de kilomètres avec ces véritables bombes roulantes ; en trafiquant de l'essence, on gagne de l'argent plus bien aisément qu'avec de l'héroïne ou de l'opium. La police aux frontières iranienne se montre en effet très sévère avec les trafiquants de drogue. Ceux qui sont arrêtés risquent gros, et cela provoque sans cesse des échanges de tirs à la frontière.

Akbar a soixante et onze ans. C'est une joyeuse nature, avec des rides lorsqu'il rit et des cheveux en bataille. Après des études de littérature persane, il a longtemps exercé le métier de professeur d'anglais, ce qui explique que tout le monde le surnomme « Akbar English ». Aujourd'hui, il tient la pension Akbar's Guest House. Sur l'enseigne publicitaire installée à l'extérieur de l'établissement, on voit la tour Eiffel et le Colisée – un procédé qui ne manque pas de surprendre quand on pense qu'à quelques minutes à pied, on trouve ici l'un des plus célèbres monuments d'Iran.

Avant d'arriver, j'ai envoyé un message à deux couchsurfers de Bam, mais aucun ne m'a répondu. Il faut toujours avoir un plan B au cas où le logement gratuit ne serait pas possible. La pension d'Akbar est vraiment un excellent plan B : je me le redis chaque fois que j'entends son *« you're veeery welcome »*, où il étire le *eee* démesurément en longueur. Voilà seize ans qu'il est officiellement loueur de chambres ; auparavant, il le faisait déjà, mais au noir, en vivant uniquement du bouche-à-oreille parmi les voyageurs, car il n'avait pas de licence.

– Je suis célèbre ici, me dit-il. Ce qui est bien, c'est de figurer dans tous les guides touristiques.

Pour l'instant, cette gloire semble pourtant ne pas être très lucrative. Je suis le seul client et l'établissement paraît à moitié délabré et à moitié en construction.

– Avant, 70 % de mes clients étaient des gens qui allaient jusqu'en Inde en voiture ou à moto, mais depuis quelques années, avec tous les problèmes au Pakistan, il y a beaucoup moins de passage, regrette Akbar.

Je lui demande si cette situation est liée aux risques d'enlèvement.

– Il peut t'arriver quelque chose partout, même à Hambourg ou à Londres, rétorque-t-il.

Pour tenir une auberge dans ce secteur de l'Iran, il faut tout de même avoir un peu plus de recul face à la notion de danger que pour exercer la même activité en Normandie ou en Bavière.

– Le dernier kidnapping, c'était il y a trois ans, dit Akbar. Un Japonais. Ils l'ont gardé un mois, et je n'oublierai jamais ce qu'il a dit à sa libération : « C'était super, et il y avait plein de haschisch gratuit. »

À : Hussein, Kerman

Hi Hussein, how are you? Would it be possible to host me from tomorrow for one or two nights? Would be great!

De : Hussein, Kerman

Yes you can sleep, no problem

De : Mobina

Hi. Where is you? Please cam citi Harat.
When cam back to alman?

À : Mobina

I will be in yazd in a few days.
Where exactly is harat?

De : Laila, Hambourg

Chéri ! Youpiiii, plus que quelques jours !
Comment ça se passe jusqu'à maintenant ?
J'arrive très bientôt à Yazd !

Si les craintes des touristes laissent Akbar aussi froid, c'est peut-être aussi parce qu'il a lui-même assisté en direct à la fin du monde. Parce qu'un événement a brutalement tout changé, partageant pour toujours sa vie en deux, avec l'avant et l'après. Juste sous le lit où je passe la nuit, avec son matelas un peu trop dur, la plaque arabique glisse sous la plaque eurasienne. Le 26 décembre 2003, à 5 h 28 du matin, la pression a été si forte que la Terre s'est mise à trembler : 6,3 sur l'échelle de Richter. La catastrophe du siècle. Plus de 30 000 personnes sont mortes, et en quelques instants, la moitié de la ville a totalement disparu.

– Par chance, j'étais chez mes parents, à dix minutes d'ici, quand ça s'est passé, raconte Akbar.

Sinon, peut-être serait-il mort à l'heure qu'il est. Sa Tourist House s'est entièrement effondrée. Deux clients et le meilleur ami de son fils sont morts sous les décombres. Aujourd'hui encore, plus de dix ans après, les traces de la catastrophe sont encore visibles. Pas seulement dans la chambre où je loge, qui n'a toujours pas l'air terminée. Au milieu de la localité, il y a une mosquée en ruines ; plusieurs rangées de maisons sont interrompues par des éboulis ; les bâtiments de l'ancien bazar sont encombrés de gravats et les petites échoppes restent vides. Mais le spectacle le plus significatif est encore la vieille ville, avec la citadelle d'Arg-e Bam, le plus grand ensemble jamais construit en adobe, des briques de terre crue additionnée de paille.

Pendant plus d'un millénaire, les murs et les tours de guet couleur ocre ont défié le temps et les batailles, et soudain, il a suffi que la Terre se réveille pour anéantir l'une des plus grandes attractions touristiques du pays. En se promenant entre les murs qui semblent faits de paille compressée, on a le sentiment que la catastrophe n'a pas seulement détruit les tours, mais aussi l'aura propre à ce lieu – en dépit de sa situation spectaculaire, en bordure du désert, où une chaleur de midi sans ombre vous terrasse et où la poussière de sable vous brûle la gorge, tandis qu'à l'horizon se dressent des sommets enneigés hauts de plus de quatre mille mètres.

De nombreux bâtiments ont déjà été restaurés. Aujourd'hui encore, des ouvriers juchés sur des échafaudages de bois en équilibre précaire sont à l'œuvre un peu partout, et l'organisation pour le patrimoine mondial de l'Unesco finance les travaux. Ce mélange de reconstruction proprette et de chaos absolu impressionne certes par ses dimensions imposantes, mais il ne dégage plus rien. Sauf peut-être, à la rigueur, une certaine mélancolie si l'on contemple les affiches représentant le site avant le séisme, un romantisme digne des *Mille et Une Nuits* dans le soleil couchant. La vieille ville historique de Bam est aussi silencieuse qu'un cimetière ; seuls les coups de marteau des ouvriers et le bourdonnement des mouches viennent troubler le silence.

کرمان

KERMAN

Population : 734 000 habitants

Province : Kerman

L'art

Les grands voyages sont les signes ostentatoires de ma génération. Jadis, on garait sa voiture de sport toute neuve devant l'entrée du garage pour rendre jaloux les voisins. Aujourd'hui, on fait la même chose avec son trip de six mois en Inde, son tour de la Nouvelle-Zélande en minibus Volkswagen. Parmi ceux qui voyagent loin, il existe toute une hiérarchie des destinations, en fonction de laquelle un récit suscitera plus ou moins d'intérêt, d'admiration. Par les temps qui courent, le voyage en solo à travers l'Iran est extrêmement bien coté. Il rapporte plus de points que l'Albanie, par exemple, ou Cuba, ou le Mozambique. Il vaut presque un voyage en Corée du Nord. Ou au Tibet. Dans les cafés où se croisent les *backpackers*, seules les zones de guerre, seuls les pays formellement déconseillés aux voyageurs jouissent d'un prestige supérieur à un voyage en Iran : Afghanistan, Yémen, Syrie, Somalie. Et tout cela pour un voyage dans des conditions de confort tout à fait correctes : routes excellentes, autocars généralement ponctuels (ceux des contrebandiers exceptés). Pour se rendre d'un point A à un point B, on affronte beaucoup moins de difficultés que dans bien des pays d'Asie ou d'Amérique du Sud. Sans oublier le fait que dans tout lieu public, dès l'instant qu'un voyageur semble un tantinet hésitant ou égaré, les habitants volent aussitôt à son secours.

Dans l'après-midi, le trajet jusqu'à Kerman dure deux heures en *savari*, un taxi collectif qui effectue des liaisons régulières dès qu'il a pu embarquer trois ou quatre passagers pour la même destination. À peine plus cher qu'un trajet en autocar, mais plus confortable et plus rapide. Si rapide, en fait, que j'arrive sur place une heure avant le rendez-vous convenu avec Hussein : il est encore au travail. Je vais donc m'asseoir avec mon sac à dos sur un banc public, place Tohid. Juste en face de moi s'élèvent l'entrée du bazar de cette ville de 700 000 habitants et un monument qui ressemble à un trombone de vingt-cinq mètres de haut en marbre.

De : Iran

Tomorrow come here in yazd. harat

Enfin, je saisis le rapport entre « Iran » et Mobina : toutes deux viennent du même endroit, à savoir Harat. L'expression *« my friend in Bander »* désignait donc Mobina, et non pas un des trois jeunes sympathisants nazis. Selon la carte, Harat se situe à environ cent vingt kilomètres de Yazd ; par rapport à l'itinéraire que je me suis fixé pour rejoindre Shiraz, le détour n'aurait rien d'excessif. Cela mérite en tout cas réflexion. Non que je me sente flatté, ou que ce petit flirt par SMS me mette des idées ridicules en tête. Il s'agit uniquement de m'en tenir à ma maxime : me laisser toujours guider par les initiatives des autochtones. Moi, flatté ? Allons donc ! Ceci dit, que vais-je dire à Laila ?

À : Laila, Hambourg

Coucou chérie, voyage impeccable jusqu'ici, trooop de choses à raconter :) On se voit bientôt, j'ai hâte ! Biz de Kerman

J'ai mal au ventre et la tête qui tourne. Ce n'est pas la faute de l'amour, mais du *kashk-e bademjan* qui m'a été servi pour le déjeuner à Bam, une purée d'aubergine avec du yaourt. Le plat était absolument délicieux, mais apparemment, quelque chose ne tournait pas rond. Avec le peu d'entrain qu'on imagine, j'entame une nouvelle conversation footballistique avec trois élèves ingénieurs qui tentent de me convaincre que Persépolis, c'est trop bien, tandis qu'Esteghlal, c'est vraiment de la merde. Quelques minutes plus tard, j'ai déjà oublié tous leurs arguments. C'était un peu comme le débat allemand « Bayern *versus* Borussia Dortmund ». Hussein, mon hôte, m'appelle pour me dire que je dois prendre un taxi jusqu'à la place Azadi, et qu'à l'angle de la rue Shariati, il passera me prendre en voiture. Imaginez-vous dans la ville de Kerman, au rond-point Azadi, plus précisément à l'embranchement de la rue Shariati, en train d'attendre quelqu'un que vous n'avez jamais vu que par écran interposé (photo noir et blanc format carte de crédit). Une voiture sur deux s'arrête à ma hauteur et veut me prendre, des taxis professionnels et des taxis amateurs. (Il est tout à fait normal en Iran de se faire quelques rials, même sans licence, en prenant des passagers. Ce qui est bien pratique : dans les villes, on n'a jamais besoin d'attendre longtemps pour trouver un moyen de transport.) Naturellement, je les perturbe complètement, puisque je ne leur fais pas clairement signe de s'arrêter, mais que je regarde attentivement chaque voiture qui passe. Deux fois, je demande à des hommes au volant s'ils s'appellent bien Hussein – ils repartent à toute allure sans même dire au revoir. Celui que je cherche est une sorte d'hybride entre un Bédouin et Jésus-Christ. Sur sa photo de profil, Hussein est un barbu au regard grave et profond, son torse et sa tête sont drapés dans une lourde étoffe. Une image très esthétique, dans le genre *National Geographic*, mais pas forcément très engageante. Je sais aussi qu'il enseigne le graphisme à l'université, qu'il est âgé de trente ans et qu'il rêve de parcourir le monde en faisant plein de photos.

Enfin, une Saipa blanche s'immobilise devant moi. Avec son jeans, sa chemise et ses lunettes à monture d'écaille, le conducteur ressemble très peu à un Bédouin, mais furieusement à un graphiste. Je reconnais tout de même la barbe.

– Stephan, monte ! me lance Hussein tout en poussant de côté les classeurs et autres sacs en plastique qui encombrent le siège arrière pour me faire de la place.

À côté de lui est assise une jeune femme.

– On va à une fête. Ça te dit ?

– Et comment !

Il m'explique que, pour la première fois depuis deux semaines, il va revoir ses amis, qui sont tous rentrés de leur séjour dans leurs familles maintenant que les vacances de Nowruz sont finies. Il sort justement de l'université où, ce semestre, il donne des cours portant sur les logos, l'histoire du design et la conception d'affiches. Je lui demande comment il trouve le logo de Saipa que l'on voit sur son volant, et qui fait un peu penser à l'intérieur d'un sigle Mercedes avec quelques lignes en plus.

– Il est très bien, c'est un célèbre designer iranien qui l'a créé. Il a trouvé ce motif sur la façade d'une mosquée, à Shiraz, dit Hussein. Ça te dirait d'aller faire un tour dans le désert demain ? demande-t-il ensuite. J'ai une amie qui peut t'emmener.

Nous arrivons chez une artiste peintre, Anis, qui vit dans un quartier chic où tous les immeubles sont neufs. L'appartement se compose d'une grande salle de séjour avec coin cuisine et persiennes de bois à toutes les fenêtres, et d'une salle de bains. Aux murs, des portraits de gens à l'air triste, recroquevillés sur eux-mêmes. Sur la table de la cuisine, des boucles d'oreilles et des piques à cheveux en fil de cuivre. Avec tous ces objets d'art, j'ai l'impression d'arriver non pas à un dîner entre amis, mais à un vernissage.

– Bienvenue à Kerman, comment allez-vous ? me demande dans un allemand parfait une Anis rayonnante, avec son épaisse crinière et son pull en laine, tout en servant des tasses de camomille. J'apprends la langue depuis six mois, trois fois par semaine. Je vais bientôt partir m'installer en Autriche avec mon mari, pour y étudier la peinture.

Son prénom me plaît. En cherchant « Anis » sur Wikipédia, on apprend qu'il s'agit d'une « plante aimant la lumière et les sols riches », soit dit en passant élue « plante médicinale de l'année 2014 ». J'offre à Anis un paquet de *marzipan* de Lübeck, et elle me demande si ça se trouve près de Lunebourg.

– Oui, c'est tout près, pourquoi ?

– Alors j'ai quelques photos à te montrer.

Sur sa tablette, elle affiche des pages Facebook où l'on voit son exposition de peinture qui vient justement d'ouvrir à Lunebourg quelques jours plus tôt.

– Je connais un artiste qui vit en Allemagne, c'est lui qui a servi d'intermédiaire.

Elle aurait bien aimé y aller elle-même, mais elle n'a pas eu de visa. Malgré la camomille, mon estomac va toujours aussi mal. Cinq minutes après avoir dit bonjour, je cours aux toilettes. Lorsque je reviens, Hussein ouvre sur son iPad un traducteur automatique persan-anglais et me montre d'un air interrogateur le mot *diarrhea*. J'approuve de la tête, malheureux. Les invités ne cessent d'arriver. Il y a Reza, le mari d'Anis, il y a Mina et Taher, Moien, Hamed et Nazanine, rien que des designers et des artistes. Les femmes, en pantalon ample et chemises à manches courtes, ôtent leur foulard dès qu'elles passent la porte d'entrée. J'observe qu'en entrant dans un appartement, les Iraniennes embellissent, tandis que les Iraniens enlaidissent. Les premières enlèvent leur voile, et les seconds, pour être plus à leur aise, troquent souvent leur jeans très stylé contre un jogging informe ou un short hawaïen fluo.

Anis me prépare une tisane à la cannelle, « bonne pour l'estomac ». Puis Hussein me met une guitare dans les mains, puisque dans mon profil en ligne, il est écrit que je sais en jouer. Une fois exécutées quelques pièces classiques espagnoles, on ne peut pas dire que je contribue beaucoup à l'ambiance de la soirée, avec mes sueurs froides et mes crampes d'estomac. Une seconde fois, je fonce à toute allure jusqu'aux toilettes, où je séjourne bien plus longtemps que la normale. À mon retour, même rituel que la fois précédente : tablette de Hussein, traducteur automatique, regard sérieux et interrogateur. Cette fois-ci, je lis sur l'écran

« Vomit, throw up », et la petite chose misérable *formerly known as Mr Price* hoche encore la tête d'un air résigné. Mina appelle sa sœur qui est médecin.

– Elle dit que si tu as aussi de la fièvre, il va falloir te faire une piqûre.

Taher me tâte le front. Pas de fièvre, juge-t-il. Autour de moi se déploie un véritable festin, avec des galettes de pommes de terre, du yaourt, des salades et des petits biscuits maison. Pour moi, ce sera infusion de cannelle, coca, et une pomme, dont je n'arrive à finir que la moitié.

Anis allume la télévision, c'est le journal du soir de la ZDF, la deuxième chaîne publique allemande. L'entraîneur Jürgen Klopp dit quelque chose à propos du prochain match retour de la ligue des Champions (Dortmund contre le Real Madrid).

– On regarde de temps en temps, pour apprendre l'allemand, commente Anis.

Puis c'est la météo, maximales prévues entre 17 et 20 °C dans les prochains jours, et enfin une publicité pour un laxatif, merci les amis, très drôle.

On entend des bruits de couverts, des rires, et je suis bien le seul à somnoler en silence la plus grande partie de la soirée. Je me sens très proche de ces personnages tristes qui peuplent les tableaux accrochés au mur, des êtres souffrants et solitaires, la tête dans les mains, qui semblent totalement à l'opposé de la nature solaire de leur créatrice. Pour couronner le tout, quand tout le monde se met à débarrasser, je trébuche sur un verre oublié par terre et il se casse en mille morceaux. Quel invité lamentable… Et que fait Anis ? Elle m'offre en cadeau d'adieu l'un des colliers qu'elle a créés, avec un ornement en bronze en forme de fleur et une perle de bois rouge.

– J'espère que tu te plais en Iran, me dit-elle.

Dans le désert

Je me réveille sur la surface dure d'un tapis de salle à manger. Un néon clignote mollement tout près de la couverture et mes pieds touchent presque le poêle à gaz accroché au mur. La déco de la pièce est faite d'une multitude de photos noir et blanc, de tableaux et d'objets qu'on verrait bien dans un musée ethnographique. À sept heures, le réveil sonne. Hussein fait du thé et me confie ses clés.

– Prépare-toi, Nasrine va passer te prendre, dit-il.

Nasrine est l'amie qui emmène justement aujourd'hui ses deux couchsurfers faire un tour en voiture dans le désert. Mon voyage sac au dos prend de plus en plus l'allure d'un séjour organisé *all-inclusive* avec navette depuis le lieu d'hébergement et prise en charge 24 heures sur 24.

On sonne à la porte, je descends sur un parking poussiéreux encadré par des barres d'immeubles de six étages. Pour la première fois, je vois les façades sinistres en plein jour. Nasrine est une dynamique jeune femme d'environ trente-cinq ans, grande et ronde, en tchador, tout de noir vêtue à l'exception de ses gants blancs et de ses tennis bleues.

À l'arrière de sa Peugeot me saluent ses deux Australiens, Richard et Sally, à qui je donne respectivement cinquante et trente ans. Cela fait quatre ans qu'ils voyagent un peu partout dans le monde, surtout en Asie du Sud-Est, et très souvent en faisant du couchsurfing. Entre eux deux se blottit Kiana, sept ans, la fille de Nasrine. Notre guide donne des cours d'informatique à l'université et enseigne également l'anglais, mais aujourd'hui, elle s'est mise en congé maladie pour faire découvrir à ses hôtes le célèbre désert qui s'étend aux portes de Kerman. Cela en dit long sur l'ordre des priorités chez les champions du monde de l'hospitalité. Elle fonce sur la voie rapide qui passe entre des montagnes aux sommets enneigés, tandis que Michael Jackson et Beyoncé s'égosillent dans l'autoradio. Un conducteur fantôme fonce vers nous à contresens : il n'a pas saisi que, trente mètres plus loin, une autre route à deux voies est prévue pour ceux qui vont dans l'autre direction. La scène inspire à Nasrine un bref exposé sur les hommes au volant.

– Ils se prennent tous pour les meilleurs conducteurs du monde, dit-elle. Et quand ils voient une femme conduire, ils prennent un malin plaisir à la harceler, juste pour lui montrer qui est le boss.

Comme nous empruntons un tunnel sous la montagne, Nasrine nous apprend une coutume locale :

– En Iran, dans les tunnels, on crie.

Elle se met à hurler, imitée par trois étrangers et une petite fille. Au concours du plus gros volume sonore, la petite Kiana gagne avec une telle longueur d'avance que je me félicite de n'être pas assis à côté d'elle. Nous quittons la grand-route pour nous engager sur de petites routes qui serpentent dans la montagne, en passant de temps en temps par un petit village. Bientôt, la route file à nouveau en ligne droite, à travers une steppe toujours plus aride que seuls quelques palmiers parviennent à égayer un peu. Nous voyons apparaître des dunes, stabilisées par des *nebkas*, des arbustes à la résistance extraordinaire qui trouvent dans le sable assez d'éléments pour subsister.

Nasrine connaît la région comme la poche de son grand manteau noir : elle a longtemps travaillé comme guide touristique. Jusqu'à ce que sa licence lui soit retirée parce qu'elle hébergeait des couchsurfers chez elle.

– C'est illégal, parce que l'État craint que nous n'hébergions des espions, explique-t-elle. Deux ans plus tôt, elle prenait la même route avec un Chinois, un Français et une Polonaise à bord. Après un arrêt au bord d'un cours d'eau salée, la voiture a refusé de démarrer, alors que le jour commençait à tomber.

– J'ai appelé la police, ils ont dit qu'ils ne pouvaient nous envoyer personne. De temps en temps, un camion passait, mais aucun des conducteurs n'a rien pu faire pour nous.

Elle a donc rappelé la police, et s'est énervée au téléphone :

– Si je vous avais dit qu'il y avait quelques jeunes qui boivent de l'alcool et qui dansent, dans les cinq minutes, vous étiez là, mais pour une panne de voiture, vous ne bougez pas le petit doigt ! Ils ont fini par me donner le numéro d'un dépanneur qui est venu nous tirer de là.

Mais la police a cherché ensuite à savoir ce que Nasrine faisait avec les touristes en question. Quand il s'est avéré qu'elle les logeait chez elle, on lui a retiré sa licence de guide.

– Pour quelqu'un que je connais, ça a été encore pire. Comme il était dans l'armée, il emmenait toujours ses hôtes voir des installations militaires. Il s'est fait virer et il a même passé deux mois en prison.

Juste après ce récit, Nasrine s'arrête devant un poste de police, dans la localité de Shadad.

– Il faut qu'on aille s'enregistrer ici, dit-elle. Au cas où ils vous demandent qui vous êtes et comment vous vous connaissez : vous vous êtes rencontrés par hasard à Bam tous les trois, et moi, je suis votre guide touristique.

Mais les policiers s'avèrent moins curieux qu'elle ne le craignait. Quand elle leur présente nos passeports, cinq hommes en tenue camouflage équipés de fusils-mitrailleurs s'esclaffent : « un homme si vieux qui voyage avec une femme si jeune ! ». « Sûrement pour se refaire une jeunesse… » Richard n'a plus de cheveux sur le crâne et la différence d'âge avec Sally est certes bien visible. Dans leur hilarité, les gardes ne s'aperçoivent pas que la licence de Nasrine est périmée depuis plus de deux ans. Ils demandent combien d'argent elle nous prend. Quand elle leur répond « rien du tout », ils ne la croient pas. Mais ils nous laissent repartir. *« Adventurous area »*, peut-on lire sur un panneau, et un peu plus loin, en guise de confirmation, l'annonce de la localité la plus proche : « Nehbandan 275 km. »

– Mais en fait, précise Nasrine, ça se résume à trois maisons et une pompe à essence.

D'ici là, les seules traces de la civilisation sont la route, la plupart du temps parfaitement rectiligne, ce qui permet d'apercevoir les véhicules venant en sens inverse au moins deux minutes à l'avance, et la ligne électrique qui la longe. La chaleur brûlante fait miroiter l'asphalte : le sol semble couvert de flaques d'eau, mais quand on s'approche, l'illusion d'optique disparaît. La route qui file tout droit dans le désert est à l'image du voyage lui-même : à peine a-t-on atteint le point que l'on voyait briller dans le lointain que d'autres lumières vous attirent un peu plus loin.

Le sable prend des formes de plus en plus bizarres à mesure que nous avançons. Au bord de la route, de grandes masses poudreuses s'élèvent toujours plus haut, les fameux *kalout*, avec leurs remparts et leurs coupoles arrondies.

– Ça rappelle un peu l'*outback* australien, remarque Richard.

Un autre panneau annonce : « *Welcome to Gandom Beryan, the hottest area of the world.* » Les mots *hottest area* et *world* ont été gribouillés après-coup : sans doute existe-t-il quelque part sur la planète un endroit encore plus chaud.

– Mais on a déjà mesuré plus de 70 °C au sol, dit Nasrine. D'ailleurs, on dit qu'ici, on pourrait faire cuire des œufs juste en les cassant par terre.

Nous arrivons bientôt au bord d'un fleuve salé, le Shour, synonyme de mauvais souvenirs à cause de la panne de voiture d'il y a deux ans. Il mesure environ cinq mètres de large, et sa profondeur ne dépasse nulle part quelques centimètres. Sur les bords, le sel amoncelé ressemble à de la neige à moitié fondue. Un peu plus loin, sur le sable, de fragiles plaques blanches se sont formées. Des touristes y ont laissé leurs empreintes et des messages en persan, et un camion un énorme pneu abandonné. Le thermomètre de la voiture indique 37 °C. Heureusement qu'aujourd'hui, il y a du vent.

Sur le chemin du retour, nous nous arrêtons devant une dune particulièrement spectaculaire. Avec ses parois verticales, elle semble sortie tout droit du sol, et non pas formée au cours des siècles par l'érosion et par le vent. Nous n'avons vu qu'une toute petite partie de ces châteaux de sable naturels qui s'étendent sur cent quarante-cinq kilomètres du nord au sud. Certains sont aussi hauts que des immeubles de dix étages. Loin à l'horizon de ce paysage désertique, on distingue un sommet enneigé. En bas, la deuxième ou la troisième région la plus chaude du globe ; en haut, des neiges éternelles. Le moins qu'on puisse dire, c'est que l'*Adventurous area* est plutôt riche en contrastes.

Pendant notre promenade sur le sable, Richard m'explique que, pour lui, l'inconvénient du couchsurfing est que l'on n'a finalement que peu de temps pour soi, car on est toujours en contact avec les autres. C'est la raison pour laquelle Sally et lui ont prévu d'aller dormir à l'hôtel de temps en temps.

– Oui, mais les avantages l'emportent largement, intervient Sally.

Elle me recommande un hôte à Chabahar, au sud-est de l'Iran, pour le cas où j'aurais à m'y rendre :

– Comme il reçoit très rarement du monde, il prend d'autant plus soin de ses invités, et c'est très touchant.

Il a même emmené ses hôtes australiens à un mariage baloutche traditionnel.

– Les habits multicolores, la séparation des sexes ultrastricte, les tirs de Kalachnikov… se souvient Richard, enthousiaste.

En rentrant à Shadad, nous achetons des glaces et de la bière sans alcool Istak parfum pomme, et Nasrine nous offre de délicieux *kolompeh*, des biscuits aux dattes préparés par sa belle-mère. Ensuite, il est temps de repasser par le poste de police. Mais ce deuxième contrôle se déroule de façon aussi inattendue que le premier. Les agents commencent par inspecter le coffre de la Peugeot.

– Ils cherchent de l'alcool et de l'opium, commente notre guide illégale.

À moins qu'ils n'aient simplement voulu voir s'il nous

restait un peu de place. Un policier nous demande si cela nous dérangerait de convoyer quelques affaires jusqu'au prochain poste de garde, à Sirch. Aussitôt, cinq jeunes gars armés remplissent notre coffre de légumes en conserve et de cartons contenant du poulet. Vingt kilomètres plus loin, nous livrons la marchandise à un jeune policier dont les gestes lents laissent deviner que nous l'avons tiré de sa sieste. Une attitude typiquement kermanie ?

– Les gens d'ici passent pour être particulièrement paresseux. On attribue ça au manque d'oxygène. La ville est tout de même à 1 700 mètres d'altitude, précise Nasrine.

Autre explication possible : une blague locale dit qu'à Kerman, on fume tellement d'opium que les passagers des avions qui survolent la ville se mettent à planer eux aussi.

Mais Nasrine nous réserve encore deux surprises. Sur une colline, une pancarte certifie que « le Guide suprême de l'ensemble du monde musulman », autrement dit l'ayatollah Khomeini, est monté jusque-là et s'est assis sur un rocher (que Dieu bénisse cette pierre). Pour finir, elle nous emmène dans une boutique qui vend des glaces à la vanille arrosées de jus de carotte, ce qui a meilleur goût qu'on ne pourrait l'imaginer.

À la fin de notre expédition, Nasrine me raccompagne à l'appartement de mon hôte. Je m'offre une petite sieste bien méritée. Une habitude iranienne : à cette heure-ci, d'ordinaire, je serais absolument incapable de m'endormir. C'est sûrement le manque d'oxygène de Kerman qui m'épuise.

De : Hussein, Kerman

Hello Stephan,
I'll come home late, a friend had an accident

Quand mon hôte rentre chez lui, il est déjà dix heures et demie du soir. Avec la viande hachée et les champignons qu'il a rapportés, il prépare de quoi garnir des sandwiches.

– Désolé que ça ait pris tant de temps, s'excuse-t-il. C'est un copain à moi qui s'est fait renverser par un taxi sur la place Azadi. Il s'est cassé la jambe, il a fallu l'opérer, mais maintenant, ça va mieux. Tu veux une bière ?

Hussein va chercher une bouteille de Delster sans alcool, contenance 0,7 litre. Lorsqu'il l'ouvre, on entend un grand pschiiitt, comme s'il y avait une sacrée quantité de gaz à l'intérieur. Le breuvage a un goût assez sucré et un peu trop de mousse, mais le résultat n'est pas mauvais du tout.

– Dans la bière sans alcool, je rajoute de la levure et 100 grammes de sucre par bouteille, m'explique Hussein. Ensuite, je laisse reposer trois jours à côté du chauffage à gaz, puis je mets en bouteilles. J'attends encore quelques jours, en ouvrant régulièrement les bouchons pour que le gaz carbonique s'échappe, et voilà, ça devient de la bière !

En bon sosie de Jésus, il sait donc changer la limonade en boisson fermentée.

– Mais il faut que je fasse attention. Si je me fais pincer, c'est cinquante coups de fouet.

La bureaucratie

Le lendemain, sur le chemin du Management of Foreigners Affairs Office, je me demande combien de coups de fouet me vaudrait une demande de visa en état d'ivresse. Si je ne veux pas repartir tout de suite, il me faut faire prolonger mon titre de séjour. Au consulat d'Iran en Allemagne, on ne m'avait accordé que vingt jours. Devant le portail métallique qui mène au service des visas, une file d'attente s'est formée, mais un employé me fait signe de passer. Je dois laisser mon téléphone portable et mon appareil photo à une sorte de bureau d'accueil où l'on me remet en échange un jeton en laiton avec un numéro à trois chiffres et un dessin de téléphone. Un soldat me fait traverser une cour intérieure et me conduit devant une salle d'attente où sont installés quelques sièges en plastique moulé et un ventilateur en forme d'œuf censé rafraîchir l'atmosphère. Derrière un comptoir de bois, deux fonctionnaires, un homme et une femme, réceptionnent passeports et dossiers.

Le questionnaire me demande ma profession et mon adresse en Iran. J'indique respectivement *« website editor »* et « Omid Guesthouse, Esteghlal Lane, Kerman ». Si j'écrivais « journaliste », je pourrais aussitôt faire une croix sur mon visa. Si je mettais une adresse privée, je m'exposerais à des questions gênantes. En remplissant toutes ces cases, je me sens dans la peau d'un petit écolier qui planche sur une interro écrite. À cette différence près qu'à la moindre erreur, ce ne sera pas la mauvaise note, mais un départ prématuré du pays, ou même des ennuis avec la justice iranienne, qui n'est pas spécialement connue pour son indulgence à l'égard des contrevenants. J'ai lu dans mon guide qu'un voyageur étranger ayant innocemment répondu « rendre visite à ma petite amie iranienne » a été interdit de visa pour des raisons morales.

– Il vous faut déposer 30 000 toumans à la Banque Melli. Ensuite, vous revenez avec l'attestation de dépôt et deux photos d'identité, me dit la dame. L'agence est tout près d'ici, rue Edalat.

Elle fait un geste très vague vers la gauche et me donne un bout de papier où elle a écrit à la main un numéro de compte, 217 115 395 500.

CONSEILS PRATIQUES

COMMENT DEMANDER SON CHEMIN

- Repérer un piéton entre 20 et 45 ans (plus il ou elle est jeune, plus la probabilité qu'il ou elle parle l'anglais sera forte).
- Dans le cas où l'informateur ne dispose pas de compétences particulières en langues étrangères, prononcer la phrase suivante : *« Salam, Melli Bank kodja ast ? » On remplacera « Melli Bank »* par le nom de lieu souhaité.
- Le passant/la passante se met à gesticuler dans une certaine direction. Avec une marge d'erreur de plus ou moins 90 degrés, vous pouvez en conclure qu'il faut aller par là.
- Deux cents mètres plus loin, répéter l'opération. Le nouvel informateur risque de vous indiquer une direction légèrement différente (vraisemblablement une meilleure approximation).

- Toujours tenir compte du fait qu'un Iranien préférera donner une réponse inexacte plutôt qu'aucune.
- À la troisième consultation, vous devriez disposer d'indices suffisamment probants. Vous constaterez d'ailleurs que cette méthode est également employée par les chauffeurs de taxi. Jamais ceux-ci ne se fient à la première indication qui leur a été fournie.

Au guichet de la banque, je dois prendre un numéro. Des chiffres rouges lumineux indiquent les tours de passage. Je tends à l'employé les papiers sur lesquels figurent les numéros de compte, je lui donne 300 000 rials, il me donne un reçu.

Sur le chemin du retour, je me fais portraiturer dans un studio de photo dont la spécialité (les modèles affichés au mur ne laissent aucun doute à ce sujet) est la pose avec poing droit placé sous le menton. Ce choix donne un peu à tout le monde l'aspect d'un chanteur de charme de deuxième catégorie. Heureusement, je suis autorisé à poser sans les mains. Muni de mes photos et de mon reçu bancaire, je m'empresse de retourner au bureau des visas. Je me déleste à nouveau de mon téléphone portable et de mon appareil photo, puis je fournis les documents demandés ainsi que mon passeport.

– Revenez à midi, ordonne l'employée.

Il est dix heures.

– Revenez à deux heures, me dit-elle à midi, mon chef est en réunion, et il faut sa signature.

Autrement dit, il faut encore du temps pour lancer une petite recherche Google et vérifier si je suis ou non journaliste.

Mon guide précise bien que les services de délivrance de visas prennent parfois la peine de le faire. Pour me détendre, je fais un tour au bazar. Chercher à décrire un bazar oriental, ce serait comme apporter des graines de cumin dans la ville de Kerman. Pour résumer, beaucoup d'échoppes, beaucoup de marchandises, beaucoup de parfums et de vendeurs. Et aussi, en l'occurrence, une magnifique maison de thé aménagée comme un ancien hammam. Odeur de narguilé, jets d'eau, colonnes ornementales. Un homme joue du *santour*, un genre de planche à découper munie de deux petites baguettes. En me voyant entrer, il entame le célèbre thème du film *Le Parrain*. Parce que c'est une musique européenne, je suppose, et non pas parce qu'il me trouve un air patibulaire. Peu avant deux heures de l'après-midi, nouveau passage au bureau, téléphone portable, appareil photo, reçu : la routine habituelle.

Quelques minutes plus tard, on appelle « Mister Estefan » pour lui rendre son passeport. Il porte un nouveau tampon : « *The visa is extended up to 17/5/2014* ». Je suis aussi heureux que si j'avais gagné un voyage d'un mois dans un lieu de rêve – ce qui, en un sens, est bel et bien le cas. Mais naturellement, je n'en laisse rien paraître. Cris de joie et autres danses seraient de toute évidence déplacés au service des étrangers.

De : Iran

iammina,frendsmobina.came hear inHarat.
Emamstreet

De : Laila, Hambourg

Hey honey, mon vol arrive à Yazd 21h.
À demain soir !

Je passe l'après-midi à visiter la petite ville de Mahan, renommée à raison pour l'impressionnant mausolée d'un derviche soufi du nom de Shah Nimatollah Wali, et à tort pour le jardin Bagh-e Shahzde. Les Iraniens ont tendance à devenir hystériques dès qu'ils aperçoivent un brin de verdure, c'est pourquoi le jardin, avec ses quelques cerisiers, ses plantations à moitié fanées et ses cascades boueuses, est un lieu de promenade très prisé. Rien de bien intéressant si ce n'est le site, au pied de la montagne. Le chauffeur de taxi qui me ramène à Kerman a nettement plus de caractère. Avec ses moustaches blanches, il fait penser à une version bronzée de l'acteur Armin Mueller-Stahl (le héros de *Music Box* de Costa-Gavras). Il porte un costume, un chapeau, conduit une Paykan préhistorique et me nourrit de *halva* au sésame bien sucré tandis que le soleil disparaît derrière les sommets des montagnes. Naturellement, il augmente le prix de la course une fois que nous sommes arrivés, mais la photo souvenir valait bien cet euro supplémentaire.

يزد

YAZD

Population : 486 000 habitants
Province : Yazd

Mariage intéressé

Il faut bien cinq heures et demie d'efforts à l'autocar pour parcourir les quatre cents kilomètres qui nous séparent de Yazd. Sitôt arrivé, je réserve une chambre double à l'hôtel Orient et je file acheter dans une boutique où on trouve tout et n'importe quoi une rose en plastique, sur les pétales de laquelle est écrit : *« I love you »*. Dans les rues de la cité du désert règne une agitation frénétique. Étals de fruits, fast-foods, marchands de tapis. Je croise deux groupes de touristes européens, des Italiens et des Suisses, rencontre insolite après des semaines passées au contact des autochtones. Ils ont l'air très étrangers et un peu gros. Surtout les femmes, dont on voit à cinquante mètres au moins combien elles sont mal à l'aise dans leur accoutrement islamique.

À : Laila, Hamburg

Hey baby, dis au chauffeur de taxi de t'emmener à l'hôtel orientsag près de masjed-e jameh. À toute !:*

La chambre n'a pas grand-chose d'une suite pour lune de miel : lits séparés, déco inexistante, photo de mosquée au mur. Le seul détail qui puisse éveiller des idées plus ou moins romantiques est le fait que la porte de la salle de bains ferme mal, et qu'il lui arrive de s'ouvrir toute seule. En revanche, la cour intérieure de l'hôtel est fabuleuse, avec jet d'eau, banquettes pour s'asseoir, arcades dignes d'un caravansérail et vue sur le ciel étoilé.

Laila est à moitié iranienne. Je l'ai rencontrée il y a plus d'un an à Hambourg, à l'occasion d'un couchsurfing. Je cherchais dans ma ville des membres du réseau ayant un rapport avec l'Iran, pour en apprendre davantage sur ce pays. Dans son profil, elle se décrit elle-même comme « spontanée et rêveuse », et comme incapable de vivre sans musique. Nous nous sommes rencontrés plusieurs fois et nous avons décidé que, par le plus grand des hasards, elle serait de passage en Iran en même temps que moi. Un soir du mois de février, après avoir partagé quelques bières, nous nous sommes promis de voyager ensemble pendant une semaine. Et aussi de nous marier. Enfin, pas tout à fait. Le contrat qu'elle a rédigé au stylo à bille sur une serviette en papier prévoit un mariage fictif de dix jours, lié à des considérations purement pratiques : pour avoir droit à une chambre double en Iran, il faut être mari et femme. Ce statut nous épargnera bien des discussions avec les autochtones. Il aura aussi l'avantage de mettre Laila à l'abri des tentatives de drague indésirables. Elle est déjà venue plusieurs fois dans le pays et elle connaît la désagréable impression de devenir un gibier ambulant dès qu'elle sort non accompagnée. Sympathique effet secondaire de nos fiançailles, nous ne cessons plus de nous appeler respectivement « Chéri » et « Chérie », et nous nous donnons vraiment du mal pour cultiver tous ces petits riens dont seuls les vrais couples ont le secret.

Au lieu de venir en taxi, Laila descend d'une voiture privée. Son voisin dans l'avion s'est proposé pour la déposer à l'hôtel.

– Il suffit de te laisser seule quelques jours, et tu te balades déjà dans la voiture d'un autre, lui fais-je remarquer quand nous nous serrons la main devant l'hôtel.

Je lui demande si malgré cette récente rencontre dans les nuages, elle est toujours disposée à m'épouser.

– Oui, ça marche ! répond-elle.

Dans un moment pareil, comment se contenter de quelques salutations polies, du genre : « En tout cas, ça me fait bien plaisir de te voir » ? Nous nous tombons dans les bras l'un de l'autre, ici, en pleine rue, en plein Iran. Plus rien n'existe autour de nous.

Laila a vingt-neuf ans, un foulard rouge, une tunique rose par-dessus sa robe. Elle est graphiste, son père est originaire de Téhéran, sa mère est allemande. Bien qu'elle ait passé toute sa vie à Hambourg, elle parle un peu le persan. Nous montons ses bagages dans la chambre. Si ma rose en plastique sur le lit lui fait plaisir, du moins n'en laisse-t-elle rien paraître : mon cadeau atterrit directement à la poubelle. Puis nous partons nous promener dans un labyrinthe de ruelles couleur de sable. On se raconte ce qu'on a fait jusque-là, je lui parle du poisson pêché à Kish, des dominas, des bus de contrebandiers, et elle me parle de Téhéran, de sa famille surprotectrice et de ses hôtes de couchsurfing particulièrement fatigants.

– À Chalous, dans le nord de l'Iran, il y en a un avec qui j'ai fait une randonnée en montagne. Il tenait absolument à ce que j'enlève le voile, bon, pas de problème. Il a pris des photos, et ensuite, dès que le chemin devenait difficile, il me tendait la main. Mais quand il a voulu m'embrasser, c'est devenu franchement désagréable. On ne peut pas dire qu'il m'ait fait peur, il n'avait pas du tout l'air sûr de lui. En fait, je crois qu'il cherchait surtout l'occasion de toucher une femme pour de vrai.

Derrière une porte de bois entrebâillée, un escalier monte jusqu'au toit en terrasse surmonté d'une coupole ronde. Quelques Iraniens sont déjà installés là-haut. Deux garçons et deux filles fument des slims en se tenant par la main. Pour ne pas déranger, nous préférons faire le tour de la demisphère qui fait penser à un igloo. Il y a des moments, en voyage, où le mal du pays, ces petits élancements intérieurs auxquels on prêtait assez peu d'attention, t'attend soudain au tournant, te tombe dessus d'un coup et ne te lâche plus. Des moments où l'avenir et le passé se rejoignent, où tu te dis que tout le chemin parcouru jusque-là n'était qu'une série de zigzags jusqu'à ce point où tu te trouves maintenant, que tout ce qui reste ne sera plus qu'un long et pénible retour. Où ce lieu te manque déjà alors que tu ne l'as pas encore quitté. Et pourtant, je ne suis pas du genre à rester assis sur une chaise pour méditer sur mon sort. Presque tous les moments que je mettrais dans mon *Top ten* personnel sont liés à des actions. Mais à Yazd, j'apprends une chose : s'asseoir sur un toit et regarder au loin, il n'y a rien de plus beau au monde. Tous autant que nous sommes, c'est quelque chose que nous devrions faire plus souvent.

Évidemment, quand on a la chance de se trouver devant un paysage aussi beau que celui de Yazd, c'est encore mieux. Un lieu couleur de terre jaune où brillent les lumières mauves des mosquées, où de splendides minarets montent vers le ciel, sans le moindre immeuble moderne pour gâcher la vue, avec une chaîne de hautes montagnes à l'horizon.

Tout est si beau à Yazd que même les systèmes de climatisation sont de véritables monuments : les *badgir*, ces « tours des vents » qui évoquent d'antiques microphones, et dont l'ouverture située au sommet assure une ventilation naturelle. Seuls les appels à la prière des muezzins, qui chantent incroyablement bien, viennent rompre le silence du désert dans l'air frais du soir. Il suffit de monter quelques marches pour se sentir libre, très loin de toutes les contraintes et de toutes les lois.

Pourtant, cette paix est trompeuse. Yazd est une ville très religieuse et très conservatrice. Très hostile aussi au couchsurfing. Quelques mois plus tôt, le patron de l'hôtel Silk-Road s'est plaint à la police que les logeurs privés lui faisaient trop de concurrence. Depuis, la force publique est plus sévère ici qu'ailleurs : il y a déjà eu des interrogatoires, des arrestations. J'ai bien envoyé quelques courriels, mais il s'est révélé impossible de loger chez l'habitant à Yazd. Un membre m'a même répondu qu'il ne pourrait pas m'aider parce qu'il avait peur. Installés dans ce lieu magique, nous parlons justement de la peur, Laila et moi.

– Mon oncle et ma tante de Téhéran se font toujours un souci incroyable pour moi, dit-elle. Ils préféreraient ne pas me laisser passer la porte toute seule. Et je me rends compte que cette peur déteint peu à peu sur moi. Quand un pays est régi par des règles aussi strictes, ça finit par conditionner toute ta façon de penser. Je passe mon temps à me demander si je ne suis pas en train de faire quelque chose d'interdit ou de dangereux.

La veille, elle s'est aperçue que son site internet est devenu inaccessible depuis l'Iran. Quand on tape l'adresse apparaissent un message d'erreur en persan, puis quelques photos de paysages.

– Je me demande si les services secrets sont en train de se renseigner sur mon compte, ou si c'est juste dû au fait qu'on y voit quelques photos de femmes en tenue trop légère.

Inspirer la crainte, voire la paranoïa, est sans doute l'arme la plus puissante des régimes totalitaires, et les mollahs sont passés maîtres dans l'art de l'intimidation. Je vois quelques femmes en tchador qui passent sous une grande arche illuminée de vert, vingt mètres au-dessous de nous, et je me demande si elles aussi, dans leur vie quotidienne, elles ont peur. Si elles font partie de ceux qui soutiennent le système en place ou de ceux qui rêvent secrètement de liberté.

Notre point d'observation sur le toit est comme une loge de théâtre : aujourd'hui, en bas, on joue pour la dix millième fois la pièce intitulée *République islamique*. Chaque jour, le même spectacle est donné dans tout le pays, avec des millions de comédiens parfaitement entraînés. Un bal costumé où on ne danse pas, une tragédie sans applaudissements, une intrigue sans dénouement. Mais qui sait, derrière les masques, ce qui se passe dans les têtes ?

Le lendemain, nous achetons à un vendeur de rue des alliances à un euro pièce. Juste en face, un marchand de pop-corn attend le client.

– Tu savais qu'en persan, on appelle ça des pets d'éléphant ? s'enquiert Laila.

Je l'ignorais.

À Yazd, je suis frappé de constater que les hommes s'adressent toujours à moi en premier. Laila fait figure d'accessoire décoratif. De nous deux, c'est pourtant elle qui parle la langue, et qui prend les choses en main une fois les premiers mots échangés. Un vendeur de kebab tombé sous le charme de mon épouse tire aussitôt de son chapeau un cousin (cheveux gominés, chemise ouverte) qui nous conduit à notre prochaine destination, le jardin Dolat-Abad. Il est l'heureux propriétaire d'une Mazda noire, intérieur cuir, flacon de parfum pour homme à portée de main dans la portière. Sur le siège passager, on est plutôt couché qu'assis, et la console centrale est un monstre de lumières qui clignotent et d'instruments de navigation au format iPad.

– Dis donc, sans toi, je ne serais jamais montée là-dedans, avoue Laila.

– Et moi non plus, sans ton persan, lui dis-je.

– Quelle équipe de choc ! s'amuse-t-elle.

– Je crois que tu lui as tapé dans l'œil, il te mate dans le rétroviseur.

Car telle est la loi de Murphy de l'amour : dès l'instant où on est en couple, on devient deux fois plus attirant aux yeux de l'autre sexe. Peu après avoir pris congé de notre pilote de Mazda, Laila fait un petit coucou à quelques appelés du service militaire en tenue de camouflage qui traînent autour du distributeur de tickets. Ils demandent à se faire prendre en photo avec nous. Celui que Laila trouve le plus mignon s'appelle Bijan, et il a tout juste vingt ans.

– Voitures de sport, uniformes… Si j'ai bien compris, tu ne recules devant aucun cliché ?

– Si, répond Laila : les écrivains.

Et dire que nous ne sommes mariés que depuis moins de vingt-quatre heures…

Cinq minutes plus tard, elle fait moins la fière en voyant une fille en voile noir, cachée derrière une copine, qui vient me dire bonjour puis ajoute : *« You're beautiful, handsome ! »* et m'offre du délicieux *gaz* d'Ispahan (du nougat blanc aux pistaches). Elle s'appelle Elaheh, elle est plutôt jolie et elle me dit que, justement, elle étudie la médecine là-bas. Puis, souriant de toutes ses dents, elle file rejoindre les autres filles de son groupe. C'est maintenant au tour de Laila de me lancer des regards lourds de reproches. Je n'ai absolument rien fait pour, protestent mes yeux innocents. Et d'ailleurs, que s'est-il passé au juste ? Je ne suis pas sûr d'avoir compris.

Nous arpentons les jardins de l'ancien gouverneur de la ville, vieux de deux cent cinquante ans, et passons devant des cyprès, des buissons de grenadiers, et même le lit d'une rivière artificielle qui coupe le jardin en deux. Il est dominé par un palais hexagonal orné de jolis pavillons et de vitraux multicolores, mais aussi par la plus haute tour des vents du pays (33,8 mètres de haut). Pour la stabiliser, on a installé quelques poutres de bois horizontales sur lesquelles trônent les pigeons reconnaissants.

De : Iran

hi,whereisyounow?
pleasecome, harat.iamfrendsmobina.
isee yourpicture

– Laila, il faut que je te dise une chose.
– Quoi donc ?
– J'ai besoin de ton aide pour gérer deux admiratrices.
– Intéressant.
– Tu pourrais me traduire quelques questions ?
– Tu plaisantes ?

À : Iran

Salam mina, khoubi ? Chand sall dari ?
Shoghlat chie ? Tu waghte azad che kar mikoni ?

Au sujet de Yazd, j'ajouterais seulement que les *faloudeh yazdi*, un dessert glacé aux vermicelles, font mal au ventre quand on en mange trop, qu'on peut voir quelque chose d'unique au monde, une sorte d'aire d'incinération sur laquelle les zoroastriens brûlaient autrefois les cadavres, et que le goulasch au chameau a exactement le même goût que le goulasch ordinaire. Grâce à notre mariage blanc, nous partageons toute une série de petites habitudes et une complicité que les autres couples mariés mettent au moins trois ans à élaborer. Au buffet du petit déjeuner, j'interpelle ma moitié :

– Dis-moi chérie, on s'assoit où aujourd'hui ? À notre table rien qu'à nous deux ?

Erreur fatale. À l'étranger, il ne faut jamais penser que personne ne vous comprend. Une touriste assise à une table voisine me dévisage, hésitant entre l'agacement et le rire, puis détourne précipitamment le regard. En passant près d'elle, je remarque en bas à droite, sur la carte postale qu'elle est en train d'écrire, la mention « ALEMANIA ».

Après toutes ces nuits passées chez l'habitant, je n'arrive

pas à apprécier mon séjour à l'hôtel, même si le lit est plus confortable que tous les tapis du monde. Accoutumé à la sincérité, on devient plus sensible à l'artifice. La gentillesse du personnel ne vaudra jamais celle des gens qui m'accueillent chez eux. Ici, c'est parce que je paie qu'on est aimable. Pour le même prix, les employés des hôtels peuvent se montrer plus ou moins sympathiques : ce sont eux les vendeurs, et moi l'acheteur. Si la qualité est insuffisante, je m'énerve. Si ce n'est pas cher, je suis content. Pour une chambre à cent euros, j'ai d'autres attentes que pour une chambre à vingt euros. Or, la psychologie du couchsurfing est totalement différente. Comme la nuit ne me coûte rien, je n'ai rien à perdre et tout à gagner : je n'attends rien d'autre que deux mètres carrés pour dormir. Et jusqu'à maintenant, j'ai toujours obtenu bien plus que cela.

De : Iran

salamshafa.khubam.shomakhube.
madaram14sal.shnmachandsal dare?
manmeravam madrese

Je demande à Laila de traduire. Elle jette un œil à l'écran de mon portable et aussitôt, éclate de rire. Il lui faut même un petit moment pour reprendre son souffle.

– « Salut Shafa. Moi, ça va. Et toi, ça va ? J'ai 14 ans, et toi tu as quel âge ? Je suis au collège. »

– Ah, fais-je. Finalement, ce n'est peut-être pas à Harat que m'attend le grand amour.

– C'est aussi mon impression, dit Laila.

Lost in Transportation III

Quelque part entre Yazd et Shiraz, il nous vient l'idée saugrenue de parcourir quelques centaines de kilomètres en auto-stop. Un échec retentissant. Non que personne ne s'arrête pour nous prendre. Au contraire, la première voiture à qui nous faisons signe stoppe instantanément (nous agitons la main au lieu de lever le pouce, le signe habituel des autostoppeurs pouvant être interprété, du moins par les gens les plus âgés, comme un geste indécent, ce qui réduirait à néant nos chances de succès). Le conducteur se présente, il s'appelle Gorlam, et nous fait signe de monter.

– J'habite juste à côté, je vous offre le thé ?

Environ un kilomètre plus loin, il s'arrête devant une maison peinte en blanc avec un toit en terrasse. Dans la salle de séjour, Iman, le fils de Gorlam, âgé d'environ quatre ans, fait des tours sur son vélo de marque Chicago. Les murs sont ornés de versets du Coran et de photos de fistons sur leur trente et un, flanqués de leurs épouses elles aussi en grande tenue. Sur un côté de la pièce, une sorte de baignoire pleine de plantes vertes. Quand le petit cycliste fait des pauses, il s'avère incroyablement désireux de communiquer. Hélas, il n'arrive pas à comprendre que je ne comprends pas ce qu'il dit. Fatimeh, sa mère, apporte une assiette pleine d'énormes tranches de melon. Gorlam s'excuse, il doit passer à son bureau. Il travaille au service de la voirie. Nous discutons avec Fatimeh, enfin, Laila discute, et quant à moi, je reste sagement assis. Quand on ne sait dire que « voiture », « poisson » et « pets d'éléphant », on se condamne automatiquement à un rôle d'observateur extérieur.

Laila explique d'où nous venons, dit combien nous avons admiré la ville de Yazd, et aussi que maintenant, nous avons l'intention de continuer jusqu'à Shiraz.

– Nous nous connaissons depuis deux ans et nous sommes mariés depuis un an, bluffe-t-elle.

Expliquer en quoi consiste l'auto-stop semble être une tâche difficile, bien que nous ayons pris soin de chercher le terme dans le dictionnaire : *ootostop*. Mais le concept, lui, semble totalement inconnu. Fatimeh, du moins, ne voit pas du tout ce que nous voulons dire par là.

– Il vous faut prendre un taxi jusqu'à Safa Shahr, puis continuer en bus jusqu'à Shiraz, explique-t-elle. Mais vous pouvez passer la nuit chez nous et prendre le bus demain matin, ce sera moins fatigant.

Il n'est qu'une heure de l'après-midi et nous aimerions continuer notre route. Cet énorme sens de l'hospitalité ne semble pas compatible avec notre incroyable désir de parcourir plus d'un kilomètre dans la journée. Mais Fatimeh n'est pas du genre à se décourager. Elle nous propose de téléphoner à sa sœur, qui travaille dans un hôtel à Shiraz, pour qu'elle s'occupe de nous trouver une chambre. Laila répond que nous avons déjà fait le nécessaire. Si nous nous avisions de lui expliquer le principe du couchsurfing, notre bienfaitrice nous jugerait à coup sûr complètement dérangés.

Fatimeh nous sert du thé, des sucreries, et demande si nous ne voulons pas au moins rester pour le repas. Nous remercions et déclinons l'invitation, mais nous attendons le retour de Gorlam pour reprendre la route. Au total, nous aurons donc passé deux heures et demie en compagnie de cette sympathique famille. Avant de partir, une petite vidéo sur le téléphone portable, en souvenir de notre passage. Fatimeh et Gorlam nous invitent encore six fois à partager leur déjeuner. Au sixième refus, ils sont visiblement déçus. Ils nous demandent une dernière fois si, vraiment, nous pourrons nous débrouiller seuls, si nous n'avons pas besoin d'une chambre d'hôtel à Shiraz, ou si ce ne serait pas mieux pour nous de rester dormir à la maison.

Dans la rue, il ne se passe pas une minute avant que nous trouvions un autre moyen de transport. Cette fois-ci, il s'agit d'un taxi. Mais il y a déjà quelqu'un à bord. On nous propose donc de parcourir gratuitement les deux ou trois kilomètres qui nous séparent du prochain village. Le passager (Mohsen, professeur de maths) descend avec nous. Lui aussi va dans la direction de Shiraz, nous pourrions partager un taxi. De toute façon, il n'y a pas d'autre moyen de s'y rendre. En entendant le mot *ootostop*, il secoue la tête en signe de perplexité. Nous finissons par jeter l'éponge, et c'est ainsi qu'au bout de quatre kilomètres (parcourus en quatre heures) prend fin notre périple en stop à travers l'Iran. Nous serions allés bien plus vite à pied.

شیراز

SHIRAZ

Habitants : 1,5 million

Province : Fars

Partie de cache-cache

– Ne faites pas de bruit, évitez de parler anglais dans la rue, nous recommande Saeed à mi-voix, les voisins pourraient vous entendre.

Il est interdit de loger des étrangers chez soi. En descendant de voiture, il jette un coup d'œil à droite et à gauche comme

un cambrioleur, puis déverrouille la porte blindée de son appartement du sud-ouest de Shiraz. Ensuite, il nous fait signe de nous dépêcher d'entrer. Laila et moi attrapons vite nos sacs à dos et nous hâtons de passer la porte. L'ami qui est allé nous chercher en voiture au centre-ville nous dit au revoir et disparaît dans la nuit. Saeed a vingt ans, il étudie le graphisme et il est du genre « plutôt sexy », a dit Laila en découvrant sa photo de profil : tignasse noire, sourcils broussailleux, sourire irrésistible.

Il m'a écrit après une contribution que j'ai postée sur le forum Couchsurfing, pour savoir si je passerais par Shiraz et si je voulais venir dormir chez lui. D'après ce que m'apprend son profil, Saeed aime le kickboxing, le BMX, le jonglage, et il est complètement accro au couchsurfing. Au cours des trois derniers mois, il a hébergé quarante-cinq voyageurs et organisé plusieurs rencontres. Il passe lui-même son temps à parcourir son pays natal avec sa tente, sac au dos.

Ce soir-là, Saeed a déjà un visiteur. Sur le tapis est couché Christian, qui vient de Colombie, à qui je donne vingt-cinq ans et une barbe de six jours. Il réussit l'exploit d'avoir l'air à la fois terriblement fatigué et terriblement heureux. Ivre de kilomètres, drogué au voyage. Voilà quatre mois qu'il a laissé tomber son boulot de consultant pour découvrir le vaste monde. Kenya, Tanzanie, Éthiopie, Djibouti, Égypte, Turquie. Pour l'Iran, la dernière étape de son voyage, sa mère lui a demandé de donner signe de vie au moins tous les deux jours.

– Il y a vraiment une comparaison à faire, dit-il. La Colombie aussi est l'un des pays du monde qui ont la plus mauvaise réputation. Tout le monde pense à la cocaïne, aux barons de la drogue, à la criminalité. Mais à côté de ça, le pays a tellement de choses à offrir. Des hautes montagnes, des plages de rêve, une nature fantastique et des villes très vivantes. Mais beaucoup de gens ont peur d'y aller.

– J'ai déjà eu des invités qui n'avaient pas osé dire à leurs parents où ils allaient, dit Saeed. Les gens croient qu'à chaque coin de rue, en Iran, il y a un terroriste embusqué, qu'on passe tous notre temps à brûler des drapeaux américains et israéliens dans des manifs. N'importe quoi !

Il prépare un samovar de thé noir. Une kitchenette fait la séparation entre les deux pièces de son appartement qui a la forme d'un couloir. Sur les étagères, des coquillages du golfe Persique, un dé magique, de balles de jonglage, et une impressionnante collection de pièces de monnaie étrangères : cents, pence, lires, roupies et autres pesos. Des feuilles de papier aluminium empêchent de voir à travers la porte d'entrée. La fenêtre qui donne sur l'arrière est recouverte de papier, et la porte sur une cour intérieure dissimulée derrière un rideau rouge sombre.

– Ici, dit Christian, la police est toujours désagréable. À Téhéran, j'étais assis sur un banc avec un ami iranien quand deux agents sont arrivés. Ils nous ont pris en photo. Le tout sans prononcer un seul mot. Le but était sûrement de nous intimider.

– Chaque jour, dit Saeed, je m'attends à voir la police débarquer à ma porte à cause de tous les visiteurs que je reçois. Je me suis préparé à ça. Mais jusqu'à ce que ça arrive, j'hébergerai autant de gens que je veux. Entre cinq et dix par mois.

Quand il voyage en Iran, raconte-t-il, il n'a pas peur. Seules les régions frontalières avec le Pakistan et l'Afghanistan sont dangereuses.

– Mais en fait, affirme-t-il, ça ne me déplairait pas d'être enlevé. Ce serait sûrement une expérience intéressante.

– En Colombie, je ne dirais pas ça ! s'exclame Christian.

– Je suppose qu'en Iran, même les kidnappeurs ont un certain sens de l'hospitalité, dis-je.

– Tu as sûrement plus de chances que moi de savoir si c'est vrai, rétorque Saeed.

Y aurait-il dans sa voix un soupçon d'envie ?

– Les Iraniens ne les intéressent pas trop. Ces bandits savent bien que notre gouvernement ne verse pas d'argent et ne cède à aucune demande. Les Européens sont bien plus rentables.

Shiraz est l'une des rares villes au monde que l'on puisse reconnaître les yeux fermés, car elle embaume l'orange. Non seulement dans les jardins et les parcs, mais aussi dans les rues les plus passantes, on a toujours l'impression que quelqu'un vient de mettre un coup de spray « fraîcheur d'agrumes » pour masquer la puanteur des pots d'échappement.

Le poète national iranien, Hafez, décrivait déjà les parfums enchanteurs de ce lieu :

> Chiraz, l'eau du Roknâbâd et ce vent à l'agréable haleine,
> Ne leur reproche rien : ils sont grain de beauté au visage des Sept Climats[1].

Le parfum d'orange plane toujours au centre-ville, autour des remparts que le monarque Karim Khan Zand fit bâtir au XVIIIe siècle, lorsqu'il a fait de Shiraz sa capitale. Ce roi est resté dans l'histoire comme le plus pacifique, le plus juste et même le plus humble de tous les rois des Perses. Installés sur le gazon devant une tour ronde et d'imposantes murailles, entre deux plates-bandes, nous attendons Hamed.

À dix heures du matin, j'ai laissé le message suivant sur le site Couchsurfing, dans la section du forum dédiée à Shiraz : « Salut, nous sommes deux Allemands incroyablement sympathiques, et nous serions incroyablement heureux de faire un tour dans cette ville avec un de ses habitants. » J'ai aussi ajouté mon numéro de portable, ce qui n'était pas très

1. Hafez de Chiraz, *Le Divan*, traduit du persan et commenté par Charles-Henri de Fouchécour, Paris, Verdier, 2006.

malin, car il a fallu ensuite gérer les nombreuses propositions qui ont suivi.

De : numéro inconnu

hi.i would be happy to hang out with u,
any time u say. Negar cs Shiraz

De : numéro inconnu

Hey Stephan. This is Soroush from Shiraz. I've just came back from a 6 months hitchhiking trip around Iran and Iraq. I'll be more than happy to meet you and hear about your stories. I impressed by your profile by the way.

De : numéro inconnu

hey stephan, i can meet u around 18 h.
Reza

De : numéro inconnu

Hello Stephan & Laila Hope u enjoyd Shiraz so far. This is Amin frm CS. would be nice if u join me & my guests to get to go fr something fun this aftrnoon :-)

Sur les réseaux sociaux, comment pourrait-on appeler le contraire du concept de *shitstorm* ? Un *lovestorm* ? Quatre SMS en l'espace de deux heures ; à ce rythme-là, il faudra bientôt un secrétariat pour gérer les rendez-vous. Je reçois aussi deux appels. Un premier où je ne comprends pas un seul mot, au point que je n'arrive même pas à savoir dans quelle langue s'exprime l'homme qui est au bout du fil. Un second de Hamed, avec qui nous prenons donc rendez-vous pour midi. Au pied des remparts refait surface l'éternel problème de la *blind date* : nous n'avons pas la moindre idée d'à quoi peut ressembler notre nouvel ami, ni même de son âge, et des tas de gens viennent nous parler.

– Bienvenue en Iran. Vous venez d'où ? Est-ce que ça vous plaît, ici ?

Mais aussi :

– Je suis un guide touristique certifié. *Ooooh, Germany !* J'ai des amis à Francfort et à Berlin. Qu'est-ce que vous voulez voir ?

L'amitié intéressée. Dans certains pays où je suis passé, c'est quelque chose de si commun qu'on prend l'habitude de hâter le pas dès qu'on entend : « *Hello mister !* » Je me demande si un jour, l'argent des touristes parviendra à transformer la chaleur humaine des Iraniens en une vulgaire *my-friend attitude*, comme celle des vendeurs de lunettes de soleil sur la plage. D'année en année, les visiteurs se font plus nombreux, les portefeuilles aussi. Parviendront-ils à troquer contre leurs devises la magie d'un pays comme celui-là ? Chacun d'eux en emportera-t-il une petite parcelle avec lui, si bien que, pour finir, il n'en restera presque rien ? C'est ce qui a fini par arriver au Myanmar, lorsque à la faveur d'une plus grande stabilité politique, le tourisme a cessé d'y être confidentiel. L'Iran serait-il en train de suivre la même voie ? Peut-être est-ce également la conséquence du fait que des pays qui attiraient les voyageurs intéressés par le Proche-Orient, comme la Syrie, la Libye, le Liban ou l'Irak, ont cessé d'être des destinations possibles en raison du terrorisme et de la guerre ? En 2014, le nombre de visiteurs en Iran a plus que doublé par rapport à l'année précédente. Si cela continue au même rythme, les hôtels n'auront bientôt plus assez de lits à offrir.

Hamed, lui, n'a aucun mal à nous reconnaître. À part nous, les seuls étrangers au pied des remparts de Shiraz sont des Taïwanais en voyage organisé. Il a trente et un ans et beaucoup de gel dans les cheveux, des chaussures de cuir marron et une chemise très chic. Le touriste qui sommeille en moi se réjouit de découvrir sa connaissance encyclopédique de l'architecture et de la botanique de Shiraz. L'époux qui sommeille en moi enregistre immédiatement des yeux noirs ultraséducteurs et une main qui a une fâcheuse tendance à s'aventurer dans le dos de Laila, tandis que le saligaud disserte sur la symbolique de la symétrie dans l'architecture persane, ou qu'il déclare : « Au bazar, malheureusement, il y a beaucoup de *made in China*. Pour trouver de belles choses, il faut connaître. »

Il nous fait découvrir une boutique où l'on trouve de très beaux jeux de backgammon en bois (remarquablement bien faits, je l'admets), après quoi il a prévu de nous faire visiter deux jardins. Le premier, le Bagh-e Naranjestan, sent encore plus fort l'orange que le reste de la ville. Un coup d'œil sur le palais des hôtes et ses mosaïques de miroirs me rappelle soudain la nécessité d'une bonne séance de rasage. Sans compter que les joues de Hamed, elles, sont une publicité vivante pour Gillette. J'ose m'approcher des belles femmes de l'étage supérieur – peintes aux murs, entourées de motifs floraux. Leurs tenues laissent voir leurs épaules, leurs longues chevelures bouclées et leurs bras blancs. Je me surprends, le temps d'une fraction de seconde, à trouver cela indécent.

Poésie

Nous quittons le jardin des oranges et prenons un taxi jusqu'au Bagh-e Eram – *Eram* signifiant « ciel » ou « paradis » en persan. Mais « le jardin des cyprès » serait un nom tout aussi approprié, avec tous ces beaux arbres élancés à faire pâlir la Toscane de jalousie. Entre les mares et les ruisseaux artificiels, des allées pavées servent de lieu de promenade à des adolescents qui viennent y exhiber respectivement leurs coiffures à la Justin Biber et leurs barbes parfaitement taillées (garçons) ou leurs voiles de luxe et leurs chevilles découvertes (filles). Sans oublier une dose effrayante de maquillage. Au XIVe siècle, Hafez, le plus célèbre des habitants de Shiraz, écrivait déjà ceci :

> Au Visage non pareil, que sert
> L'éclat des fards et faux appas[1] ?

Aujourd'hui, la question n'a rien perdu de sa pertinence. Des haut-parleurs diffusent des airs de flûte, dans les arbres chantent les rossignols, les fontaines murmurent tandis que les palmiers dattiers se balancent dans la brise du soir.

---

1. D'après Hafez de Chiraz, *Cent Un Ghazals amoureux*, traduit par Gabriel Lazard, Paris, Gallimard, 2010.

Parfois, l'Iran a tendance à en faire un peu trop, comme ici, dans ce parc d'inspiration paradisiaque. Mais c'est le lot commun de toutes les représentations du paradis, qu'elles soient bibliques ou islamiques. À l'entrée, un homme est posté avec deux oiseaux jaunes de la grosseur d'une caille qui piochent dans une barquette en plastique des cartes de diverses couleurs où sont inscrites des citations de Hafez. Un moyen très apprécié de se faire dire la bonne aventure. Beaucoup d'Iraniens ont d'ailleurs chez eux un recueil de Hafez qu'ils utilisent en guide d'horoscope, en l'ouvrant à une page au hasard – quelle belle tradition ! Je donne 20 000 rials à l'oiseleur et le bec du destin s'arrête sur une carte violette.

Hamed traduit : « Pour le derviche qui connaît le chemin, frapper à d'autres portes constitue un détour inutile. » Sous la maxime, un petit commentaire : « Mieux vaut suivre tranquillement sa voie plutôt que de dévier sans cesse du droit chemin pour chercher de nouvelles expériences. Seul celui qui s'efforce de suivre le conseil du sage connaîtra le succès. » Pour la suite de mon voyage, je préfère en tirer la conclusion inverse : je ne suis pas un derviche avisé, j'ignore quel est le bon chemin, je dois donc continuer mes détours et frapper à toutes les portes iraniennes où il me plaira de frapper.

Très fort, ce Hafez.

Le mausolée du poète s'élève au milieu d'un parc entouré de murs, au nord de la ville. Hafez, que Goethe considérait comme son frère jumeau, repose à l'abri d'un pavillon soutenu par huit colonnes, sous une dalle de marbre blanc. Aujourd'hui, de nombreuses classes de primaire ont fait le déplacement, et les enfants, dans leur magnifique uniforme, posent leur main sur la pierre tombale tout en récitant des vers.

Nous ne sommes pas les seuls jeunes mariés, Laila et moi. Hafez étant considéré comme le protecteur des amoureux, beaucoup d'Iraniens, après leurs noces, font le pèlerinage jusqu'à Shiraz. Mais notre conversation détonne par rapport à ce que se chuchotent les autres couples présents. Aujourd'hui, Laila s'énerve contre les consignes vestimentaires.

– Ça fait déjà cinq jours que je suis habillée pareil, avec ce foulard rouge et cet horrible manteau qui pendouille.

– Avant notre mariage, tu te donnais plus de mal pour choisir tes tenues, chérie.

– Et toi aussi. Franchement, ce jogging gris… Et tous les jours, en plus.

– Tu m'aimes quand même ?

– Non.

Une femme tient en main un petit livre et lit des quatrains à haute voix. La langue est une musique : même sans comprendre les mots, on est ensorcelé par la beauté, la fluidité des sonorités.

Le culte de Hafez réconcilie les gens pieux et ceux qui le sont moins ; ils interprètent ses vers autrement, voilà tout. Quand le poète vante le vin et l'ivresse, les uns y voient une métaphore de l'expérience mystique, les autres une célébration des plaisirs interdits. Le poète lui-même fut à la fois un important exégète du Coran et un bon vivant : sans doute aucune des deux interprétations n'est-elle tout à fait fausse. Quoi qu'il en soit, rares sont les textes de Hafez que l'on étudie dans les écoles.

– Parce que ça parle trop souvent d'alcool, juge Hamed, et aussi de changer le monde, de le rendre plus conforme à notre bon plaisir.

Je feuillette l'anthologie traduite que j'ai emportée :

> Tant que dure notre jeunesse,
> Rien ne vaut le vin et l'ivresse.
> Le monde est un désert des pieds jusqu'à la tête :
> Ivre dans le désert, telle est la vie parfaite.

Je découvre aussi quelques vers qu'il me faut absolument faire entendre à ma conjointe :

> Viens échanson, et cette pleine coupe
> Apporte-la et fais-la circuler !
> Car cet amour qui commença si simple
> M'offre à présent bien des difficultés !

Mais Laila éclate de rire.

CONSEILS PRATIQUES

SMALLTALK POUR DÉBUTANTS

Iranien : *Hello Mister !*

Réponse : *Salam !* (sourire).

a) Iranien : Phrase incompréhensible contenant le mot *farsi*.

Réponse : *Man farsi balad nistam* (en signe d'excuse, hausser les épaules tout en levant les mains, paumes vers le haut).

b) Iranien : Phrase incompréhensible ne comprenant pas le mot *farsi*.

Réponse : *Alemân* (se désigner du doigt).

Iranien : *Alemân ! Germany ! Very good ! Welcome to Iran !*

Réponse : *Mersi !* (sourire).

La place manque ici pour rendre compte de toutes les conversations, de toutes les rencontres qui nous attendaient dans cette capitale de la poésie qu'est Shiraz. Et pourtant, elles mériteraient toutes d'être racontées, car chacune fut pour nous un coup d'œil par le trou de la serrure, un bref aperçu de la vie des jeunes Iraniens. Il y a Golbarg, l'étudiante en lettres qui voudrait soutenir une thèse sur les questions de genre et le féminisme dans la littérature américaine, mais qui ne croit pas que son sujet sera accepté.

– Il y a des profs qui me soutiennent. Mais dès qu'il s'agit d'aborder, même sans développer, la question de l'homosexualité, alors là, laisse tomber, c'est totalement impossible en Iran.

Il y a Soroush l'aventurier, un bon copain de Saeed, qui m'a contacté par SMS. Il vient d'aller en stop jusqu'à Kerbala, en Irak, le lieu le plus sacré pour les chiites.

– Là-bas, ils ont tous au moins quinze matelas chez eux. Tout le monde voulait m'héberger, j'ai changé de maison tous les soirs, raconte-t-il, enthousiasmé.

Comme les endroits supposés dangereux ne lui font pas peur, il prévoit de pousser la prochaine fois jusqu'à la frontière pakistanaise.

– Je préfère bien vivre un seul jour que de m'ennuyer pendant cent ans, dit Soroush.

Et dans la foulée, il résume toute la difficulté, mais sans doute aussi tout ce qui fait l'intérêt de mon voyage :

– Ce qui est génial quand tu fais du stop, c'est que tu découvres vraiment comment sont les gens dans le pays où tu es. Les riches, les pauvres, les conservateurs, les modernes. Alors que, quand tu fais du couchsurfing, tu n'as accès qu'à une seule catégorie : des gens instruits, qui parlent bien l'anglais, qui sont très modernes, très tournés vers l'internet.

Il y a Negar, qui m'a envoyé un SMS elle aussi. Elle est biologiste, aime les romans de Jane Austen et joue du piano, et ce qu'elle aurait vraiment aimé, c'est devenir chanteuse. Mais ce n'est pas possible, parce que son père, craignant que la famille n'y trouve à redire, lui interdit de faire des concerts, y compris dans un chœur. En Iran, les femmes n'ont pas le droit de chanter en solo. Mais même quand elles sont membres d'un groupe, les conservateurs ne voient pas leurs spectacles d'un bon œil. Negar déplore que son pays offre l'accès à l'instruction, mais pas à l'excellence. Quand on est trop doué, dit-elle, on a peu de chances d'accéder à de hautes responsabilités. Au contraire, on risque d'être volontairement cantonné à un rang subalterne.

– De cette façon, le régime fait comprendre aux gens que sortir du lot, cela ne sert à rien. Ce qui entretient dans la société une inertie tout à fait favorable à leur maintien au pouvoir.

Il y a cet homme aux cheveux blancs qui nous demande ce que nous pensons de l'Iran et d'où nous venons.

– *Aaah, deutsch !*

Puis il récite du Goethe, en version originale : « ... *Augenblick, verweile doch, du bist so schön !*[1] », avant de disparaître sur un : « *Auf Wiedersehen !* », laissant derrière lui deux voyageurs éberlués. La séance de poésie allemande n'est cependant pas terminée. C'est maintenant au tour d'Ebrahim, un étudiant en électrotechnique très maigre qui connaît par cœur quelques vers de Paul Celan, la « Fugue de la mort », où l'on retrouve la Marguerite de *Faust* : « *dein goldenes*

1. « Si je dis à l'instant qui passe : Arrête-toi, tu es si beau ! », scène du pacte avec Méphistophélès, *Faust I*, traduit par Jean Malaplate, Jean Lortholary (dir.), Paris, Flammarion, 1984.

Haar Margarete… wir schaufeln ein Grab in den Luften, da liegt man nicht eng… der Tod ist ein Meister aus Deutschland[1]. »

Nous restons plus perplexes encore, surtout à cause du ton joyeux, voire triomphal de la récitation : Ebrahim ne se doute visiblement pas que ce poème parle de l'Holocauste.

Il y a Thomas et Mahmut, deux physiciens venus de Munich dont le voyage semble avoir pour principal objectif la consommation intensive de haschisch. Ils racontent fièrement que, dans la région de Mossoul, ils ont été arrêtés parce qu'ils prenaient en photo des installations militaires. Quelques joints plus tard, ils contactent Laila par SMS pour lui annoncer une grande nouvelle : ils sont tombés amoureux d'elle tous les deux. « C'est vrai, ça peut paraître bizarre, d'ailleurs ça ne nous était jamais arrivé avant. » Elle leur répond comme toute bonne épouse devrait le faire : par le silence.

1. « … tes cheveux d'or Margarete… nous creusons dans le ciel une tombe on n'y est pas serré… la mort est un maître d'Allemagne… », « Todesfuge », Paul Celan, traduit par Jean-Pierre Lefebvre, in *Anthologie bilingue de la poésie allemande*, Paris, Gallimard, coll. « Bibliothèque de la Pléiade », 1993.

Liberté

Nous avons fait part à Saeed de nos tentatives infructueuses pour voyager en stop. Un vendredi matin particulièrement étouffant, il nous offre une session gratuite d'entraînement en conditions réelles.

– L'important, c'est d'être clair sur ce que vous cherchez. Ne dites pas que vous n'avez pas d'argent. Dites juste que vous voyagez toujours ainsi.

Nous voilà plantés au bord d'une voie rapide poussiéreuse qui conduit hors de Shiraz. En tendant le bras à l'horizontale, Saeed arrête les voitures les unes après les autres.

– Quand au moment de freiner, on vous fait un appel de phares, ça veut dire que c'est un taxi, explique-t-il. Mais parfois, j'arrive à en convaincre certains de m'emmener gratis.

Après une dizaine de conducteurs qui demandaient tous de l'argent, nous trouvons notre bonheur, et parcourons à l'œil les cinq kilomètres qui nous séparent du point de départ de notre balade sur le Derak, une montagne haute de 2 800 mètres qui surplomble la ville.

Nous passons d'un pas lourd devant de courageux arbustes, des cairns à l'équilibre fragile, des panneaux qui indiquent l'altitude : 2 040 m, puis 2 250 m, puis 2 400 m.

Dans ses vieilles chaussures de marche, Saeed saute comme un cabri devant nous, qui haletons et toussons de notre mieux. Il doit faire au moins trente degrés et le sentier qui monte vers le sommet n'offre pour ainsi dire aucune ombre.

Saeed retrace pour nous sa carrière sportive. Quand il était petit, il faisait de la gymnastique, et plus tard, il est passé à la boxe et au kickboxing.

– Mais maintenant, ce que je préfère, dit-il du haut de ses vingt ans, c'est la randonnée en montagne. Parce qu'il n'y a pas d'esprit de compétition, il ne s'agit pas de perdre ou de gagner.

Quand notre guide se lance dans quelque chose, il a tendance à s'y investir à fond. En ce moment, c'est le couchsurfing.

– Si je passe trois jours sans recevoir personne, je me sens seul, nous confie-t-il.

Son plus grand rêve est de rendre enfin quelques-unes des visites qu'on lui a faites et de passer un an à faire le tour du monde. La Hollande, l'Allemagne et la France, l'Inde, l'Australie et la Nouvelle-Zélande.

– Mais je n'obtiendrai pas de passeport avant d'avoir fait les deux ans de service militaire. Et même là, pour presque tous les pays, ce sera difficile d'avoir un visa.

Il y aura un autre problème : l'argent.

– Avec mon boulot de graphiste, je ne peux pas mettre grand-chose de côté. Il faudra que j'essaie de travailler pendant le voyage.

Il y a quelque temps, il occupait un emploi plus lucratif : fournisseur d'accès internet VPN à un euro par mois, grâce à des mots de passe permettant d'utiliser le réseau en échappant à la censure. Facebook, CNN, Twitter, le *New York Times*, YouPorn – tout. Il n'a pas tardé à avoir quelques centaines de clients. Mais ensuite, le géant américain AT&T, dont son offre dépendait, a cessé de desservir l'Iran, et il n'a pas pu continuer.

Sur un mamelon, peu avant d'arriver au sommet, le jeune homme ouvre les bras et se laisse porter par la force du vent. Il renverse la tête en arrière, ferme les yeux et reste une minute dans cette position.

– Nulle part je ne me sens aussi libre que dans la nature, dit-il.

Dans la plaine, les immeubles beiges de Shiraz brillent sous le soleil, un décor idéal pour train électrique, un gigantesque tapis de maisons.

> Douce Shiraz, lieu de félicité !
> Dieu te préserve, adorable cité[1] !

Peut-être Hafez a-t-il conçu ces vers lors d'une randonnée en montagne.

– Je connais un mot en allemand, annonce soudain Saeed.

– Vraiment ! Quel mot ?

– C'est « *spach* ».

– *Spach* ? Mais qu'est-ce que ça veut dire ?

– Ah, aucune idée. Ça n'existe pas ?

– Non.

– Oh.

Parfois, il suffit d'un rien pour qu'une conversation sérieuse se transforme en un délire verbal absolument incontrôlable. Laila et moi, nous passons une bonne demi-heure à former des phrases plus absurdes les unes que les autres, pour le seul plaisir de placer notre nouveau mot préféré.

1. Hafez de Chiraz, *Cent Un Ghazals amoureux*, *op. cit.*, p. 159.

Même si nous ne parvenons pas à nous mettre d'accord sur sa signification.

– Je me sens un peu *spach* aujourd'hui.

– Tu as l'air très *spach* aujourd'hui, chéri.

– Il se fait tard, faut qu'on y aille, on va être en retard au *spach.*

Sur le point le plus élevé de la montagne, au lieu d'une croix, on a construit une tour qui mesure bien quarante mètres de haut, avec une échelle de fer et une coupole blanche qui ressemble à un gigantesque ballon de football. C'est la pièce maîtresse d'une station météo installée dans la tour. Technologie allemande. Un grand container vide est resté planté là. Sur le bordereau de livraison, on lit encore les coordonnées du fabricant de radars météo Selex Systems Integration, à Neuss (Rhénanie-du-Nord-Westphalie). Le joyeux Saeed ne tarde pas à sympathiser avec un chevrier, et aussi avec le gardien qui s'assure que personne ne vient espionner ou prendre des photos.

– Si je ne devais pas aller à la fac demain, je passerais deux jours ici à me balader sur un âne et à garder les chèvres, déclare Saeed, rayonnant.

Je ne peux m'empêcher de commenter :

– Ce serait vraiment super-*spach* !

De : Yasmine, Téhéran

Hello dear, can you be in Ahvaz on monday?
I found a host there for us. See you soon!

Sur le chemin qui redescend dans la vallée, j'interroge Saeed :

– Tu es déjà allé à Ahvaz ?

– Non.

– Il paraît que ce n'est pas terrible. Moche, très chaud, air pollué.

– Tu as lu ça dans ton *Lonely Planet* ?

– Oui. « Une métropole sans charme qui dépasse le million d'habitants. »

– Il n'y a pas de mauvais endroits quand on voyage pour rencontrer les gens, dit Saeed.

CONSEILS PRATIQUES

RENCONTRER DES GENS EN IRAN

- S'installer sur une place animée.
- Ouvrir un guide touristique.
- Prendre un air un peu perdu.
- Attendre que quelqu'un vienne vous adresser la parole (durée maximale estimée : 60 secondes).

Le tapis (persan) rouge

Au cours de ce voyage, je ne cesse de me demander ce que je pourrais bien donner aux Iraniens pour les remercier de leur incroyable gentillesse à mon égard. D'un point de vue purement matériel, un petit paquet de *marzipan* (ou pour les musulmans rigoristes, une boîte de Shirini que je trouve dans les magasins de bonbons), une invitation au restaurant (parfois refusée si énergiquement que je finis par jeter l'éponge), quelques courses en taxi que je parviens à régler. Mais tout cela me paraît bien mesquin comparé à toutes les expériences que me permettent de vivre les habitants de ce pays. Pour moi, ils sacrifient du temps, de l'argent, prennent même le risque d'avoir des ennuis avec les autorités, et tout cela à seule fin de rendre mon séjour aussi agréable que possible.

L'hospitalité est un principe aussi ancien que l'humanité elle-même ; dans presque toutes les religions, elle est citée comme une vertu. Dans la vie quotidienne des pays occidentaux, cependant, elle joue un rôle de plus en plus réduit. Peut-être parce que la religion perd de son importance, ou encore parce que les êtres humains se montrent de plus en plus froids dans leurs relations sociales. Mais plus vraisemblablement encore faute d'occasions. Parce que Marie et

Joseph ne viennent plus frapper à la porte en demandant un matelas pour la nuit. Parce qu'il y a tellement d'infrastructures pour accueillir les voyageurs qu'ils n'ont plus besoin de loger chez des particuliers.

Sauf sur internet, si souvent accusé de nuire gravement à la vie sociale, où ce principe plusieurs fois millénaire connaît une véritable renaissance. Sept millions de couchsurfers, des centaines de milliers de membres d'Hospitality Club, BeWelcome, GlobalFreeloaders ou Warm Showers ouvrent désormais leurs portes à des inconnus. Certains utilisent ces portails seulement pour recevoir des gens, d'autres seulement pour être logés. Quel bénéfice en tirent-ils ? De nouveaux amis, de bons moments partagés, de passionnants récits de voyage, de la reconnaissance. Mais la question du bénéfice est-elle vraiment pertinente ? En Iran, une autre raison pousse les gens à dérouler le tapis rouge devant leurs invités. Les habitants sont avides de tout ce qui vient de l'étranger, ils veulent savoir comment les gens vivent au-delà de leurs frontières. Pour certains, recevoir un invité, c'est encore un événement, un spectacle. Le contact avec des Européens du même âge qu'eux, ou des Américains, ou des Australiens, est loin d'être banal pour ceux qui ont trente ans aujourd'hui.

– Vous ressemblez tous un peu aux acteurs des films hollywoodiens, m'a dit un jour un adolescent iranien.

En discutant avec ceux que je rencontre, j'ai souvent l'impression que mes expériences de citoyen d'un pays libre leur redonnent un peu de courage. Et s'ils étaient ensuite plus combatifs pour mener une vie meilleure ? S'ils prenaient les choses de façon moins léthargique, moins fataliste ? L'espoir naît aussi des possibilités de comparaison. Je me demande quels seront les effets du tourisme qui se développe en Iran, de l'arrivée toujours plus massive de gens qui parleront de la liberté.

J'ai également senti combien chacun était heureux de m'entendre dire du bien des Iraniens. Si les Perses sont fiers de leur patrie, ils savent aussi quelle effroyable réputation est la sienne aujourd'hui partout dans le monde. Tout visiteur capable de faire la différence entre les citoyens d'un pays et son gouvernement fait quelque chose pour l'estime de soi d'un peuple universellement honni. C'est aussi la raison pour laquelle, à la question de savoir s'il est légitime de voyager dans un pays dont on n'approuve pas la politique, la réponse ne fait pour moi aucun doute.

Il n'y a pas de mauvais endroits quand on voyage pour rencontrer les gens.

بوشهر

BOUSHEHR

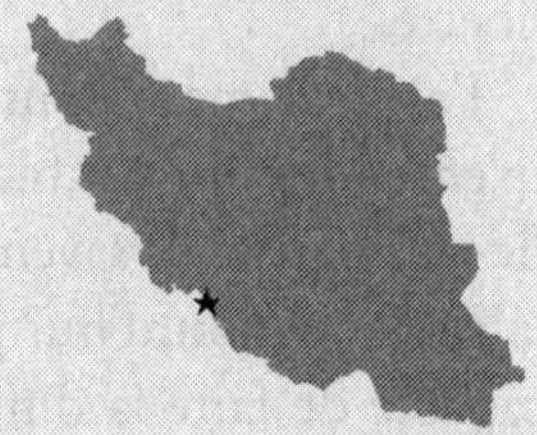

Population : 171 000 habitants
Province : Boushehr

Le nucléaire

Le port de pêche de Bandar Gaah pourrait être un petit paradis, une destination très prisée des touristes. Tout y est. Deux plages pour les baignades dans le golfe Persique, quelques centaines de maisons d'un blanc éclatant, un ranch avec des chevaux, une jetée à l'ancienne mode avec des bateaux en bois qui craquent.

– Ces deux-là sont à moi, dit Ahmad en désignant deux *dhow*, des boutres d'environ vingt mètres de long aux cabines peintes en bleu, surmontés de drapeaux iraniens qui flottent dans le vent d'est. Un équipage de huit à dix marins, deux capitaines. Si la météo est bonne, ils ressortiront demain matin, pour une semaine.

– Normalement, ils rentrent quatre ou cinq tonnes de poisson au port, y compris des requins et des thons, dit le patron, un grand costaud, la quarantaine, avec une raie impeccable et une chemise bariolée. On le surnomme « Captain ».

Non loin de là, on entend des bruits de moteur. Des marins à la peau sombre originaires du Sistan-Balout-chistan, la province située à l'extrême sud-est du pays, à la frontière avec le Pakistan, déplacent deux bateaux à quai. Les hélices tournent dans l'eau, les cheminées crachent une fumée noire. Un vieil homme veut m'offrir un petit poisson argenté qu'il vient de pêcher avec un fil de nylon dans les eaux du port. Je refuse deux fois, quatre fois, cinq fois. Déçu, il finit par comprendre que, dans l'immédiat, je n'ai pas l'utilité du malheureux animal qui agonise sur l'asphalte poussiéreux.

Ahmad fait rebrousser chemin à sa Peugeot sur la jetée, et nous retournons au village. On longe la place Ashoura, où lors du mois de Moharram, synonyme de pénitence, des musulmans pieux se fouettent le dos jusqu'au sang en public. On passe devant une aire de jeu entourée d'une clôture, avec des toboggans et des balançoires de plastique rutilant où on n'aperçoit pas l'ombre d'un enfant. La carte postale iranienne : montagnes, vallées, petits voiliers et murs de béton.

– *Priviet !* me lance un motard en passant.

– Il a cru que tu étais russe, comme la plupart des étrangers par ici, m'explique Ahmad. Viens, poursuit-il, je vais te montrer quelque chose.

Il s'arrête devant une clôture en tôle ondulée verte qui délimite une portion de plage. Comme elle n'est pas précisément flambant neuve, un gros trou laisse voir des hommes et des femmes en tenue de bain. En tenue de bain à l'occidentale, s'entend, short et bikini.

– C'est la seule plage de tout le pays où hommes et femmes ont le droit de se baigner ensemble, sans que les femmes doivent se couvrir, dit Ahmad.

Mais il y a un « mais ». Les Iraniens n'y ont pas accès : l'entrée est réservée aux Russes. Une petite concession aux travailleurs expatriés en Iran. Les compétences des ingénieurs étrangers sont si précieuses qu'on a cherché à leur rendre la vie plus agréable. Agréable est sans doute encore un bien grand mot. Le sable est encombré de bois de construction, de vieilles bouteilles en plastique. De l'autre côté de la route, juste derrière nous, s'élève un engin de défense antiaérienne, et le prochain est visible à peine cent mètres plus loin. La plage russe de Bandar Gaah est peut-être le lieu de baignade le mieux protégé du monde. S'il n'y avait pas la tôle ondulée, les soldats iraniens en service pourraient espionner les jolies Russes peu vêtues au lieu de guetter les avions militaires ennemis. Il reste quand même une consolation : en allant au travail, on peut se rincer l'œil par le trou de la clôture, que personne ne s'occupe de reboucher.

– Ici, on ne répare plus rien. Cela fait des années que le gouvernement prévoit de démanteler complètement le site de Bandar Gaah pour des raisons de sécurité, dit Ahmad tout en faisant demi-tour en direction de la deuxième plage, qui s'avère tout aussi étrange que la première. Tout près des installations qui accueillent les bateaux de pêche, le sable est jonché de déchets de plastique, et pourtant deux enfants se baignent. Leurs parents, assis sur une couverture, préparent un pique-nique. Un vendredi paisible au bord de la mer ; il y a un thermos de thé, des sandwiches, des tomates. Si malgré sa banalité cette scène ne quittera jamais mon souvenir, ce n'est pas à cause de tous ces détritus, mais à cause de ce que j'aperçois en arrière-fond : une gigantesque coupole de béton blanc flanquée d'une cheminée rayée de rouge aussi haute qu'un minaret, avec une échelle extérieure, et un grand coffre de forme rectangulaire en béton. Il y a encore des bâtiments tout en longueur qui évoquent des baraquements militaires, et deux grues de chantier. Sur de nombreux panneaux routiers, on lit le nom de cette installation, BNPP, un sigle qui signifie : Bushehr Nuclear Power Plant. La centrale est protégée par une clôture nettement plus haute et plus solide que celle de la « plage des Russes ». Sans trous, cette fois, et avec de vrais miradors où des soldats armés de fusils automatiques montent la garde.

Capacité électrique de mille mégawatts, quatre circuits de refroidissement, stocks de combustible. C'est l'une des centrales nucléaires les plus célèbres du monde, tout simplement parce que c'est la première jamais construite en Iran. Le véritable point de départ du programme nucléaire national. Tous les jours, en allant faire des courses à Boushehr, à douze kilomètres de là, Ahmad passe devant le réacteur.

– Au départ, dans les années 1970, c'était Siemens qui était responsable du chantier, raconte-t-il. Ici et à Boushehr, il y avait des milliers d'Allemands. Mais avec la révolution islamique de 1979, les travaux ont été interrompus : la situation politique était instable, et puis le robinet à finances a été coupé. Ce sont les Russes qui l'ont enfin terminée, il y a trois ans maintenant. Mais je préférerais une centrale allemande, on aurait moins peur de l'accident.

Le gouvernement semble quant à lui moins inquiet :

– Il y a déjà des années, on a décrété que toutes les habitations situées dans un rayon de cinq kilomètres autour de la centrale devaient être évacuées, mais depuis, il ne s'est encore rien passé, dit Ahmad.

Le projet qui vient d'être signé prévoit la construction d'une deuxième centrale, ce qui ne peut qu'accélérer le processus. Bandar Gaah est condamnée à mourir, ce n'est plus qu'une question de temps. Et après ?

– Moi, j'ai acheté un terrain à Boushehr, je sais où aller, me dit Ahmad.

Mais il trouve tout de même que c'est triste. Il est né à Bandar Gaah et ses parents habitent juste en face de son studio, dans le garage duquel il est justement en train de garer sa Peugeot. Dans la cour intérieure poussent des tomates et des aloès d'un bon mètre de haut. Sur un mur, le neveu d'Ahmad a écrit « Cristiano Ronaldo 7 ».

À l'intérieur, des rideaux de brocart bleu ciel masquent les fenêtres. Les murs sont ornés de photos de chevaux, et sur les étagères, on voit des coupes de concours de dressage. Ahmad a longtemps été membre du Nuclear Power Plant Horse Club.

Toilettes et douche sont à l'extérieur, on n'y accède que par la cour.

– J'aurais aimé vous loger plus confortablement, dit-il – un euphémisme typiquement iranien qu'il convient de balayer aussitôt par des éloges appuyés.

D'ailleurs, ce n'est pas difficile : combien de loueurs de maisons au bord de la Méditerranée se damneraient pour un patio comme celui-là ! Et la chambre n'est pas mal non plus. Seul l'emplacement me chiffonne un peu. Nous sommes à moins de cinq cents mètres du mirador le plus proche de la centrale nucléaire. Moi aussi, tout à coup, j'apprécierais bien que ce soit Siemens qui ait entièrement construit ce monstre couleur de sable.

– Joue quelque chose, s'il te plaît ! demande tout à coup Ahmad, en sortant de son étui une guitare posée près du canapé.

Je gratte un petit peu au hasard. Du classique, un peu de flamenco. Ahmad et Laila applaudissent.

– Et chante-nous quelque chose !

– Mais je ne chante pas bien.

– Ça ne fait rien, vas-y !

Heureusement, Laila a une plus belle voix que la mienne.

Notre duo ne remporterait pas la finale de « La Nouvelle Star », mais tard dans la soirée, autour d'un feu de camp, il pourrait faire son petit effet. « Wonderwall » d'Oasis, « Good Riddance » de Green Day, « Someone Like You » d'Adele. Les Iraniens sont absolument fous d'Adele, elle ferait facilement cinq millions d'entrées dans ce pays si les chanteuses avaient le droit de se produire en solo. Ahmad nous demande s'il peut nous filmer avec son téléphone portable.

– D'accord, mais ne montre pas ça à tous tes amis, supplie Laila.

– OK, dit Ahmad. Vous êtes vraiment un super couple !

Plus pour très longtemps, me dis-je. Après ces dix jours de mariage d'intérêt, la séparation approche à grands pas. Boushehr est notre ultime étape commune. Ensuite, Laila repartira pour Téhéran. *« I don't believe that anybody feels the way I do about you now »*, chantons-nous en chœur, *« I hope you had the time of your life »*, *« I wish nothing but the best for you »*. Les yeux dans les yeux, nous nous sourions : tout cela devient involontairement romantique. Puis nous passons la guitare à Ahmad. Il chante incroyablement bien, au moins cinq fois mieux que nous, une voix de ténor à la fois puissante et fragile. La chanson s'appelle « Manoto » (« Toi et moi »), une histoire d'amour très triste avec un accompagnement style flamenco.

– Non, je chante mal, proteste-t-il quand nous le félicitons. Mes parents n'ont jamais voulu que je fasse de la musique, ils sont très religieux, très conservateurs. Quand j'étais plus jeune, je faisais la prière cinq fois par jour, on était tout le temps à la mosquée.

– Et plus maintenant ?

– Non. À vingt ans, j'ai lu un livre sur le médecin égyptien Sinoué, et j'ai compris que la religion n'existe que dans la tête des gens. Regarde l'Afghanistan, ou la guerre en Irak : est-ce qu'il peut y avoir un dieu quand il se passe des choses comme ça ? L'islam fabrique des terroristes et le gouvernement iranien est en train de démolir notre pays.

– Alors tu crois en quoi ?

– Je crois aux droits de l'Homme. À l'amour, à l'honnêteté. Je déteste l'islam. Mais c'est un secret. Si je le faisais savoir, alors là…

Il passe son index sur son cou.

Dans l'Iran chiite, tous ceux qui renient la religion d'État encourent la peine de mort.

– Je crois qu'une bonne moitié des Iraniens ne sont pas si attachés que ça à la religion. Mais le régime est si puissant qu'il leur faut se cacher. Et les jeunes ont peur de se battre pour leurs droits. On sait combien les puissants peuvent être féroces, on sait combien de gens ils ont déjà tués. Juste parce qu'ils s'étaient engagés politiquement.

La discussion a basculé. Quelques minutes plus tôt, nous passions un sympathique après-midi en faisant un peu de musique. À présent, nous parlons de la mort, de la peur, de la religion, et Ahmad n'arrête pas de dire des choses interdites. En Iran, j'ai souvent vécu des changements d'ambiance comme celui-là. Les moments de légèreté sont plus fragiles et plus précieux qu'ailleurs. La conversation est comme une garden-party où, d'une minute à l'autre, le tonnerre peut se mettre à gronder et la pluie tomber à verse, même si le ciel était jusque-là sans nuages. Le soir, Ahmad nous dit au revoir. Il va dormir chez ses parents et nous laisse son appartement : pas question de nous déranger pendant notre semaine en amoureux à Boushehr.

Dans le ciel nocturne, toute une batterie de lumières rouges illumine la coupole et les cheminées de la centrale. Allumé. Éteint. Allumé. Éteint. Allumé. Éteint. Il me semble même entendre un bourdonnement sourd monter des installations, mais peut-être est-ce l'effet de mon imagination.

– Depuis que nous sommes mariés, remarque Laila, tu n'as jamais été aussi rayonnant.

Une blague de centrale nucléaire, je suppose. Assis côte à côte sur le canapé, nous buvons de l'eau du robinet. Avec un stylo-bille, elle me dessine un petit point sur le bras.

– Mon père fait toujours ça à ma mère, ça la rend folle. Moi, je trouve ça trop mignon.

– Je crois qu'Ahmad nous a trouvés très mignons tous les deux, lui aussi.

– Tu sais, c'est mon plus beau mariage, m'avoue Laila. Il faut dire aussi que c'est le premier.

Puis elle reprend la guitare d'Ahmad pour jouer « Nobody's Wife ». Laila prend le lit de camp d'Ahmad, et moi un matelas sur le tapis. On éteint la lumière : mon bus part à six heures le lendemain matin.

– J'imagine qu'en Iran, ça ne se fait pas de coucher ensemble sans être mariés ? demande l'un d'entre nous.

– Ah oui, c'est vraiment *interdit*, répond l'autre.

Elle insiste sur l'adjectif de manière que nul ne puisse la soupçonner d'avoir eu autre chose en tête, comme « excitant », ou « une excellente idée ». Dans les comédies romantiques hollywoodiennes, ce serait *le* moment où il doit se passer quelque chose d'inattendu.

En Iran aussi : on frappe à la porte. Assez fort. Pas à celle de l'appartement où nous sommes, mais en bas, à celle du garage. Quatre ou cinq coups, puis ça recommence, puis le silence. Nous n'osons pas faire un seul geste. Un touriste qui séjourne si près d'une centrale nucléaire est automatiquement suspecté d'espionnage. Les coups redoublent à la porte d'en bas. Laila se redresse sur son lit et remet son voile, très lentement, pour ne faire aucun bruit. Notre porte n'est pas verrouillée, et d'ailleurs, nous n'avons pas les clés. Notre hôte aurait-il pu nous tendre un piège ? Ahmad nous a paru adorable, mais au fond, nous ne le connaissons que depuis quelques heures. C'est le pouvoir délétère de la paranoïa, capable de détruire toute confiance en l'espace de quelques secondes. Nous entendons des pas dans la cour intérieure. Une voix d'homme crie quelque chose. Silence. Encore des pas. Un autre appel. Mais personne n'entre. Les pas s'éloignent, une porte métallique grince et se referme en claquant. Puis tout est si calme que l'on s'entend même respirer.

اهواز

AHVAZ

Population : 1,1 million d'habitants
Province : Khouzistan

Lost in Transportation IV

Dans mon bus qui porte la mention « VIP », je découvre des sièges inclinables rouges bien rembourrés et autant de place pour les jambes que dans un vol en première classe. Mon menu de bord se compose d'une gaufrette à l'orange intitulée « Khootka Wafer » et d'un biscuit aux dattes nommé « Kutlu ». Sans oublier un gobelet en carton motif Angry Birds et son nectar d'ananas, teneur en fruits 10 %, de marque Afshoreh, dont la liste des ingrédients contient le terme curieux de *pineapple constantrate*. On trouve également sur l'emballage quelques mentions de normes ISO et un tampon *halal*. La boisson se présente sous la forme d'une gourde souple métallisée de type Capri-Sun, sans aucun indice indiquant par où on pourrait éventuellement l'ouvrir. Une paille biseautée est certes collée au paquet, mais il est littéralement impossible de percer avec cet outil l'emballage en aluminium blindé. Le contenu n'est peut-être tout simplement pas destiné à la consommation.

Après un divorce, il n'est pas rare de se sentir fortement désorienté. Je suis à nouveau seul, j'ai caché mon alliance tout au fond de mon sac. Le bus m'abandonne six heures de route plus tard sur rond-point à la périphérie d'Ahvaz. Il y a peu d'endroits aussi propices au sentiment de solitude que les ronds-points. Derrière son volant, chaque humain qui passe a l'air de s'acheminer vers un but bien précis, alors que moi, je n'en ai aucun. Je suis là, avec mon sac de quinze kilos, en banlieue d'une ville dont je ne possède pas même de plan, et dont je sais seulement qu'on y crève de chaud, qu'elle est très laide et qu'il n'y a pas pire endroit au monde pour respirer.

Dans un palmarès réalisé par l'Organisation mondiale de la santé, Ahvaz s'est classée capitale mondiale du smog. Pékin, New Delhi ou Téhéran sont des oasis d'air pur en comparaison, et nulle part ailleurs dans le pays les gens ne meurent si tôt qu'à Ahvaz. La ville est célèbre pour son nuage de poussière orange émanant des activités industrielles, qui descend le soir sur les maisons. Autrement dit, quand on est non-fumeur à Ahvaz, on a bien tort de se priver, car du point de vue de la santé, la différence est à peine sensible. Tous les panneaux routiers sont en persan, Khamenei dévisage les passants sur plusieurs pancartes géantes, et les passants me dévisagent eux aussi : les touristes sont une denrée rare tant le *Lonely Planet* les décourage de faire le déplacement. Mon hôte travaille tout l'après-midi, il me reste cinq heures à tuer. Comme toujours, la circulation est un terrible capharnaüm de tôles et de roues.

Quand on rencontre quelqu'un de trop parfait, de trop gentil, on ne peut pas s'empêcher de chercher la faille, le cadavre dans le placard, le hobby pervers – bref, quelque chose qui compense cette gentillesse excessive et le fasse enfin apparaître comme un être humain avec ses défauts et ses faiblesses. Dans le cas des Iraniens, inutile de chercher bien loin : il suffit de regarder ce qui se passe dans la rue principale de n'importe quelle grande ville. Car le vice des Iraniens, c'est la bagnole. À la seconde même où il tourne une clé de contact, chaque habitant de ce pays oublie instantanément avoir jamais entendu le terme de *taarof* (politesse) pour se métamorphoser en un monstre Saipa qui s'élance en klaxonnant à l'assaut des piétons.

Je me mettrais volontiers à l'abri dans un café. Même un Starbucks pourrait à la rigueur faire l'affaire. Mais pas le moindre point de chute en vue. Juste des fast-foods aux nappes en plastique bleu pleines de miettes, avec des mini-lavabos équipés d'un distributeur de savon liquide bon marché. J'ai déjà vu des laveries automatiques à Berlin ou à Hambourg où l'ambiance était plus chaleureuse que dans une cafétéria iranienne. J'achète un bloc compact de viande hachée inséré dans un petit pain qui a connu des jours meilleurs, puis je reste une heure assis sur ma chaise. Que faire ? Je ne sais même pas dans quelle direction se trouve le centre-ville. Décidant de transformer mes déboires en expérience constructive, je sors et j'arrête un taxi :

– *Imam Khomeini Street !*

Dans ce pays, toutes les villes ont leur rue Khomeini, et en général, celle-ci passe par le centre-ville.

– *Hotel ?* demande le chauffeur.

– *No. City center.*

Il ne comprend pas. D'un geste, il tente de me faire comprendre que la rue Khomeini est très, très longue. Je hoche la tête et je teste la transmission de pensée : « Vas-y, roule, et quand je verrai un endroit qui me plaît, je te dirai stop. » Mais le message n'arrive pas à bon port. Au lieu d'avancer vers le centre, le chauffeur va héler les passants sur le trottoir pour en trouver un qui parlerait l'anglais. Il interpelle tout un arrêt de bus plein de femmes en tchador, puis un automobiliste sur l'autre file. Échec. Je répète : « Khomeini Street », avec un geste qui se veut apaisant : « T'en fais pas, je sais ce que je fais ! » Évidemment, je n'en ai pas la moindre idée. Faute de secours terrestre, le chauffeur s'en remet à Dieu et se met à prier à mi-voix. Ce faisant, il pose régulièrement son front sur le volant, ce qui au regard de l'intensité du trafic constitue une belle preuve de confiance en Allah. Sur ce qui semble être une réplique du pont Hohenzollern de Cologne, nous traversons le Karoun, un fleuve à la couleur peu engageante, aussi large que le Rhin. Il semblerait que, cette fois, nous approchions bel et bien du centre, *inchallah*. À l'horizon, on voit les flammes des torchères où se consume le méthane. Le chauffeur freine et déclare : « Iman Khomeini ! » tout en montrant du doigt une rue sur la gauche, entièrement couverte. J'aimerais bien faire un geste montrant que tout va bien, pouce en l'air, mais j'ai peur que ce soit interprété comme une allusion obscène. Je paie la course et je descends.

Certes, se balader sans but précis en début d'après-midi dans la mégalopole la plus chaude du monde, qui plus est avec un gros sac sur le dos, n'est pas nécessairement une bonne idée. Mais je n'en ai pas d'autres. L'atmosphère paraît toutefois respirable, peut-être parce que j'ai de la chance : il y a un peu de vent. Les façades

des maisons sont ornées de grandes fresques aussi réalistes que des photos : ce sont des portraits de martyrs. Dans les magasins, on trouve des pièces auto, des articles de ménage et des fruits. Près d'un kiosque, quelques jeunes me demandent d'où je viens. Ils veulent que je les prenne en photo avec un magazine de foot. Ensuite, ils passent au business. L'un d'entre eux sort d'un compartiment de bois jouxtant une poubelle une boîte de médicaments sur laquelle on lit : « *Tamol XX made in India* ». Le gars plie le bras pour montrer ses biceps, sans doute pour indiquer l'effet du produit, et précise : *illegal.* Comme je décline la proposition, il enchaîne sans plus de succès :

– *Whisky ? My place ?*

Je jette mon dévolu sur l'Hotel Iran – deux lettres ont bien été interverties sur l'enseigne lumineuse géante – pour commander, dans la salle du restaurant, une assiette de poulet avec du riz. Dans l'enceinte climatisée, la température ne dépasse pas les 10 °C. Un haut-parleur diffuse les *Quatre Saisons* de Vivaldi, et des serveurs en chemise blanche s'activent au rythme du printemps. Les habitants d'Ahvaz, accablés de chaleur, ne diraient sans doute pas non à un changement de saison de temps à autre. Je n'avais nulle intention de visiter la capitale pétrolière et gazière du Khouzistan, mais c'est ici que Yasmine a fixé le départ de notre pèlerinage sur deux champs de bataille de ce qu'on appelle ici la première guerre du Golfe. À cinq heures de l'après-midi, Farshad, quarante-six ans, vient me récupérer au volant de sa Peugeot Pars. Mince et barbu, il est ingénieur dans une centrale thermique et sort tout juste du boulot.

– Bienvenue dans la ville la plus chaude d'Iran !

Il me désigne l'indication qui s'affiche sur le tableau de bord : 42 degrés Celsius.

– Et encore, ce n'est rien. En été, ça monte jusqu'à 52.

– Comment peut-on supporter ça ? demandé-je.

– En passant le moins de temps possible dehors, répond-il.

Farshad est déjà allé plusieurs fois en Allemagne, pour des congrès sur l'énergie.

– Francfort, Mannheim, Stuttgart, Hambourg, énumère-t-il.

Il se souvient même des noms des stations de métro.

– Ici, on devait construire un métro, mais c'est très difficile parce qu'il y a des endroits où on tombe sur des gisements de pétrole, à cinquante mètres sous terre à peine. Notre sous-sol a énormément de valeur, mais justement, cela complique toujours les choses. Bientôt, il faudra déplacer l'aéroport de quinze kilomètres, parce qu'on vient de découvrir une grande réserve d'or noir juste en dessous de la piste d'atterrissage.

Farshad vit dans le quartier de Koorosh. Son appartement est luxueusement meublé, avec un élégant canapé de cuir. Les murs sont ornés de versets coraniques, d'un tableau représentant la Toscane et d'une horloge de bois qui émet toutes les demi-heures une mélodie grotesque inspirée du carillon de Big Ben.

Il me présente sa femme Maryan et leurs deux enfants, Shayan, treize ans, et Shaqiba, onze ans. Mais l'habitant le plus remarquable est un mainate de la taille d'une hirondelle, avec un bec jaune et un plumage anthracite, qu'on appelle ici un *minah*. On comprend vite pourquoi : à la manière d'un perroquet, il passe son temps à répéter le mot *minah*, avec une voix de robot, et souvent un vigoureux hochement de tête. Son répertoire comprend aussi toutes sortes de cris, gloussements et bruitages qui suffiraient à alimenter en effets sonores plusieurs flippers. Farshad ouvre la cage. L'animal saute dehors, fait caca sur mon sac à dos et saute sur ma tête. Mieux vaut ça que l'inverse.

– On l'a acheté il y a tout juste dix jours, au bazar, pour 400 000 toumans, raconte Farshad tout en nettoyant mon sac avec un mouchoir en papier.

– Attention à tes yeux !

Je mets une main en visière pour me protéger. L'oiseau à cent euros, privé des friandises qu'il convoitait, picore mon front à la recherche de quelque chose de comestible. Pour se faire des amis, il y a mieux.

On sonne à la porte. Yasmine est arrivée. Son avion s'est posé une heure plus tôt sur l'aérodrome-champ de pétrole.

– Mais qu'est-ce que tu as sur la tête ? s'écrie-t-elle.

– *Minaaah*, *Minaaah*, croasse l'oiseau de paradis.

La guerre

À l'entrée du site, près du parking géant prévu pour les visiteurs, un cercueil d'enfant couvert d'un drapeau iranien, devant lequel on voit des enveloppes de grenades, des tulipes en plastique dont le rouge a pâli, et une chaussure poussiéreuse. Derrière le cercueil, un mur en sacs de sable. « Bienvenue en ce lieu où les martyrs ont rejoint Dieu », peut-on lire sur un grand panneau. Sans doute le garçon qui repose dans le cercueil faisait-il partie du nombre.

Aucun pays du monde n'a autant de martyrs à honorer que celui-ci. Dans les rues de toutes les villes, des affiches montrent leurs visages. Sur les façades des grands ensembles, des peintures célèbrent les héros de la guerre. Des centaines de milliers de dépouilles reposent dans le cimetière géant de Behesht-e Sahra, à Téhéran. Ici-bas, ce sont des idoles, et dans l'au-delà, si l'on en croit les promesses du Coran, leur sort est des plus enviables : le principe de la guerre sainte est que celui qui tombe au champ d'honneur va tout droit au paradis, quelle qu'ait été sa vie jusque-là. Une splendide maison l'attend, avec d'innombrables serviteurs. Celui qui a suffisamment prié peut en outre s'attendre à des murs faits de pierreries. Et naturellement aux soixante-douze houris, des vierges perpétuellement à sa disposition. Les soldats envoyés au combat recevaient même des clés en plastique qu'on leur accrochait autour du cou *(made in Taïwan)*, afin d'accéder plus rapidement au paradis. Combien de jeunes garçons, portés par la foi en ces gratifications éternelles, ont traversé main dans la main les champs de mines sous le feu des mitraillettes ennemies ? Le site de Fath-ol-Mobin n'est pas totalement déminé, et les visiteurs ne doivent en aucun cas s'écarter des sentiers balisés. Plusieurs chars d'assaut irakiens abandonnés font penser à des insectes géants. Si la végétation ne montait pas le long des chenilles, on pourrait croire qu'ils ont été mis hors combat la veille, et non pas trente ans plus tôt.

Le 22 septembre 1980, cent mille soldats irakiens appuyés par des colonnes de blindés envahissent le Khouzistan. Saddam Hussein voulait annexer la province aux abondants gisements de pétrole, convaincu qu'il était de son appartenance historique à l'Irak. Il comptait sur le soutien des Iraniens d'origine arabe, qui réclamaient depuis longtemps l'indépendance, et espérait une victoire rapide, en quelques semaines : après la chute du shah, l'Iran était affaibli sur le plan militaire. Mais le résultat fut la plus longue guerre entre deux États au XXe siècle. Des deux côtés, des centaines de milliers de morts, des millions de blessés. En près de neuf années de guerre, la frontière entre les deux pays n'a cessé de se déplacer au gré des conquêtes et reconquêtes. Depuis, le théâtre des opérations est devenu un lieu de pèlerinage. En 2013, selon les chiffres officiels, trois millions de touristes, soit un Iranien sur vingt, se sont rendus sur les champs de bataille. Ici, on appelle les pèlerins des « passagers de la lumière ». Le traumatisme de la guerre est le thème central de toute une génération. Mais ce succès a aussi d'autres raisons : l'État prend en charge la quasi-totalité des frais de voyage, précise Yasmine, qui a consacré son mémoire de master à ce type de tourisme. Elle enfile des gants noirs, car sur ces lieux sacrés, il n'est pas question de porter du vernis à ongles.

– Toute une semaine en pension complète, une nuit dans un hôtel cinq étoiles et la visite du lieu de naissance de Khomeini, le tout pour 20 000 toumans.

Soit sept jours de patriotisme pour cinq euros tous frais inclus : une offre imbattable.

– Nos compatriotes doivent apprendre ce que nous ont fait subir les étrangers, dit Yasmine, c'est aussi la raison pour laquelle on encourage la réalisation de films sur le sujet.

Plus de sept mille films sur la première guerre du Golfe, autrement dit la guerre Iran-Irak, ont été tournés depuis 1988. Les réalisateurs sont assurés de ne pas subir de pertes. Pour le régime, ces subventions sont un bon investissement : cultiver sans relâche le souvenir de la guerre ne peut que renforcer leur pouvoir. Parce que la guerre prouve qu'Allah est du côté de l'« État de Dieu », à qui il a permis de l'emporter sur un ennemi bien plus puissant que lui. Parce que la douleur d'avoir perdu plusieurs membres de leur famille est encore aujourd'hui si violente que les gens ne sont plus prêts à risquer leur vie, ou à laisser leurs enfants risquer la leur, pour quelque raison que ce soit (en se révoltant contre le régime, par exemple). Parce qu'il est toujours bon de raviver la haine contre les États-Unis, qui soutenaient alors l'Irak : les gens seront d'autant plus enclins à rejeter la responsabilité des dysfonctionnements internes du pays sur l'ennemi héréditaire, en dédouanant leurs propres dirigeants.

Sur le sol, devant l'entrée, sont peints un drapeau israélien et un drapeau américain, ce dernier étant tellement effacé qu'on a du mal à le reconnaître.

– En entrant, tout le monde marche dessus, dit Yasmine. Il faut faire un détour si on veut l'éviter.

Quant au choix de l'étoile de David comme paillasson, il a de quoi surprendre dans la mesure où, pendant la guerre, Israël a livré à l'Iran des roquettes antichars et des fusils-mitrailleurs Uzi. Mais la propagande officielle ne veut plus en entendre parler : pour elle, Israël avait pris lui aussi le parti de l'Irak.

Ali Sorkheh, un ancien commandant des troupes iraniennes, se présente et nous emmène sur les sentiers qui parcourent le lieu de mémoire.

– Je voudrais que tout le monde connaisse la vérité de ces champs de bataille, dit d'une voix rauque cet homme solidement bâti âgé de cinquante-sept ans. Il porte des lunettes de soleil, une courte barbe blanche, une chemise brune et des tennis blanches de marque « Prima ». Depuis vingt-trois ans, il guide les visiteurs ici.

– Ici, pendant l'opération Fath-ol-Mobin, 3 000 Iraniens sont morts, 25 000 soldats irakiens ont été tués et 50 000 ont été faits prisonniers.

La « vérité du champ de bataille » est à prendre avec des pincettes : ces chiffres sont exagérés. Si on en croit les estimations indépendantes du Denn Center for Strategic and International Studies, la bataille de Fath-ol-Mobin a plutôt coûté la vie à 5 000 Iraniens, et côté irakien, on dénombre au total 14 000 morts ou prisonniers.

Sorkheh ramasse sur le sol une douille de métal :

– Saddam, murmure-t-il. Nous sommes nombreux à avoir encore des engins comme celui-là dans le corps.

Je lui demande s'il a des blessures de guerre.

– Le gaz moutarde m'a bousillé un poumon. Ce sont les Allemands qui ont vendu aux Irakiens des armes chimiques.

Avec leurs buissons clairsemés, les collines d'argile environnantes offrent un paysage immensément triste, marron clair et vert, aux couleurs des tanks ennemis dont il ne reste que des épaves. Ici et là, les taches colorées des pancartes montrant des cadavres de soldats entassés, des portraits de martyrs adolescents, ou encore de Khamenei et Khomeini, avec des phrases patriotiques : « C'était une guerre entre la vérité et le mensonge », ou encore : « Ceux qui offrent le plus grand sacrifice sont ceux que les martyrs ont laissés derrière eux. » Sorkheh nous montre une cache souterraine utilisée par les Irakiens.

– Ce sont exactement les mêmes que celles que les Israéliens ont creusées dans le plateau du Golan.

Pour lui, ceci suffit à prouver que des militaires juifs ont assisté les Irakiens et leur ont servi de conseillers. Le bâtiment le plus visible de ce complexe mémoriel est le mausolée des huit soldats inconnus, qui n'est pas tout à fait terminé. Une construction en briques jaunes surmontée d'une tour blanche dont la pointe, avec ses degrés, figure sur tous les côtés une échelle montant vers le ciel. En entrant, Sorkheh place sa main droite sur son cœur et s'incline, puis il va poser la main sur chacune des pierres tombales plantées dans le sol, en deux rangées de quatre.

– Sur ces martyrs, on n'a pas retrouvé de noms, dit-il.

On peut lire la date de leur mort et le nom des différentes batailles : Kerbala 5, Ramezan, Val Fadj 8. *Val Fadj* signifie

« l'aurore » : les Iraniens avaient coutume de contre-attaquer dès le lever du jour. Yasmine me montre un bandeau rouge accroché au mur.

– Il y a écrit dessus *« Ya Hussein »*, c'est ce qu'ils scandaient avant chaque bataille. Au nom de l'imam Hussein, dit-elle.

Le petit-fils du prophète a trouvé la mort il y a mille trois cents ans dans une embuscade près de Kerbala. Chaque année, lors du mois de Moharram, les chiites pleurent leur premier martyr, et Kerbala est pour eux le lieu de pèlerinage le plus sacré. Hussein est aussi celui qui préside à ce paradis peuplé de vierges qui attend ceux qui meurent au front. La formule *« Ya Hussein »* constitue donc une variante persane du fameux *« Morituri te salutant »*.

En août 1988, quand les deux pays voisins s'accordent sur un cessez-le-feu, les frontières ont retrouvé exactement leur position d'avant le conflit.

– En six mois, les Irakiens ont construit deux cent cinquante kilomètres de routes au Khouzistan, dit l'ancien officier Ali Sorkheh. C'est tout ce que la guerre nous a apporté de bon.

Le lendemain, l'une de ces routes nous conduit à la forêt des palmiers dattiers sans tête, à environ cent vingt kilomètres au sud-ouest d'Ahvaz. Des milliers, des dizaines de milliers de troncs d'arbres s'élèvent vers le ciel ; de leur sommet, il ne reste rien d'autre que quelques fibres carbonisées. Depuis plus de vingt-cinq ans, ils sont là, immobiles, sans vie. Comme une armée de fantômes pétrifiés montant la garde sur les plaines boueuses du Khouzistan, la province la plus riche, sinon la plus belle, de tout le pays.

– Les arbres de la résistance, explique Yasmine. Saddam les a tous fait brûler, parce qu'ils pouvaient servir d'abri aux soldats iraniens. Les arbres sont morts, mais ils ne sont pas tombés. Ils sont devenus le symbole de notre combativité et de notre fierté. Depuis la guerre, pas un seul n'a été coupé.

En Iran, toutes les victimes de la guerre font l'objet d'une sorte de culte, même si ce sont des palmiers. Ahmad Mahmoudi traîne la jambe gauche ; deux balles sont encore logées dans sa hanche, et il en a reçu quatre dans le bras. Il sait ce que l'on ressent quand on est sous la mitraille. Il connaît le bruit d'une grenade antichar qui explose à quelques mètres à peine. C'est un miraculé. Le teint sombre, quarante-neuf ans, vêtu de son uniforme, debout sur un ponton de bois sur la rive du Shatt al-Arab, il raconte la guerre à un groupe d'une bonne vingtaine de touristes voilées de noir.

Le lieu ressemble à un embarcadère, mais personne ne traverse les eaux à cet endroit. Le contrôle du Shatt al-Arab, ce fleuve qui marque la frontière entre les deux pays, est l'une des raisons qui ont poussé Saddam à attaquer l'Iran. L'unique cours d'eau permettant l'accès au Golfe était si précieux pour le commerce maritime de l'Irak que celui-ci n'a plus voulu le partager avec son voisin. Nous sommes dans la localité d'Arband Kenar, d'où nous pouvons, par-delà le fleuve, apercevoir l'Irak. La ville de Fao est à six kilomètres à vol d'oiseau. On aperçoit la coupole bleue d'une mosquée, des pylônes électriques, des minarets, et sur l'eau, quelques *dhow* en bois d'un autre temps. Des panneaux *« No swimming »* bien en évidence, mais aussi des barrages antichars en acier écartent d'emblée toute idée saugrenue.

À peine arrivés, nous remarquons que notre présence suffit à rendre les soldats nerveux. L'un d'eux demande s'il peut me prendre en photo.

– Vous êtes le premier non-musulman à venir ici, dit-il.

Il me demande ensuite ce qui motive ma visite.

– Je fais du tourisme et je m'intéresse beaucoup à l'histoire de la guerre du Golfe.

Ma réponse semble le satisfaire, mais à compter de ce moment, il ne s'éloigne jamais à plus de cinq mètres et dégaine sans cesse son appareil photo numérique.

Les pièces les plus frappantes exposées dans ce musée à ciel ouvert sont des bateaux de guerre et des pièces d'artillerie, sans oublier un tuyau de métal d'environ sept mètres de haut décoré d'une sorte de bande dessinée. Cette série d'images en couleurs montre des soldats construisant un pont d'une rive à l'autre au moyen de cinq mille tubes d'acier pour que les chars d'assaut puissent passer. Au-dessus, une pancarte gigantesque, quinze mètres de large au moins, montre deux barbus au regard sévère, Khomeini et Khamenei. Il est tourné vers le fleuve. Avec des jumelles, tout le monde peut lire depuis les côtes irakiennes le message qui y figure : « *We are resisting* ». Nous résistons. Jusqu'ici, mais pas plus loin.

Les Iraniens interprètent comme un véritable triomphe le fait d'avoir tenu tête à des agresseurs qui semblaient de prime abord bien plus puissants, même si cette guerre – comme la plupart des guerres – n'a finalement pas eu de véritable vainqueur.

Nul ne connaît mieux les six kilomètres d'eau qui nous séparent de l'Irak que le vétéran Ahmad Mahmoudi. Nous écoutons son histoire, flanqués par trois soldats en armes.

– Je faisais partie de la milice citoyenne des *bassidj*.

Pendant huit mois, tous les soirs vers dix heures, j'allais jusqu'à la rive irakienne avec mon tuba, pour espionner des objectifs militaires. Deux heures aller, deux heures retour, dans les vagues, les courants. L'ennemi avait des radars, des sentinelles, des armes automatiques, des mines, il était armé jusqu'aux dents. Notre meilleure arme, à nous, c'était la foi. Nous n'étions jamais repérés. Je n'avais pas peur, j'étais prêt à mourir.

Pendant son récit, Mahmoudi sourit beaucoup – un sourire plein de fierté. Il maîtrise son rôle de héros de guerre à la perfection, il l'a joué des centaines de fois. Un casting parfait pour ce rôle de guide touristique fidèle à la ligne officielle. Derrière lui, on entend le bruit d'un bateau qui transporte des passagers en direction du golfe Persique, pleins gaz, comme s'il voulait quitter le plus vite possible le théâtre des opérations.

– Nous étions trois à cinq hommes à descendre dans l'eau à la fois, toujours les plus jeunes. Nous avions tous entre quinze et vingt ans. À l'époque, je n'avais pas encore la barbe que vous voyez maintenant.

Clé du paradis autour du cou, Mahmoudi a donc passé toutes ses nuits à nager au péril de sa vie. Jusqu'au lancement de l'opération Aurore 8.

– Le 11 février 1986, nous étions deux mille plongeurs. Nous sommes allés à terre en première ligne pour occuper les postes clés, puis les bateaux sont arrivés. On a réussi à tenir Fao pendant deux ans et deux mois.

Comme la guerre semblait tourner à l'avantage de l'Iran, Khomeini a voulu passer à la contre-offensive et prendre la ville sainte de Kerbala.

Mais la supériorité militaire de l'adversaire est trop forte. Les unités iraniennes sont finalement repoussées, et deux ans plus tard, Fao appartient de nouveau à l'Irak. Aurore 8 aura donc été une victoire à la Pyrrhus. Mais au moins, Saddam est mort, se réjouit Mahmoudi.

– *Saddam kodja ast ?* demande-t-il, *Iran kodja ast ?* Où est Saddam maintenant, et où est l'Iran ?

La réponse à la seconde question se trouve devant nous, sur le ponton de bois, là où l'Iran s'arrête et où les eaux commencent. On lit sur un écriteau *« Kerbala : 600 kilomètres »*. Je prends encore quelques photos, mais Yasmine me chuchote qu'il vaudrait mieux partir.

– Les soldats se méfient, ils n'arrivent pas à croire que tu es un touriste ordinaire.

En guise de cadeau d'adieu, Mahmoudi nous offre deux foulards des *bassidj*, noirs et blancs, et m'embrasse sur les deux épaules. Un soldat continue à tourner sa caméra vers moi : on dirait bien qu'il filme. Si personne ne se montre vraiment menaçant, le climat est à deux doigts de basculer. Nous montons en voiture, le chauffeur met les gaz. D'un geste énergique, Yasmine arrache le foulard de son cou.

– Ça m'énerve qu'il n'ait même pas dit un seul mot au sujet de la Marine. Il a fait comme si la milice des *bassidj* avait gagné la bataille toute seule. Pourtant, mon père a combattu ici.

– Pourquoi le vétéran n'en a-t-il pas parlé ?

– Parce que ça faisait plus héroïque. Les *bassidj* étaient des volontaires sans véritable formation militaire, donc s'ils ont réussi à battre des troupes irakiennes lourdement armées, c'est bien la preuve qu'Allah était avec nous.

– Qu'est-ce que ton père t'a raconté sur cette opération Aurore 8 ?

– Il a passé plus de deux ans ici. Pendant l'attaque, une bombe est tombée juste à côté de lui, et trois de ses copains ont été littéralement déchiquetés. Lui, il a eu plus de chance, mais il est resté sourd d'une oreille. Il appelle ça son « souvenir de guerre ».

– Quand tu étais petite, tu as beaucoup entendu parler de la guerre ?

– Pendant mes sept premières années, je n'ai rien connu d'autre. On avait tout le temps peur pour papa. Une fois, il n'a pas donné de nouvelles pendant deux mois, pas le moindre signe de vie. Et puis un soldat est venu sonner à notre porte pour nous dire que mon père avait été découvert sur une île de vingt mètres de long, au large de Bandar Abbas. Pour fuir l'avancée des chars, il avait traversé à la nage, puis passé des semaines à se nourrir presque exclusivement de chocolat américain. À son retour, il avait une énorme barbe et il était terriblement amaigri.

– Est-ce qu'il est devenu un héros de guerre ?

Yasmine rit. Un rire sans joie, plein d'amertume.

– Il y a douze ans de ça, ils l'ont viré de la Marine. Parce qu'il n'est pas assez bon musulman.

Au dîner, devant un plat de spaghettis bolognaise, notre hôtesse, Maryan, nous parle des bombardiers qui ont survolé la ville, « les MiG de Saddam », dit-elle. Pour parler du camp adverse, les Iraniens disent toujours « Saddam » – comme si, au fond, ils n'avaient rien contre l'Irak en lui-même.

– Les MiG de Saddam volaient tellement bas qu'ils touchaient le sommet des arbres et que des branches cassées tombaient. Je me bouchais les oreilles pour ne pas devenir sourde.

Tandis que nous sommes encore à table, Farshad laisse encore le mainate sortir de sa cage. Un paquet de plumes noir et bruyant se propulse à travers la cuisine, comme s'il voulait profiter de cette soudaine liberté pour rattraper son retard, après toute une journée de détention. Il fonce de l'évier au vaisselier, de la corniche du mur au pied de la table, des cheveux de Yasmine à mon pied.

Maryan tente de poursuivre son récit malgré cette interruption :

– Un jour, quand j'avais treize ans, c'était en 1983 ou 1984, Saddam a annoncé à la télévision qu'il bombarderait Ahvaz à minuit.

La conquête de la ville pétrolière était en effet l'un des objectifs déclarés de l'homme fort de Bagdad.

– Alors le jour même, des centaines de milliers de personnes ont quitté Ahvaz à pied, en n'emportant que leur argent, leur or. Mon père est resté à la maison parce qu'il craignait les pillards. Heureusement, il n'y a pas eu de bombes. Une semaine plus tard, nous étions de retour chez nous. Mais pendant ces journées, plusieurs personnes ont été mordues par des serpents ou piquées par des scorpions et elles en sont mortes.

Si j'ai du mal à suivre son propos, ce n'est pas parce qu'il manque d'intérêt dramatique. Mais ce que le pic-vert fait aux troncs d'arbre, le mainate hyperactif est en train de l'infliger à mon propre pied. Son petit bec pointu creuse un trou à travers ma chaussette : il considère apparemment la chaîne alimentaire « pâtes-touriste-oiseau » comme parfaitement adaptée à sa constitution. Maryan ne l'entend pas ainsi : elle attrape le balai et chasse l'oiseau un peu plus loin. Farshad le poursuit. Est-ce ainsi que le jeu Angry Birds a été inventé ? Il est à deux doigts de l'attraper sur la table – à deux doigts seulement, car mon assiette fait obstacle entre lui et l'oiseau. Spaghettis, viande hachée et porcelaine vont s'écraser par terre et le *minah* file en haut de l'étagère.

– *Minaaah, Minaaah,* proteste-t-il.

Farshad ne ménage pas sa peine, mais l'oiseau garde une longueur d'avance. Au bout de trois minutes de poursuite digne d'un jeu vidéo, il retourne enfin entre les barreaux de sa cage. Maryan va me chercher une nouvelle assiette, et avec ma serviette, j'essuie les taches de bolognaise sur le sol en stratifié.

کرمانشاه

KERMANSHAH

Population : 850 000 habitants
Province : Kermanshah

Une partie de backgammon

Tant que nous séjournons à proximité de la frontière irakienne, la guerre ne nous lâche jamais. Dans la ville de Kermanshah, à quatre cents kilomètres au nord-ouest d'Ahvaz, nous logeons chez un ancien camarade de régiment du père de Yasmine. Elle lui a passé un coup de fil la veille, en voyant qu'aucun couchsurfer ne nous avait répondu. Spontanément, il nous a invités à dormir chez lui.

– Tu as grossi, s'exclame-t-il en serrant Yasmine dans ses bras.

Il a quarante-sept ans, mais en paraît plus de soixante. Cheveux rares, yeux mélancoliques, corps très amaigri, mais musclé. Il n'a sur lui qu'un pantalon de survêtement et un maillot de corps. En haut de son bras droit, une inscription tatouée en caractères persans – œuvre d'un compagnon de guerre : « Même pauvre, même sans toit, jamais ne donnerai mon honneur pour un bon repas. »

– *Salam !* dis-je pour le saluer.

– Ne dis pas « *Salam* ». Je déteste ces mots arabes. Il te faut dire « *Dorouto* », ça c'est du persan.

Puis il s'excuse sur la simplicité de son appartement.

– C'est petit, chez moi, j'aurais voulu vous offrir mieux.

Avec sa femme Sousan, trente-sept ans, et Azadeh, leur fille âgée de cinq ans, il habite un cinquante mètres carrés dans une barre de logements aux façades couleur de béton. L'immeuble est sans charme et la cage d'escalier empeste les poubelles.

– C'est l'armée qui paie le loyer, et ils n'ont rien de plus grand, dit Yasmine.

Azim, plombier de profession, est au chômage depuis six mois. Il va chercher plusieurs albums photo et ouvre un paquet de cigarettes Golden Deer. Sur les clichés, on voit des tanks, des hommes souriants armés de fusils d'assaut Type 56 – des copies de Kalachnikov *made in China*. Torse nu, de jeunes soldats prennent la pose sur une plage sur l'île de Tonb-e Bozorg. C'est là qu'Azim a fait ses classes. Aujourd'hui, en parlant de la guerre, il ne sourit plus.

– Trente-six pays soutenaient l'Irak, dit-il en traçant le chiffre 36 sur sa main avec un stylo à bille, comme s'il avait besoin de le lire noir sur blanc pour le croire.

– Les Allemands et les Hollandais leur ont livré des gaz toxiques, les Russes des chars, les Français des avions de chasse Mirage F1, les Arabes leur ont donné de l'argent.

Comme il ne parle pas l'anglais, Yasmine traduit à mon intention. La petite Azadeh escalade les genoux de son papa pour lui montrer un beau dessin qui représente un aigle. Il caresse de la main les cheveux courts de sa fille. Sur la table en verre du salon, il y a des pommes. Azim en prend une en main pour nous montrer différentes zones, comme sur un globe terrestre.

– L'Iran. L'Allemagne. Les États-Unis.

La peau verte de la pomme est la même partout.

– Et nous, les humains, qu'est-ce qu'on est ? De minuscules grains de sable, commente Azim.

Puis il me demande de lui couper une des pommes en petits morceaux. Pour me faire comprendre pourquoi, il ouvre la bouche et en sort une mandibule artificielle.

– Kerbala 5. Une grenade antichar. Elle a explosé à côté de moi. Elle a tué quelques copains, elle a fait voler une pluie de pierres. Dont une qui m'a arraché les dents.

Depuis ce jour du printemps 1987, Azim fait une crise d'angoisse dès qu'il entend un bruit violent et soudain. Les orages lui sont devenus insupportables. L'opération Kerbala 5 a été la plus violente bataille de toute la guerre. Cette vaine tentative de conquête de la ville portuaire de Bassorah a coûté la vie à 65 000 Iraniens.

– On se fait du souci pour lui, me confie Yasmine. Il est plus sensible que les autres, il a un poumon détruit par les gaz toxiques, mais il n'a pas assez d'argent pour se faire soigner. Ça fait plaisir de le voir comme ça avec sa fille.

De fait, la différence est criante entre Azim et les deux vétérans mis en scène par le pouvoir sur les anciens champs de bataille. Pas seulement parce qu'il a l'air de peser la moitié de Sorkheh ou de Mahmoudi, mais surtout parce qu'il ne donne pas l'impression de jouer un rôle. La guerre a brisé cet homme, on le sent. Et pourtant, il mérite plus encore que les deux autres le titre de héros.

– J'étais tireur d'élite, raconte-t-il. Une nuit, on a repéré un campement ennemi – un commandant, deux autres soldats et moi. On a vu quelques Irakiens devant leurs tentes.

« Descends-les », m'a ordonné mon chef. Alors je me suis un peu avancé, j'ai mis mon fusil en joue. J'ai pointé la lunette sur une de leurs armes et j'ai appuyé sur la détente. Ça leur a fait peur, ils ont fait un bond. Je leur ai fait signe de se mettre à couvert. Ils m'ont remercié d'un geste.

Pendant que nous parlons, Sousan installe sur le sol une nappe en plastique avec des motifs tropicaux et apporte un délice après l'autre pour notre repas du soir. Du *ghormeh sabzi*, un ragoût traditionnel avec agneau, haricots et sept herbes différentes. Du poulet grillé. Du riz à la manière locale, avec sa croûte dorée. Au vu de ce festin, je décide de ne plus jamais prendre au sérieux sur le sol iranien la formule : « J'aurais aimé avoir mieux à vous offrir. »

Azim n'est plus très bavard, son regard se perd souvent dans le lointain. Il n'esquisse un sourire qu'une fois, en recevant un SMS.

– Qu'est-ce qu'il y a ? demande Yasmine.

– C'est un copain qui m'envoie une blague.

– Raconte !

– En fait, c'est plutôt un conseil : « La prochaine fois que ta voiture tombe en panne, monte sur le toit et chie dessus. Pourquoi ? Parce que c'est ce que Rohani fait avec l'Iran – et ça marche ! »

Une partie de backgammon se joue avec quinze pions blancs contre quinze pions noirs. Le gagnant est le premier des deux joueurs qui réussit à sortir tous ses pions du jeu, en les faisant passer par les vingt-quatre cases du plateau. Quand il y a deux pions ou plus sur une même case, l'adversaire ne peut pas y toucher. S'il y en a un seul, il peut le frapper. Les deux couleurs opposées, l'union qui fait la force : le jeu inventé en Iran il y a cinq mille ans est une métaphore de la guerre.

– C’est 50 % de jugeote et 50 % de chance, commente Azim.

Je me demande s’il dirait la même chose des actions qu’il a menées pendant le conflit. Il met en place les pièces sur un plateau de bois sculpté à la main. Deux pions sur la case 1, cinq sur la case 12, trois sur la 17, cinq sur la 19. En jouant contre Yasmine, il se montre agressif, abattant bruyamment ses pions sur le plateau de bois. En quelques minutes à peine, il gagne facilement trois fois de suite.

– Il n’a pas commis la moindre erreur, commente Yasmine, admirative. Et aux dés, il a même fait plus de doubles que moi.

Les morts de Kermanshah sont enterrés dans un immense cimetière militaire. Des centaines, des milliers de pierres tombales en pierre polie, comme des dominos noirs renversés sur le sol. Le cimetière est ouvert sur les côtés, mais abrité par de grands toits, au moins dix, dont chacun a la taille d’un terrain de basket. Sur les stèles, on lit une date de naissance et une date de décès, le nom du défunt et celui de son père, et sur la plupart d’entre elles, il y a un portrait. Sur celles où il n’y en a pas, un oiseau stylisé aux ailes montant vers le ciel qui rappelle aussi la forme d’une tulipe, la fleur des martyrs. Quand un soldat meurt au combat, son sang fait naître une tulipe, croient les Iraniens.

Azim s’arrête devant une tombe.

– Un cousin à lui, m’explique Yasmine. Il venait d’avoir dix-sept ans.

– Tous ces hommes. Et ces enfants. Ils sont morts pour rien, dit Azim.

Un homme occupé à passer le caveau voisin au nettoyeur haute pression nous crie quelque chose.

– On doit partir, traduit Yasmine. Il dit que si les gens des services secrets nous voient, ils vont nous mettre en prison.

Azim explique qu'il est un vétéran et que nous sommes ses amis. Puis nous retournons à sa petite voiture Paykan. Deux hommes montés sur une moto nous rejoignent, s'arrêtent à la hauteur du conducteur et lui demandent ce que nous sommes venus faire ici.

Azim répète qu'il a fait la guerre, que des gens de sa famille sont enterrés ici et que nous sommes des amis, puis nous repartons.

– Pendant la guerre, il y avait des listes qui circulaient avec les noms des morts, raconte Yasmine. Une fois, il y avait le nom d'Azim dessus. Toute sa famille s'est réunie à la maison, en vêtements noirs, pour le pleurer. Le lendemain, on a su que c'était une erreur.

Nous empruntons un rond-point où s'élève une mosquée ornée d'un portrait géant de Khomeini en mosaïque, puis une voie rapide qui nous emmène hors de la ville. Le paysage de montagnes qui nous entoure allie une nature incroyablement belle et des usines incroyablement laides. Azim ne cesse de regarder nerveusement dans son rétroviseur. Les motards ont disparu. Chaque kilomètre qui nous éloigne du site l'apaise un peu. À la prochaine station-service nous attend une mauvaise surprise : du jour au lendemain, l'essence a augmenté de près de 50 %. Au lieu de 700 toumans, le litre est désormais à 1 000 toumans.

– C'est le gouvernement qui décide, dit Yasmine. Quand l'essence augmente, tout augmente. Ça promet.

Dans la suite du trajet, Azim raconte l'histoire de Farhad

et Shirine, que j'entends donc pour la deuxième fois. Nous nous dirigeons vers le mont Bisotoun, où le vaillant tailleur de pierre est censé avoir creusé sa tranchée dans le rocher, preuve de son amour. Nous achetons des tickets à un petit kiosque, 150 000 rials pour les touristes, 20 000 pour les locaux, le tarif standard pour les lieux ouverts au public en Iran. Les tickets pour étrangers étant manifestement épuisés, l'employée arrache huit tickets pour Iraniens afin de parvenir à peu près à la même somme. Plus encore que la somme elle-même, c'est cette grosse liasse de papier qui donne le sentiment d'avoir payé trop cher.

Un sentier a été aménagé sous le roc qui s'élève à plus de mille mètres de haut. Il mène à un bas-relief vieux de deux mille cinq cents ans montrant Darius, le roi des Perses, et ses ennemis enchaînés, et aussi, un peu plus loin, à un Hercule de pierre étrangement léthargique. Deux œuvres d'art absolument fantastiques, avec des détails d'une richesse incroyable. Pourtant, c'est une falaise nue de deux cents mètres de large sur trente-six mètres de haut qui attire au moins autant l'attention des visiteurs. Deux traces verticales plus sombres montrent le chemin qu'emprunte l'eau par temps de pluie, et quelques petits buissons bravent la loi de la gravité.

Un rebord en surplomb laisse voir que la paroi de pierre n'est pas l'œuvre de la nature, mais qu'elle a été taillée dans le roc – un travail de titan. On l'appelle « le chantier de Farshad », et selon la légende, c'est l'œuvre de l'amoureux mythique. Il lui a tout de même fallu enlever quarante mille mètres cubes de pierre pour conquérir Shirine. Les historiens tiennent pour plus vraisemblable un autre scénario, un peu moins romantique : ici aurait dû être sculpté un bas-relief monumental, mais pour des raisons inconnues, les ouvriers ont interrompu les travaux. Les successeurs contemporains de Farhad et Shirine portent baudriers et mousquetons d'escalade. Un jeune couple souriant descend la falaise en rappel, chacun son tour. Quelque chose me dit que, pour leur relation, cette activité-là vaut mieux que la taille de pierre à grande échelle.

Musique

– Il faut qu'on y aille, les autres nous attendent, dit soudain Azim.

Il a invité quelques membres de sa famille pour la soirée. Mais cela ne l'empêche pas de sortir son thermos de thé et de nous offrir une dernière tournée avant de remonter en voiture. On a toujours le temps de boire un thé. Un proverbe résume bien la conception iranienne de la ponctualité : « Quand tu te noies, peu importe si c'est dans un mètre ou dans cent mètres d'eau. » Autrement dit, quand on sait qu'on va arriver en retard, un peu plus ou un peu moins, cela n'a plus d'importance.

Cependant, Azim arrive à rattraper quelques minutes en fonçant inconsidérément au volant de sa Paykan qui a déjà plusieurs décennies au compteur. Quand on pense que Paykan signifie « éclair », c'est un peu comme si on prenait un tricycle et qu'on le baptisait « Porsche ». Cette sympathique auto aux formes anguleuses est l'équivalent de ce qu'ont été la Trabant en RDA ou l'Ambassador en Inde. Il y a vingt ans, on ne voyait pratiquement qu'elle en Iran, mais aujourd'hui, les Paykan se font rares. À la maison, divers oncles et cousins, assis dans les fauteuils du salon, accordent des instruments à cordes traditionnels, le *tar*, le *setar*, le *tanbour*. Sur la table, une bouteille de Teacher's Highland Cream Blended Scotch Whisky, qui contient non pas la boisson originale, mais un alcool distillé de façon artisanale à partir de raisins secs. Chaque gorgée brûle comme une gorgée de feu, mais la qualité est bonne. Nous buvons dans des verres à thé, cul sec, en enchaînant aussitôt sur une cuillérée de yaourt dans l'espoir de soulager la brûlure de la gorge et de la langue.

– Maintenant, je vais chanter une chanson pour un ami mort à la guerre, annonce Azim.

Son cousin Saeed, professeur de calligraphie, front haut et moustaches noires, l'accompagne au *setar*, un instrument à trois cordes pincées, avec une caisse en bois de la grosseur d'une demi-noix de coco et un long manche. Entre le tendre instrument et la voix rauque et passionnée d'Azim, une voix de fumeur, c'est un dialogue plutôt qu'un duo qui commence. Chacun s'exprime tout à tour, reprend les thèmes de l'autre et y ajoute des variations. Une musique inhabituelle pour des oreilles européennes, parce qu'elle n'est pas faite seulement de tons et de demi-tons, mais aussi de quarts de ton.

– C'est une chanson interdite, m'apprend Yasmine.

Pourquoi ?

– Elle dit que l'essentiel, c'est d'être libre.

Azim ne chante pas toujours parfaitement juste, mais il est si plongé dans son rêve que tout le monde l'écoute, captivé. À la fin, quand tout le monde applaudit, il reste assis et s'incline, la main droite sur son cœur. Quelques minutes plus tard, un SMS des voisins : ils ne se doutaient pas qu'Azim était un si grand chanteur.

– Bon, maintenant, à ton tour !

Saeed joue une petite mélodie au *setar*, puis il me passe l'instrument.

– Pose la main droite comme ça, et fais un mouvement de va-et-vient sur les cordes, juste avec ton index.

J'échoue lamentablement. Il me montre encore, et cette fois, j'arrive à produire quelque chose de vaguement ressemblant.

– *Affarin !* s'écrit Saeed. Formidable ! Tu as une très bonne oreille. Il te suffirait de quelques mois de cours avec un maître, et tu deviendrais facilement professionnel.

Les Iraniens aiment bien exagérer. Les Iraniens sont fabuleux. Et leurs eaux-de-vie, leurs chants de liberté et leurs infractions secrètes à la loi aussi.

Le lendemain matin, Azim a mal à la tête et il parle de mourir. Pour la première fois, le rideau est ouvert. Il est accroupi sur le sol tout près de la fenêtre, une jambe repliée, et contemple le ciel brouillé du printemps en fumant cigarette sur cigarette. La lumière du jour éclaire son visage fatigué. Sans tourner la tête, il prononce une phrase que Yasmine hésite visiblement à me traduire. Finalement, elle murmure, comme si elle ne pouvait le dire tout haut :

– Heureusement que je vais bientôt rejoindre mes amis martyrs.

Elle m'explique à nouveau que le gaz toxique est la cause de tout – sans oublier le fait qu'Azim boit tous les jours. Il tourne la tête pour regarder une image au mur, une allée plantée d'arbres aux couleurs automnales, jonchée de feuilles mortes, et tout au bout, une vive lumière. Puis il tourne à nouveau les yeux vers la fenêtre, comme s'il fixait un point là-bas, dans le lointain.

– Ils sont tous morts pour rien, dit-il.

Les contrebandiers

Un taxi nous emmène jusqu'à Paveh, juste pour la journée. Le chauffeur est un sosie de Mike Brant, et son lecteur mp3 diffuse du Modern Talking. *« You're no good, can't you see, Brother Louie Louie Louie. »* Par rapport au programme musical de la veille, le contraste est particulièrement douloureux.

– Tu savais que Modern Talking, c'est un groupe allemand ?

– C'est vrai ? Mais c'est avec les paroles de leurs chansons que j'ai appris l'anglais ! s'exclame Yasmine.

– Et pourtant, tu le parles très bien !

– Tu n'aimes pas Modern Talking ?

– Je vois au moins deux cents produits d'exportation dont je serais plus fier…

– Ils sont très connus en Iran.

Notre Mike Brant, qui s'appelle en réalité Farsad, intervient :

– C'est qu'on entend tout le temps chanter les mollahs. Alors en comparaison, Modern Talking, c'est bien.

Un éclairage intéressant.

Mais il passe bientôt à une nouvelle interprète : Hayedeh, un mélange persan de Maria Callas et d'Adele. « Si tu me cherches, je suis au bar, je bois et je parle avec Dieu » : les paroles rappellent la poésie de Hafez, qui associe également les vapeurs d'alcool et la présence de Dieu. Sans même chanter des textes aussi provocants, Hayedeh serait interdite en Iran, où les femmes n'ont pas le droit de chanter seules, de peur d'éveiller on ne sait quelles pensées chez les auditeurs masculins. C'est pourquoi, peu avant la révolution de 1979, elle est partie pour Los Angeles, où elle a pu écrire des chansons et enregistrer des disques sans se soucier de la censure.

– Après un concert, en janvier 1990, elle a eu un infarctus et elle est morte à quarante-sept ans, raconte Yasmine. Des millions de personnes ont suivi les funérailles en direct à la télé, et durant toute une journée, les commerces iraniens sont restés fermés.

En entendant Yasmine chanter à pleine voix (ce qui est naturellement interdit, et ne semble pas enchanter outre mesure notre chauffeur), je suis rassuré de constater qu'elle préfère une musique comme celle-ci à la pop allemande des années 1980. Pour partager la beauté d'une expédition en taxi à travers les étendues sauvages du Kurdistan, il suffit d'aller sur YouTube, de taper « Hayedeh Zendegi », puis de fermer les yeux et de s'imaginer les routes vertigineuses grimpant vers les cols, les sommets enneigés, les camions-citernes remplis d'essence, les snacks à kebab, les bergers en pantalon bouffant et les murs de pierre où sont peintes des voitures de police, la vue sur les hauts plateaux de l'Irak et sur les villages accrochés à flanc de montagne. Des maisons bâties comme les marches d'un escalier, si bien que le toit plat de l'une sert de fondations au voisin du dessus. Pour le commerce frontalier, les localités de la région de Paveh doivent avoir une importance capitale, sinon personne n'aurait l'idée de construire sur des terrains si escarpés. Nous voyons des postes militaires recouverts de peinture de camouflage ; sur les murs, des avertissements : *No photo.* Avec leurs tours rondes, ils rappellent les forts du Moyen Âge au milieu du désert. Si le gouvernement y accorde tant d'importance, ce n'est pas tant en raison de la proximité de la frontière irakienne. Téhéran tient surtout à garder un œil sur les Kurdes, dont bon nombre ne rêvent que de faire leurs adieux à l'Iran. Le ciel est gris, il bruine un peu.

– J'adore la pluie, dit Yasmine, rayonnante. Ses épaules s'agitent au rythme de la musique, elle fait claquer ses doigts.

Le mauvais temps ne semble vraiment pas la chagriner.

– Si tu t'installes en Allemagne, ça va changer, dis-je.

– Bien sûr que non. C'est si rafraîchissant. Le voisin d'Azim a appelé sa fille Baran, ça veut dire « pluie ».

– La pauvre.

– Je ne te comprends pas. Du soleil, il y en a bien assez, on transpire tout le temps.

– Les Allemands sont tellement fous du soleil que même l'odeur de la crème solaire leur fait sécréter des endorphines.

– Vous êtes bizarres. Tu n'as qu'à essayer de porter un foulard sur la tête toute la journée ici, en plein soleil.

– Et pour la couleur du ciel, tu préfères le gris ou le bleu ?

– Sans hésiter : le gris.

– C'est toi qui es bizarre.

De : KOREK

Welcome to Iraq. Feel at home while you roam on Korek Telecom network. For any inquiries please call +964 750 800 0411

Le village kurde de Nossoud, 1 500 habitants, est si proche de la frontière que nos téléphones se connectent à un réseau irakien. Nous faisons une halte pour manger un kebab. Dans la rue principale, des cavaliers au galop arrivent à grand bruit. Des moustachus en pantalon blanc, avec de lourdes couvertures couleur de poussière en guise de selles, et sans éperons. Ils tendent les jambes en avant pour équilibrer le poids. Certains tirent encore derrière eux un ou deux chevaux ou d'autres bêtes de somme. Sous les couvertures de selle, on distingue des sacs et des ballots. S'ils ne portaient pas presque tous des baskets Adidas, je me croirais transporté cent ans en arrière.

– Des contrebandiers, dit Yasmine. La nuit, ils passent la frontière dans la montagne. La police le sait bien, mais en échange d'un petit bakchich, elle les laisse tranquilles.

– Qu'est-ce qu'ils rapportent d'Irak ?

– De l'alcool, des cosmétiques, des choses pour la maison – tout ce qu'on n'a pas ici.

– Tu crois que je peux prendre des photos ?

– Bien sûr.

Je me poste au bord de la route et je ne peux plus m'arrêter d'appuyer sur le déclencheur : les hommes qui passent sont trop décoratifs. Yasmine en fait autant avec son téléphone mobile. Un homme s'arrête et nous demande si nous travaillons pour le gouvernement. Yasmine dit que non.

– Alors faites autant de photos que vous voudrez !

Au beau milieu de la caravane, un soldat patrouille, pistolet-mitrailleur en bandoulière. J'en déduis que les problèmes avec les autorités ne doivent pas être si terribles que cela. À en croire ce que propose le marché qui s'étend au bord de la route, les contrebandiers apportent surtout des choses dont on pourrait fort bien se passer. À moins que le voyage à cheval ne confère aux produits une certaine aura qui les rende plus désirables ? Il y a des appareils ménagers, des aspirateurs, des casseroles, dont l'utilité ne fait certes aucun doute. Mais le savon aux extraits de serpent et d'escargot pour combattre l'acné ? Et ce Green Berlin Tea sur l'étiquette duquel s'étale une plantation verdoyante dans le style indien, avec des cueilleuses de thé voilées, le tout incrusté (merci Photoshop) devant la porte de Brandebourg ?

Sans oublier les nains de jardin à l'effigie des personnages de *Star Wars*.

هجيج

HAJIJ

Population : environ 300 habitants

Province : Kurdistan

La police

Notre petit tour se termine avec l'arrivée de deux hommes en costume kurde qui se présentent comme des policiers et nous demandent nos papiers. Sur un marché qui regorge de produits illégaux, on pourrait penser qu'ils aient autre chose à faire. Mais c'est là une vision par trop européenne des choses. En Orient, il existe une quantité bien supérieure de modes de coexistence entre les bandits et la loi. Quoi qu'il en soit, ces deux-là ressemblent à tout sauf à des agents de police : le premier porte une chemise kaki, l'autre une chemise rose. Instantanément, je me tiens sur mes gardes. Au Kurdistan sévissent des escrocs qui se font passer pour des policiers afin d'arnaquer les touristes. Un passeport européen rapporte beaucoup d'argent au marché noir, puisqu'on peut s'en servir pour quitter l'Iran. Du moins à condition de ressembler tant soit peu à son propriétaire, et de passer chez le coiffeur avant le départ pour parfaire la ressemblance en changeant de coupe et de couleur de cheveux. Je ne demande pas mieux que d'aider les gens à s'enfuir, mais j'ai moi-même besoin de mon passeport. Je prétends donc que je l'ai laissé à l'hôtel, et je produis la photocopie que j'ai toujours sur moi. Le plus grand des deux hommes, celui en chemise kaki, prend la feuille de papier et secoue la tête.

– Montez, dit-il en montrant du doigt le taxi jaune de Farsad.

Lui-même s'installe à l'avant sur le siège passager, et son collègue prend le volant d'une Peugeot 405 métallisée que je n'avais pas repérée jusqu'alors. À l'arrière de la Peugeot, deux soldats armés de fusils automatiques. C'étaient donc d'authentiques policiers. Le commissariat où nous arrivons cinq longues minutes plus tard a l'air très authentique lui aussi. On nous conduit jusqu'à l'entrée, Yasmine, Farsad et moi. Dans la cour, deux pick-up Toyota blancs. Sur le toit patrouille un homme armé, le pouce droit sous la bandoulière, la main gauche derrière le dos, poing serré. Un militaire demande à Farsad de dire à Yasmine que son voile doit cacher la totalité de ses cheveux. Il obtempère, ce qui n'était pas très utile étant donné que Yasmine, qui marche juste derrière lui, a probablement entendu.

Nous sommes ensuite introduits dans la salle d'interrogatoire. Tous les bagages sont fouillés, le *bad cop* en kaki et le *good cop* en rose posent des questions, nous mentons de notre mieux, et j'espère que personne ne remarquera à quel point la tasse de thé que je tiens en main tremble. Puis, l'agent le plus costaud se saisit de mon appareil photo. Il passe en revue celles que j'ai prises au cours des dernières heures. Un cavalier sur son cheval. Deux cavaliers sur deux chevaux. Un cavalier avec trois chevaux. Je dois lui faire le même effet qu'un Chinois débarqué sur la Marienplatz de

Munich qui mitraille les passants au hasard sous prétexte qu'ils ont des têtes d'Allemands.

– Pourquoi tant de photos de cavaliers ? demande le policier.

– Ces costumes n'existent pas chez nous, ils sont très beaux. Et en plus, quand le sujet bouge, il me faut toujours faire plein d'essais avant d'avoir une bonne photo, réponds-je, ce qui est d'ailleurs la plus pure vérité.

Si j'étais dans un poste de police allemand, j'ajouterais, en bon citoyen, qu'il pourrait être judicieux de jeter un coup d'œil à ce que cachent toutes ces couvertures de selle. Dans un poste de police allemand, je serais plus ou moins certain qu'il ne peut rien m'arriver de grave : l'avocat fera son boulot, et que je sache, je n'ai ni volé ni tué personne. Mais dans un pays où en cas d'accident de voiture, les intéressés préfèrent s'arranger entre eux, et où jamais une femme violée ne s'aviserait d'aller en informer la police, les choses sont bien différentes. Où passe ici la frontière entre photographe amateur et espion, entre vacancier naïf et contrevenant à la législation sur l'alcool ? Si l'homme à la chemise kaki continue à tourner la molette de mon appareil, il ne va pas tarder à tomber sur les photos de la bouteille de whisky d'Azim, des champs de bataille près d'Ahvaz, de la centrale nucléaire de Boushehr. Et il aura quelques questions à me poser.

Mais il s'arrête à temps. Deux cent cinquante photos de types à cheval ont de quoi décourager même le flic le plus coriace. Allah bénisse les contrebandiers et leurs montures. Il me rend l'appareil, rédige son rapport à la main, puis me tend un tampon encreur de couleur bleue. Je dois apposer l'empreinte de mon index droit sur le rapport en guise de signature.

Nous sommes libres, et être libres, c'est tellement bon. En Iran sans doute un peu plus qu'ailleurs. Je dois me retenir pour ne pas faire un petit coucou en passant à la sentinelle sur le toit, ni proposer qu'on se prenne en photo tous ensemble, maintenant que nous sommes amis.

– J'ai eu une de ces trouilles ! avoue Yasmine une fois que nous sommes tous dans le taxi. Heureusement qu'ils n'ont pas trouvé tes photos du champ de bataille. Il faut dire qu'ils n'étaient pas très malins.

– Ça t'est arrivé souvent de te retrouver au poste ?

– Évidemment. Une fois, ils m'ont interrogée au sujet du groupe BDSM. Il a fallu que je leur montre tous mes e-mails, toutes mes conversations sur Facebook. Des contenus très intimes. C'était horrible. Mais le soir, ils m'ont laissé repartir.

Notre but pour la nuit est Hajij, où nous arrivons peu avant le coucher du soleil. Vu du ciel, le village a la forme d'un croissant de lune, et vu de profil, la forme d'un escalier. Comme les rangées trop grandes d'un amphithéâtre, les blocs de pierre rouge des maisons s'accrochent à la pente. Sur chaque terrasse ou presque, il y a des gens qui regardent des gens sur des terrasses en train de regarder les gens, ou les vaches que l'on rentre à l'étable, ou le fleuve Sirwan qui coule tout en bas, dans la vallée.

Il y a des mamies, des petits-enfants, des papas, des mamans : tout le village semble sur pied, c'est une ambiance extraordinaire. Comme nous demandons où nous pourrions passer la nuit, on nous conduit à une pièce toute simple, avec pour seul équipement un tapis et une prise électrique. Devant la porte, un mûrier. Je partage la chambre avec Farsad, le chauffeur de taxi, et Yasmine est logée à part.

À : Mona, Hamedan

Hi Mona, thanks for your message on cs!
I might go to hamadan the next days – do you have time to meet or could you even host me 1 night?
Would be great! Cheers, stephan

De : Mona, Hamedan

Stephan how old are you? Are you alone?
Or coming with your wife?

À Hajij, fais comme les Hajijiens : monte sur le toit.

Naturellement, nous sommes aussitôt invités à boire un thé dans l'une de ces loges de théâtre à ciel ouvert. Les contrebandiers à cheval de la veille font pâle figure à côté des gens d'ici. Les fillettes portent de longues robes rouges ornées de splendides motifs de fleurs, les hommes ont des moustaches à faire pâlir d'envie José Bové, les vieillards arborent des cannes sculptées au pommeau arrondi. Bref, dans dix ans, des autobus remplis de Japonais s'arrêteront à Hajij.

Celui qui nous offre le thé s'appelle Moharram. Il se présente comme « une sorte de chef du village ». Il appelle sa femme pour qu'elle nous serve une deuxième, puis une troisième tournée de thé. Puis une délicieuse soupe aux pois chiches, aux lentilles et aux épinards.

– Pourquoi les Iraniens sont-ils si incroyablement accueillants ? demandé-je à Yasmine.

– Peut-être parce que au cours de notre vie, nous avons tous eu de mauvaises expériences avec des gens de chez nous, mais jamais encore avec des étrangers, dit-elle en souriant.

– En Allemagne, c'est le contraire : à ce que disent les sondages, c'est précisément dans les régions où viennent le moins d'étrangers que la xénophobie est la plus forte.

Mais nous sommes interrompus par Moharram, qui a décidé de nous parler de son village.

– Il y a trente ans, ici, il n'y avait pas de route. On ne pouvait venir qu'à cheval.

– Est-ce qu'ici aussi, des gens vont à cheval jusqu'en Irak pour faire de la contrebande ?

– Non, on est à plus d'une heure de la frontière. Mais c'est un commerce très rentable. Ça peut rapporter 300 000 toumans par nuit. Et par personne.

Autrement dit 75 euros. Mais à Hajij, au contraire, on manque de travail, dit-il, et c'est pourquoi il aimerait voir venir davantage de touristes.

– Il y a quelques gars qui ont trouvé du travail sur le chantier du barrage de Darian.

– Quel genre de barrage ?

– On va bloquer le cours du Sirwan. Dans deux ou trois ans, l'eau montera bien plus haut dans la vallée. Les maisons les plus basses vont disparaître. Avant, il y avait deux cents maisons, et bientôt, il n'y en aura plus que la moitié.

– Et à quoi va servir ce barrage ?

– À irriguer des champs, à alimenter une centrale électrique. Et puis ça fera moins d'eau pour l'Irak. Mais ce projet a tout de même un gros inconvénient.

– Ah, lequel ?

– Il y a quelques années, Hajij était célèbre pour être une localité totalement non fumeur. Il y a même une équipe de télé qui est venue faire un reportage là-dessus. Mais depuis que les ouvriers ont débarqué, presque tout le monde fume ici.

À huit heures et quart, le muezzin de Hajij lance son appel à la prière. Le demi-cercle du village renvoie l'écho de sa psalmodie.

– Dix fois mieux que Modern Talking, dis-je à Farsad.

De : Mona, Hamedan

why don't you answer?

À : Mona, Hamedan

I'm 34 and I'm coming alone.
Is that ok for you?

De : Mona, Hamedan

yeah it's ok,
are you married or single?

Cent cinquante kilomètres plus loin, dans la ville de Marivan, nous atteignons la dernière étape de notre voyage en commun. Yasmine doit prendre un bus de nuit direction Téhéran, et pour ma part, j'avais prévu de continuer jusqu'à Ispahan. Mais il y a peu, Mona, de Hamedan, m'a contacté en voyant sur un forum de couchsurfing que j'étais de passage en Iran. Elle m'a envoyé son numéro de portable et m'a spontanément invité. La photo illustrant son profil montre une beauté orientale en robe noire fort décolletée, avec une bonne couche de rouge à lèvres. Pour ma part, je repère instantanément les arnaques de ce type, et toute mise en scène destinée à capter les regards masculins me laisse froid. Mais mon projet consiste à laisser les gens d'ici déterminer mon itinéraire, et je tiens à y rester fidèle.

À : Mona, Hamedan

I'm single, what about you?

De : Mona, Hamedan

OK no problem im 22 & i'm single too :-) can you send your pic for me now? I wanna see you. This is my email pussycat.dolls22@mail.ir[1]

Les zones émotionnelles de mon cerveau sont satisfaites par cette conversation. Mais la zone « logique et tête froide », un peu plus restreinte, ne l'est pas. Une femme aussi séduisante qui m'entreprend aussi clairement – avec le genre d'adresse que tout homme aimerait avoir dans ses contacts – c'est louche. Au cinéma, quand un agent flaire un traquenard, il ne le fait pas savoir à son adversaire trop tôt. Je me sens tout à fait machiavélique en envoyant, comme si de rien n'était, la photo demandée à pussycat.dolls22. Pas de rapport d'erreur : cette adresse semble bel et bien exister.

CONSEILS PRATIQUES

COMMENT FLIRTER EN PERSAN

- *Dooset daram* – Je t'aime.
- *Zana mishi* ? – Veux-tu m'épouser ?
- *Jigareto bokhoram* – littéralement : Je veux te manger le foie (expression d'une forte inclination).
- *Khoshgele* – Belle femme.

1. Chiffres et nom du fournisseur d'accès modifiés.

Chez le prince

Ehsan, qui nous héberge à Marivan, porte un polo et des jeans de créateur. Il se présente comme un vigneron passionné et aussi comme un prince de Perse.

– Tu es allé à Shiraz ? Tu vois la citadelle au centre de la ville ? C'est là que vivait mon arrière-arrière-arrière-arrière-arrière-arrière-arrière-arrière-arrière-grand-père. Karim Khan Zand.

J'ai donc devant moi un authentique rejeton de famille royale (onzième génération).

– Stephan veut devenir shah de Perse, lui apprend Yasmine.

J'avais déjà presque oublié notre conversation comique à Téhéran, dans le palais du Golestan.

– Alors, dit Ehsan, il va falloir que je te tue. Que dirais-tu de deux gouttes de poison dans l'oreille, comme dans *Hamlet* ?

Notre prince a des lettres, on ne saurait le nier.

– Avant ça, j'aimerais bien goûter un peu de ton vin, ajoutai-je en bon courtisan.

– J'irai en chercher plus tard, dit-il. Tu peux t'estimer heureux, c'est le meilleur vin de l'ouest de l'Iran. Nous en produisons six cents litres par an. Mais d'abord, il faut que je t'apprenne une règle.

– Volontiers, vas-y.

– Quand je te demande : « *What time is it ?* », la bonne réponse est « *Wine o'clock* ». Tu t'en souviendras ? *Wine o'clock !*

– Bien sûr. Est-ce que je peux prendre une douche ?

– Oh non, ce n'est pas la peine. En Islam, on a coutume de laver le cadavre juste après le décès.

– Oh.

– Mais non, je plaisante, évidemment que tu peux te doucher.

L'après-midi, il prend sa voiture pour faire un tour en ville et en revient deux heures plus tard muni d'une bouteille en plastique de deux litres remplie d'un liquide rouge foncé.

– *What time is it ?* demande-t-il.

– *Seven thir...* euh non... *wine o'clock !*

Il sourit, satisfait. Je ne connais pas les autres vins de l'ouest de l'Iran (près d'Ouroumiyeh, il y a, paraît-il, une cave qui ne produit qu'à destination des diplomates installés à Téhéran) mais celui-ci est vraiment très, très bon. Sec, fruité, légère saveur de mûre. Un final un peu rugueux toutefois, qui anesthésie le palais.

– À la première gorgée, ça me secoue toujours, commente Ehsan avant de remplir à nouveau nos verres. Voilà, maintenant, chacun de nous a gagné ses quatre-vingts coups de fouet.

– Et pour celui qui fabrique le vin ?

– Un an de prison par litre. Pour moi, ça ferait six cents ans.

– Ça vaut aussi pour les princes ?

– Absolument. Tu savais qu'il est particulièrement facile de mettre du poison dans une boisson à saveur amère comme le vin ?

– Non, je n'y avais jamais pensé.

Théâtral, il jette un coup d'œil à son bracelet-montre :

– Il te reste encore deux heures à peu près. De quoi réfléchir comme il faut.

– *Hey*, ces ambitions de devenir shah, tu sais, c'était une blague. Je te laisse la place.

– Trop tard.

De : Mona, Hamedan

I saw our piC now i remember you from your profile stephan, you look awesome & cute :-)

Mourir en tenant en main le message d'amour d'une mystérieuse beauté serait un peu trop shakespearien à mon goût ; je décide donc de survivre à ce breuvage. Au moins qu'Ehsan n'ait versé le poison que dans le prochain verre, ou celui d'après ? Nous parlons de Dieu et du monde, et le prince se révèle être un interlocuteur d'une intelligence brillante, doté tout à la fois d'un humour décapant, d'une confiance en soi aristocratique et d'une connaissance encyclopédique des plaisirs illicites (« Le meilleur haschisch vient de Karaj, près de Téhéran. Quatre fois plus fort que ce que vous, en Europe, vous appelez du haschisch. »)

C'est l'une de ces journées en Iran où j'aimerais ne pas être toujours sur le départ, naviguant d'un hôte à l'autre, mais rester plus longtemps, en savoir plus sur la vie d'un autre que cette petite tranche que j'ai pu voir. Pour entamer une véritable amitié, le temps manque : tel est le sort des nomades, de tous ceux qui voyagent sac au dos.

Au lieu de cela, ce sont toujours de nouvelles relations éphémères qui attendent, avec l'illusion connectée de la disponibilité quasi infinie des contacts humains. En guise d'adieu, Ehsan remplit ma bouteille de Vittel de 70 centilitres d'un jus de raisin prohibé.

– Pour la route ! commente-t-il.

À : Mona, Hamedan

Mersi! now its your turn
to send me a picture

De : Mona, Hamedan

I don't have piC on my lap top
you can go to cs & see my profile piC

À : Mona, Hamedan

that pic is beautiful. see you soon!

De : Mona, Hamedan

Thanks dear, but i have some acne on my skin, & i don't
remove my eyebrow now because my cousin passed
away & i should stay til the 40th day of her dead after
that i go to beauty salon & remove my evebrow ;)

Cette description détaillée de la problématique sourcilienne me plaît bien. Après les manœuvres de séduction, voilà qui laisse la place à un doute profondément humain. Ce qui, à choisir, me sourit davantage qu'un réseau de prostitution mafieuse cherchant à attirer les étrangers naïfs *via* les forums en ligne. Je décide donc de partir le lendemain même pour Hamedan, qui se trouve de toute façon sur la route d'Ispahan.

De : numéro inconnu

Hey.how r u.i m shahin.hamedan c. s. And Mona cousin. whan u arrive to hamedan? Mona coudent host u.i will host how many day?

À : Shahin

I will arrive tomorrow. Would be great if you could host me for 1 or 2 nights! thanks and see you soon!

همدان

HAMEDAN

Population : 526 000 habitants
Province : Hamedan

L'amour

« *Would be great if you could host me* », ai-je donc répondu à Shahin. Une réponse toute diplomatique. En réalité, la perspective de loger chez quelqu'un dont je ne sais absolument rien ne me réjouit nullement. Ma méfiance est de retour. Après deux heures de trajet en taxi *savari*, je me retrouve au centre de Hamedan, sur un rond-point orné d'un gigantesque bas-relief représentant des soldats et l'ayatollah Khomeini, et je me demande sincèrement si cette halte était une si bonne idée.

Shahin ne parvient pas tout de suite à me dérider. Au téléphone, il commence par me dire de l'attendre sur la place Khomeini. Puis il me rappelle, contre-ordre :

– Prends un taxi, puis rappelle-moi et passe-moi le chauffeur.

Deux minutes après :

– Non, reste là, ne bouge pas, j'arrive !

Comme si tout d'un coup, il ne me jugeait plus capable de prendre un taxi tout seul. Cette sollicitude typiquement persane part d'une bonne intention. On se sent traité comme un hôte de marque, ou plus exactement comme un hôte de marque âgé de quatre ans et dans l'incapacité d'accomplir la plus petite tâche par ses propres moyens. La limite est ténue entre amabilité et infantilisation. Tout Iranien exilé à l'étranger qui revient passer quelques semaines dans sa famille en aurait long à raconter sur ce sujet.

Un jeune homme mince et décontracté en jeans délavé et sandales de cuir descend d'un taxi et me salue de trois bises.

– Bienvenue à Hamedan, dit Shahin, avant de me débarrasser de mon sac à dos.

Nous reprenons la route vers le nord et changeons trois fois de taxi collectif. Shahin fait des études d'ingénieur à Ispahan et Kashan. Il revient d'Irak, où il a passé deux semaines à travailler comme soudeur. Ses derniers invités venaient de Düsseldorf, de Berne, de Turquie. Nous descendons à Jouraqan, une banlieue proche de l'aéroport. Là-bas, Shahin a laissé une petite moto Honda YP CG125 qui n'est pas de première jeunesse. Quelqu'un semble avoir arraché le phare avant, le compteur kilométrique est fixé tant bien que mal au guidon par du fil de fer.

– Elle a déjà eu plein d'accidents, précise Shahin, avant de me faire signe de monter. Nous prenons à grand bruit une rue poussiéreuse, entre deux rangées de boutiques poussiéreuses, jusqu'à une porte qui ouvre sur une cour intérieure.

– Avant, ici, on avait des moutons, mais il ne reste plus que des poules.

Shahin fait partie de ces gens qui, dans une journée,

passent plus d'heures avec le sourire que sans. La salle de séjour centrale donne sur la cuisine et sur deux autres pièces. La chambre de Shahin ne contient qu'un bureau, une armoire et un tapis, avec plusieurs crochets au mur où sont suspendus des pantalons.

– Ma mère et mon frère habitent ici aussi, mais en ce moment, ils ne sont pas là.

J'essaie prudemment de détourner la conversation vers un sujet plus intéressant :

– Et Mona, c'est ta cousine ?

– Oui. Dans la famille, c'est elle qui parle le mieux l'anglais, précise-t-il. Tu t'intéresses beaucoup à la religion ?

Échec de mes efforts pour réorienter la conversation.

– Pas plus que ça, et toi ?

– Je n'aime pas les sunnites parce qu'ils tuent des gens, et les chiites ne croient qu'à leurs morts, à leurs martyrs. Moi, je suis zoroastrien. Mais c'est mon secret. Si le gouvernement l'apprend, alors là…

Il passe son index sur sa gorge, dans un geste à la signification internationale. Dans les faits, la peine de mort est très rarement appliquée aux apostats qui renoncent à l'islam. En effet, il suffit à l'accusé de déclarer devant le tribunal qu'il retourne à la foi chiite, et il a la vie sauve. Il paraît que les zoroastriens, en tant que représentants de la religion originelle du pays, peuvent compter sur un peu plus d'indulgence que les autres. Il y a plus de trois mille ans, ce sont eux qui ont intégré à leurs croyances des concepts aussi fondamentaux que le bien et le mal, Dieu et le diable, ou encore le ciel et la terre, inspirant ensuite aussi bien le christianisme que l'islam et le judaïsme.

Shahin propose d'aller faire un tour dans la campagne.

« Quelle idée ridicule ! » me dis-je aussitôt, avant de répondre, comme il se doit :

– Excellente idée !

Juste derrière la maison commence une piste empierrée qui mène à des champs vallonnés. Nous nous rendons à moto jusqu'à un gymnase où Parvis, un ami de Shahin, travaille comme gardien – encore un joyeux drille dans son genre. Puis, sur le même véhicule qui accuse fortement son grand âge, nous partons en bringuebalant ramasser des petites fleurs. Trois hommes sur une moto, moi au milieu, c'est davantage de contact corporel que je n'en aurais attendu pour cette première journée à Hamedan. Voyons le côté positif des choses.

Cueillir des fleurs. Oui, vous avez bien lu. Shahin et Parvis sont en effet d'enthousiastes cueilleurs. Quant à moi, dans mon adolescence, j'ai travaillé pendant mes vacances chez un horticulteur, un job particulièrement pénible. Même s'il n'y avait pas, quelque part en ville, une noble damoiselle qui me guettait derrière les créneaux de sa forteresse, comme jadis la belle Gordafarid qui ensorcela le guerrier Sohrab, la perspective d'aller cueillir des fleurs m'enchante assez peu. Shahin désigne un champ couvert de petites fleurs aux pétales violets :

– Du safran. Pour chaque kilo ramassé, on gagne quarante dollars.

Et nous voilà partis, à ras du sol, en quête de safran. Une énorme quantité de safran. Et aussi une fleur qui porte le nom de *kalam kashi*, ou quelque chose d'approchant.

– C'est bon pour le cœur, et contre la maladie d'Alzheimer.

Par ailleurs pousse ici du *kangar*, une plante dont les feuilles sont hérissées d'épines si redoutables que pour se protéger, Shahin doit enfiler des gants. Dans la tige, on trouve des fibres comestibles d'une couleur laiteuse. Elles n'ont absolument aucun goût.

– Mona ne comprend pas pourquoi nous aimons tant Jouraqan, me confie Shahin, qui n'a pas saisi combien j'apprécie Mona.

À vrai dire, mon intérêt pour elle augmente même d'heure en heure. Cela tient sans doute à ce phénomène que les psychologues appellent « l'effet Roméo et Juliette » : plus grands sont les obstacles, plus forte est l'attirance ressentie.

À : Mona, Hamedan

Hey, how are you? I arrived at shahins place. what is your plan for today?

De : Mona, Hamedan

Hi stephan, you & shahin after dinner come to our house & then we going out :)

Liste des choses qui, par un après-midi de printemps dans l'ouest de l'Iran, me plaisent moins que de rencontrer Mona :

– aller faire un tour au bazar ;
– faire la connaissance d'un papetier qui m'invite chez lui ;
– assister à l'inauguration d'un magasin de tapis ;
– faire de la moto, écrabouillé entre deux hommes qui chantent, dans le genre *Flower Power* ;

– faire la connaissance d'un garagiste qui m'invite chez lui ;
– photographier Shahin devant une arche de pierre tout ce qu'il y a de plus quelconque (« pour Facebook ! ») ;
– faillir en venir aux mains parce qu'un adolescent visiblement éméché cherche à extérioriser son agressivité ;
– faire la connaissance d'un pâtissier qui m'invite chez lui ;
– regarder le journal télévisé (Rohani promet de meilleures conditions de travail, Rohani veut davantage d'exportations, Rohani insiste sur l'utilisation pacifique de l'énergie atomique) ;
– cueillir du safran.

– Un ami vient juste de m'appeler, ça te dirait, ce soir, d'aller faire un foot avec quelques copains ? propose Shahin.

Je complète ma liste : « jouer au football ».

– Je préférerais rencontrer Mona, osé-je enfin avouer.

– Ah bon ? Pas de problème. Dans ce cas, il faut qu'on attende mon frère, c'est lui qui a pris la voiture.

Quelques heures plus tard. S'il n'y avait pas, assis sur les luxueux sièges de cuir du salon, la mère de Mona, deux sœurs, un neveu, un cousin, et bientôt son père, son oncle, sa tante et son frère, j'aurais compris plus tôt qu'il s'agissait d'un rendez-vous amoureux. Peut-être même n'aurais-je pas eu besoin pour cela de la mémorable intervention d'un mystérieux parent.

Mais commençons par le commencement. Mona ne ressemble pas du tout à sa photo de profil : cheveux noirs attachés en chignon, yeux comme des perles noires, jeans et petit T-shirt, extrêmement jolie. Côté sourcils, je ne remarque rien de spécial – mais peut-être mon regard d'homme manque-t-il d'acuité. Très à l'aise, elle me présente à toute sa famille, puis elle nous place sur un canapé, Shahin et moi, et s'installe elle-même à côté de sa maman. Sur une table basse, des concombres et des kiwis, avec un couteau qui hélas ne coupe pas, ce qui rend l'opération « épluchage + conversation » particulièrement ardue.

– Ils sont plutôt riches, me glisse Shahin, avant de me montrer les immenses tapis persans. Ça coûte trois millions de toumans pièce, dit-il.

Soit sept cent cinquante euros. Assurément un bon parti. Mona a un frère, et aussi huit sœurs dont la plupart, mariées, ont quitté la maison. Elle aime Shakira, mais pas le rock, qu'elle trouve trop bruyant. À Hamedan, elle étudie l'économie, et aujourd'hui, elle avait un partiel d'électrotechnique (ça s'est très bien passé). Sinon, en ce moment, elle doit beaucoup réviser car elle a des examens d'anglais à passer.

– Quelle est ta passion ? me demande-t-elle soudain.

– Les voyages et la musique, dis-je après une brève hésitation, un peu pris de court. Et toi ?

– J'aimerais devenir dentiste, dit-elle sans montrer une passion excessive. Ou professeur d'anglais. Ou chanteuse.

Je retrace mon itinéraire – à ce stade de mon voyage, le nombre de mes stations suscite généralement une certaine admiration – et je montre mes photos de voyage sur mon appareil.

– Je connais une phrase en allemand, dit Mona : *« Isch liebe disch ! »*

La conversation suit paisiblement son cours. Les gens ne cessent d'aller et venir, et je remarque que Mona passe son temps à changer de place. Tantôt elle s'assied près de moi, tantôt elle cède sa place à l'une ou l'autre de ses sœurs, toujours quelques secondes avant qu'un membre masculin de la famille ne fasse irruption dans la pièce, comme si elle pressentait leur approche. J'ai beau l'observer, jamais le secret de sa technique ne se dévoile.

À propos de voile, dans la pièce, la mère de famille est la seule à porter un foulard. Elle m'adresse du début à la fin un sourire radieux. Quant au père, c'est une autre paire de manches. Transporteur retraité, chapeau sur la tête, un genre de Philippe Noiret persan. La plupart du temps muet comme une carpe, il m'envoie de temps à autre une salve de questions :

– Comment trouves-tu l'Iran ? Combien coûte ton appareil photo ? Tu gagnes combien ? C'est quoi ton métier ? Combien gagne un ouvrier en Allemagne ? Pourquoi tu ne te donnes pas la peine d'apprendre le persan ?

Bref, je ne suis pas chagriné outre mesure quand il prend congé pour aller se coucher. Presque aussitôt après, un homme passe par là, qui se présente comme un cousin de Mona et m'apprend qu'il a passé plusieurs décennies en France. Il a l'air d'avoir dans les quarante-cinq ans. Soudain, il change de langue :

– Parlez-vous français ? me demande-t-il dans la langue de Molière.

– Oui, un petit peu.

Quatre laborieuses années au lycée, il y a bien longtemps. Il s'assied près de moi, là où quelques secondes plus tôt, Mona était encore assise.

– Ça va ?

– Ça va bien, merci !

– Tu aimes l'Iran ?

– Oui, l'Iran, c'est magnifique.

– Il y a quelque chose que je veux te dire.

– Oui ?

– C'est un petit peu compliqué.

– OK.

– Ma cousine t'aime bien. Qu'est-ce que tu en penses ?

– Ah oui ? Euh… J'en suis ravi…

– Mais c'est l'Iran. Il est compliqué. Beaucoup de restrictions. Tu comprends ?

– Oui.

Au départ, je croyais que le cousin avait juste envie de parler français ; en réalité, il lui fallait une langue secrète pour me parler devant toute la famille. Un personnage assez mystérieux. Le voilà déjà qui se lève et se dirige vers la porte. Mais Mona le retient et tous deux se mettent à chuchoter – le salon est suffisamment immense pour que les autres n'entendent pas.

Sortie du cousin, entrée du frère nommé Ali. Avec toutes ces entrées et sorties, je me crois dans une pièce de théâtre. Ali est un garçon plutôt brut de décoffrage qui ne peut s'empêcher de monopoliser l'attention et la conversation. L'une des sœurs lui apporte une assiette de poulet avec du riz et m'en sert aussi une portion, même si je n'ai pas faim. Mon « non merci » est pris pour une formule de politesse et donc totalement ignoré. Ali fait du bruit en mangeant et parle la bouche pleine.

– Viens, me propose-t-il, on va retrouver quelques amis !

Déjà, Shahin commence à dire au revoir à tout le monde. Y compris à Mona. S'acheminerait-on vers une sortie entre hommes ? Si mon hôte s'en va, il devient difficile de rester. Voilà donc ce que donne, en pratique, le *« then we going out »* que Mona m'annonçait par SMS.

Choses qu'en ce beau soir de printemps dans l'ouest de l'Iran, je trouve moins intéressantes que de passer un peu plus de temps avec Mona :

– rouler à toute allure, en pleine nuit, dans la voiture de Shahin ;

- regarder Ali qui extrait le tabac de deux cigarettes, le verse sur un bout de carton, émiette un morceau de haschisch par-dessus et remet adroitement le tout dans les tubes de chacune des deux cigarettes ;
- pendant le trajet, écouter de la trance persane à un volume digne d'une discothèque ;
- rencontrer Sanjan, Pouya, Mohsen et Arash ;
- dans un parc, faire tourner un joint ;
- répondre à des questions sur le Bayern, Adolf Hitler et les tarifs des prostituées de Hambourg ;
- en contrepartie, apprendre quelques mots cochons en persan ;
- depuis un belvédère situé en haut d'une colline, admirer les lumières de Hamedan ;
- à trois heures et demie du matin, manger du melon à la maison.

À : Mona, Hamedan

Good morning my dear! It was wonderful to meet you yesterday! whats your plans for today?

De : Mona, Hamedan

It was a pleasure to meet you too!
Tomorrow i have midterm in english institute.i'm studing english like always :)

Shahin est un garçon charmant, un hôte de première catégorie, et je n'ai absolument rien à lui reprocher. Mais c'est aussi un hôte très possessif. Quand nous partons avec les gars de la veille pour un village traditionnel où nous irons pique-niquer et boire de l'alcool à l'ombre des noyers, tout cela est bien sympathique. Ce qui l'est moins, c'est l'impression de n'avoir aucun mot à dire sur le programme de la journée. Sur le chemin du retour, nous allons voir une cascade au pied du mont Alvand, point de départ d'un téléphérique qui monte jusqu'au sommet.

– C'est ici que viennent les jeunes couples quand ils veulent être seuls et se toucher, m'apprend Shahin. La police des mœurs ne s'aventure pas jusque-là.

Arbres et rochers offrent un abri indispensable contre les regards indiscrets.

De : Mona, Hamedan

Where are you now?

À : Mona, Hamedan

Near Alvand mountain,
did you finish studying?

Shahin demande si nous avons envie de passer chez un de ses amis fumer la chicha. Mais il ne me reste plus que quelques heures à Hamedan : le bus de nuit part à dix heures du soir.

– J'aimerais mieux voir encore une fois ta cousine, dis-je.

Il ne répond rien, mais sur le chemin du retour, il s'arrête bel et bien devant l'appartement où vit la famille. Nous emmenons Mona et une de ses sœurs, et nous partons tous les quatre faire un circuit touristique en voiture. Et toutes les photos imaginables. Au tombeau d'Avicenne, le plus célèbre médecin et penseur de son temps, qu'a popularisé le best-seller de Noah Gordon, *Le Médecin d'Ispahan*. Devant un monument de pierre en forme de fusée, devant une mosquée, devant un mausolée.

– Tu as de beaux cheveux, me dit Mona.

– Tu pourrais me trouver une copine allemande ? me demande Shahin, qui ne me lâche pas d'un pouce.

Jusqu'au moment où tous les trois me déposent à l'arrêt de bus, je ne passe pas une seule seconde ne serait-ce que presque seul avec Mona. Hier, la belle-famille. Aujourd'hui, la sœur et le cousin. Dans ce pays, la surveillance généralisée n'est pas seulement celle de l'État, elle est aussi familiale. Je me demande, dans des conditions pareilles, comment les gens peuvent tomber amoureux et se marier. À moins que les Iraniens ne se marient d'abord pour tomber amoureux ensuite ? Ou qu'ils soient capables de tomber amoureux en accéléré ? Il me faut approfondir mes recherches à ce sujet.

Nouvelles du monde

Vienne – Espoir d'une avancée dans les pourparlers sur le nucléaire. Le groupe 5 + 1 et l'Iran se donnent jusqu'à l'été pour trouver une solution au conflit qui dure depuis maintenant dix ans. Ils se déclarent confiants. Toutefois, « il faudra encore travailler très dur pour surmonter les désaccords », annonce la déclaration commune du ministre iranien des Affaires étrangères Mohammad Javad Zarif et de la commissaire européenne chargée de la Diplomatie Catherine Ashton.

Téhéran – Le Parlement américain ayant clairement critiqué la situation des droits de l'homme en Iran, l'Iran s'exprime à son tour. « Cette déclaration est sans valeur et ne mérite pas qu'on y prête attention », déclare le chef de l'autorité judiciaire Sadegh Laridjani devant des fonctionnaires à Téhéran. « Elle montre toute l'arrogance de l'Occident. » Par la même occasion, il accuse l'Union européenne de répandre en Iran la promiscuité et l'homosexualité.

Washington – La nomination prévue de Hamid Aboutalebi comme nouvel ambassadeur de l'Iran à l'ONU suscite l'indignation. En effet, le diplomate iranien est soupçonné d'avoir participé, en 1979, à la prise d'otages de l'ambassade américaine à Téhéran. Jeudi dernier, le Congrès américain a voté à l'unanimité une loi susceptible d'empêcher Aboutalebi d'obtenir un visa d'entrée aux États-Unis.

Vienne – En réaction à un rapport de l'Agence internationale de l'énergie atomique (AIEA), les États-Unis ont à nouveau assoupli leurs sanctions contre l'Iran. Le pays pourrait bientôt récupérer 450 millions de dollars (320 millions d'euros), a annoncé une porte-parole du Département d'État à Washington. L'AIEA a fait savoir que, jusqu'à présent, l'Iran s'est conformé aux termes de l'accord sur le nucléaire conclu au mois de novembre. Les réserves d'uranium potentiellement utilisables pour l'armement auraient été réduites, le pays ayant converti 75 % des stocks en combustible appauvri ou en oxyde d'uranium. « Tout se déroule conformément au plan », déclare un diplomate.

Noshahr – En Iran, un jeune homme a échappé à la dernière seconde à son exécution. Selon l'agence de presse IRNA, le condamné à mort avait déjà la corde au cou lorsque la mère de la victime lui a accordé son pardon. Il avait été condamné à mort pour avoir, lors d'une bagarre, tué le fils de cette femme d'un coup de couteau dans la ville de Noshahr. Après la Chine, l'Iran est le pays du monde où l'on pratique le plus d'exécutions. Selon les chiffres officiels, en 2013, 369 personnes ont été exécutées. Mais Amnesty International estime qu'il faut y ajouter au moins 335 autres cas d'exécutions.

Téhéran – Au sein même de l'Iran, l'accès bloqué à l'application de messagerie WhatsApp occasionne un conflit entre le gouvernement et les services responsables de la censure. « Le gouvernement est absolument opposé à l'interdiction de WhatsApp », déclare à l'agence de presse nationale IRNA le ministre des Communications Mahmoud Mehr. Un peu plus tôt, Abdolsamad Khorramabadi, le chef du service de lutte contre la criminalité sur internet, avait pourtant déclaré : « La raison de cette fermeture est le rachat de WhatsApp par le créateur de Facebook Mark Zuckerberg, un Américain sioniste. »

Londres – La journaliste Masih Alinedjad, en appelant les femmes iraniennes à poster des photos d'elles sans leur voile sur Facebook, a remporté un énorme succès. En l'espace de quelques jours, des centaines de photos ont été mises en ligne, et des dizaines de milliers d'utilisateurs les ont likées. La journaliste vit à Londres depuis qu'ayant mis au jour un scandale de corruption, elle a été contrainte de quitter son pays.

Téhéran – De nombreux Iraniens auraient manifesté « pour la décence et la sécurité morale » devant le ministère de l'Intérieur, en exprimant leur opposition à tout assouplissement des règles vestimentaires imposées aux femmes. Selon les données officielles, ce seraient 4000 hommes et femmes qui auraient pris part à ce rassemblement. Des témoins oculaires parlent plutôt de 500 manifestants, parmi lesquels beaucoup d'étudiants en théologie.

Dans les semaines qui ont suivi l'atterrissage de mon avion, beaucoup de choses se sont passées en Iran. Comme d'habitude, les médias européens ont surtout mis en avant les informations relatives au conflit sur l'énergie nucléaire, à la peine de mort ou aux droits des femmes. Ces sujets ont naturellement leur importance, et il est bien légitime d'en parler. Et pourtant, il y a tant d'autres choses qui mériteraient d'être rapportées. Qui connaît le monde par l'image qu'en donne le journal de 20 heures remplit les cases de son inconscient avec les images les plus extrêmes qui soient. Les Africains meurent de faim, les Afghans font des attentats-suicides, les Chinois copient les inventions, les Iraniens sont barbus et fabriquent des bombes atomiques. Rien ou presque sur la vie quotidienne. Les rares fois où il en est question dans les reportages tournés à l'étranger, la représentation est biaisée : on néglige tout ce qui est moderne pour mettre en avant les aspects traditionnels ou dépassés, sous prétexte que ce sera plus esthétique, plus exotique que des images qui auraient pu être tournées dans n'importe quelle grande ville européenne ou nord-américaine. Lecteurs et téléspectateurs ont tôt fait d'oublier que la réalité de chaque pays est infiniment plus diverse que ce qui leur est montré.

اصفهان

ISPAHAN

Population : 1,7 million d'habitants

Province : Ispahan

Le fleuve tari

Sur la plus grande place publique du monde entièrement entourée de murs et de bâtiments, les jardiniers sont en train de faire leur gymnastique matinale. Mouvements d'aérobic sur une eurodance montée à plein volume : je m'étais imaginé mes premières minutes à Ispahan sur un mode plus oriental. En même temps, le nom usuel de la place, Naqsh-e Jahan, signifie « reflet du monde » : des enturbannés fumant le narguilé ou des derviches tourneurs en pleine danse mystique n'auraient finalement pas été plus adéquats. À 5 h 45 précises, les jeux d'eau des fontaines sont mis en route. Trois quarts d'heure plus tard, le soleil se lève. *Showtime*. Cinq cent soixante mètres sur cent soixante, cinq fois trois terrains de football encadrés d'un vaste décor d'arcades doubles, de coupoles de mosquée, de palais et de galeries de bazar. Impossible de ne pas être impressionné par de telles dimensions. Si j'arrive de si bon matin, c'est parce que le bus de nuit en provenance de Hamedan a mis moins de sept heures pour faire le trajet. Ne voulant pas importuner mes hôtes par une arrivée trop matinale, je fais un petit tour.

Une des initiatives les plus culottées de l'ayatollah Khomeini a été de donner son propre nom au chef-d'œuvre architectural d'Ispahan. Alors qu'il n'y est absolument pour rien, puisque c'est Abbas Ier qui l'a fait édifier plus de quatre siècles plus tôt. Jusqu'en 1979, le nom officiel, depuis plusieurs décennies, était « place du Shah ». Mais la plupart des habitants du pays n'appréciaient guère l'égocentrisme délirant de leur souverain, et c'est pourquoi ils ont persisté et persistent encore à l'appeler Naqsh-e Jahan. Une fois de plus, je regrette amèrement l'absence d'un café où tuer le temps. Mais dans une rue latérale, je finis par trouver une maison de thé munie de tables de bois où des hommes puisent l'énergie nécessaire à leur journée dans les bulles des narguilés. Un bon tiers des clients sont des barbus enturbannés aux vêtements longs venus se mêler aux autres pour les informer de ce que préconise le Coran pour faire face à leurs problèmes quotidiens.

À : Sofia, Ispahan

Good morning, I arrived in Isfahan now, how are you? Do you have time to meet today?

De : Sofia, Isfahan

Hi, let's meet @ music school.
I arranged a class for you. Don't hurry, but be there @10.30, not later

Ahmad, mon hôte, habite à vingt-cinq minutes en voiture du centre-ville. Encore une fois, j'appelle un inconnu, je tends l'appareil au chauffeur de taxi et je regarde par la fenêtre, curieux de voir où il m'emmènera. La routine. Nouvelle journée, nouvel appartement. La routine encore et toujours. Lorsqu'on fait de nouvelles rencontres chaque jour, l'enthousiasme des débuts finit par s'user. Tout voyageur au long cours connaît ce moment où les conversations types avec d'autres routards, à base de « *Where are you from/What's your name/Where did you go* », commencent à vous taper sur les nerfs, alors même que l'on se trouve face à des gens qui pourraient être véritablement passionnants.

Ahmad me reçoit en jogging – un gars tranquille qui tient un magasin de T-shirts. Avant mon arrivée, je n'étais en contact qu'avec Sofia, qui m'a trouvé un hébergement chez lui. Cela semble être un procédé courant, tant les femmes iraniennes craignent d'enfreindre la loi et de mettre en péril leur réputation en recevant chez elles des invités de sexe masculin. Ahmad a affiché dans sa chambre un papier où on peut lire la citation suivante, recopiée à la main : « *Traveling is like flirting with life. It's like saying: You are beautiful and I love you, but I have to go.* » Une excellente maxime. Moi aussi, je dois partir, et je m'engouffre dans le premier taxi qui passe. Si j'avais contacté Sofia, c'est parce que son profil annonçait : « *If u r interested in music and language u will have some good experience with me.* » Et aussi parce qu'elle apprend l'allemand. Quand je lui ai écrit que je m'intéressais aux instruments iraniens, elle a proposé de me montrer une école de musique et m'a envoyé l'adresse pour que je l'indique au chauffeur de taxi.

10 h 27 : avec trois minutes d'avance, me voici devant la porte. Sofia, âgée de vingt-six ans, est une douce créature qui porte une cape jaune moutarde ornée de motifs d'inspiration indienne, et des ballerines aux pieds. Elle réussit l'ex-

ploit d'avoir l'air à la fois extravagante et traditionnelle. Ses yeux et ses lèvres sont fortement maquillés, mais sans l'exagération que l'on voit si souvent sur les jeunes visages de Téhéran. J'ai lu quelque part que les Iraniennes utilisent bien plus de maquillage que les femmes des autres pays du monde, ce qui se confirme aisément en faisant un petit tour dans les rues de n'importe quelle grande ville du pays. On sent une immense motivation à exploiter au maximum les quelques centimètres carrés de peau qu'elles ont le droit de montrer. Qui plus est, les Iraniennes sont encore à la première place mondiale des opérations de chirurgie esthétique du nez.

M. Amini, professeur de théorie musicale, nous fait traverser la cour pour atteindre une salle de cours. Nous sommes autorisés à aller nous asseoir dans quelques classes, où on nous offre un petit concert privé. Des ados en uniforme noir et blanc frappent avec une précision de virtuose les cordes de leur *tombak*, et jouent aussi du *santour*, qui ressemble à une planche à découper, du *kamancheh*, un violon que l'on pose à la verticale sur le sol, et du *tar*.

On me propose de prendre en main le *tar*, un splendide instrument au long manche, à la touche en os de chameau et à la caisse en bois de mûrier en forme de huit, tendue d'une peau de fœtus d'agneau. On utilise comme plectre un morceau de métal que l'on tient par un tampon en cire d'abeille qui colle un peu aux doigts. La sonorité est pleine, profonde, parfois bourdonnante, et rappelle un peu celle d'une guitare en plus sourd. J'en tombe amoureux sur-le-champ et décide qu'il me faut absolument un instrument comme celui-là.

– Où as-tu appris à jouer du *tar* ? s'enquiert Sofia.

Voilà que je me sens incroyablement iranien.

– C'est presque comme une guitare, donc ce n'est pas si difficile que ça.

Il lui vient soudain une idée.

– Ça te dirait d'animer un atelier guitare pour les petits ?

– Avec plaisir ! dis-je sans hésiter.

En accord avec M. Amini, elle fixe un rendez-vous pour le surlendemain matin. Puis nous faisons encore un petit tour en ville. Ispahan est renommée pour ses ponts chargés d'histoire sur le Zayandeh Rud, le « fleuve de la vie ». Mais à l'heure actuelle, le fleuve en question est totalement mort : on n'y trouve pas une seule goutte d'eau. Une bande désertique qui coupe la ville en deux. Sur la rive opposée, je distingue quelques douzaines de pédalos ornés de têtes de cygne à la manière des galions, posés à sec sur le sable.

– Le gouvernement a détourné le cours du fleuve, personne ne sait précisément pourquoi. Peut-être parce qu'il y a des champs à arroser ailleurs. Il n'a pas beaucoup plu, tout est sec. On ne sait pas quand on aura à nouveau de l'eau ici, dit Sofia.

Sur la rive, un panneau *No swimming* fait l'effet d'une blague de mauvais goût. Qu'on essaie d'imaginer Paris sans la Seine, ou Hambourg sans l'Elbe. Des parcs verdoyants entourent le fleuve, de splendides vieux ponts de pierre le traversent, qui ne sont plus que des ornements sans la moindre utilité pratique : on peut tout aussi bien, à cinq mètres, à cinquante mètres de là, passer à pied. Je demande à Sofia si elle est en colère.

– Moi, je ne pense pas à ce que fait le gouvernement, dit-elle, ça ne sert qu'à se compliquer la vie. Beaucoup de gens râlent tout le temps, mais moi, je préfère vivre ma vie, tout simplement.

– Et la police des mœurs ? Tes chaussures sont un peu osées, non ? On voit la cheville.

– C'est vrai que ma tenue est un peu trop audacieuse. Le maquillage, et même les couleurs. Mais j'enseigne l'anglais à des fillettes qui vont à l'école primaire, et les enfants adorent mes capes multicolores. Il n'y a qu'avec le directeur que c'est parfois stressant.

Une école privée : seuls les parents aisés peuvent offrir à leurs filles des cours à 1 million de toumans (400 euros) par an.

– Je demanderai si je peux t'emmener avec moi comme professeur invité.

De : Mona, Hamedan

ill missed you so much,
you are really really kind & friendly,
ich lebe diech ;-)

À : Mona, Hamedan

I miss you too!! Too bad we had
so little time in Hamedan!

Nous terminons notre promenade sur la place Naqsh-e Jahan, où nous faisons la connaissance d'André et de Luciana, qui viennent du Brésil, et qui avaient eux aussi contacté Sofia avant d'être redirigés vers Ahmad. Les deux jeunes médecins ont emporté un caméscope. Ils me le mettent aussitôt dans les mains pour exécuter une chorégraphie de trois secondes qu'ils concluent en hurlant : « Les elfes à Ispahan ! »

– On tient un blog vidéo où on est deux elfes qui font le

tour du monde, et dans chaque ville, on fait un clip comme celui-là, m'expliquent-ils. Et toi, qu'est-ce que tu fais ?

– Je fais des recherches pour un livre. Avec un carnet et un crayon.

Je me sens tout à coup comme un vestige de l'âge de pierre. Il ne me reste plus qu'à avouer ma promenade dans une de ces calèches qui emmènent les touristes faire le tour de la place.

À la tombée du jour, nous disons au revoir à Sofia. Ahmad vient nous chercher en voiture et nous emmène jusqu'au pont Khajou, dont la teinte ocre resplendit sous les projecteurs.

– Vous avez de la chance, dit-il, je connais quelques secrets. Le pont comporte trente arches, quinze de chaque côté, car cela correspond au nombre des parties du Coran. Sur chaque arche, le motif floral des carreaux de faïence est différent.

Il nous montre ensuite « le premier téléphone du monde ». Les piles du pont sont percées de petits trous. Si l'on colle son oreille dessus, on entend parfaitement ce que quelqu'un d'autre murmure dans les trous situés de l'autre côté, en diagonale. Même les elfes sont épatés. Nous nous approchons d'un lion de pierre à peu près grandeur nature qui garde l'entrée du pont. Dans sa gueule, on voit une tête d'homme.

– Un symbole de l'autorité du gouvernement, commente sobrement Ahmad, comme si c'était là une métaphore tout à fait classique des liens qui unissent un État et ses citoyens.

– Mais il faut que je vous raconte une histoire vraiment incroyable… Vous avez déjà vu un chat la nuit ? Avec ses yeux qui brillent dans le noir ?

Il montre du doigt un lion identique au premier, de

l'autre côté du fleuve mort, à cent mètres de là. À l'emplacement de sa tête, on distingue nettement deux points lumineux.

– Vous ne me croirez jamais, mais j'ai rêvé que les yeux de ce lion brillaient. Alors je suis allé voir de près, et figurez-vous que c'était vrai.

Difficile d'expliquer la raison de ce phénomène ; peut-être un reflet des projecteurs qui se trouvent à l'entrée du pont. Iran, printemps 2014 : un lion souverain aux yeux phosphorescents dévore les gens et veille sur le fleuve de la vie aux eaux taries.

– Vous aimez la tête de mouton ? demande soudain Ahmad. À moins que vous ne soyez végétariens ?

Comme aucun de nous trois ne l'est, nous nous rendons, à cette heure tardive, dans un petit restaurant au coin d'une rue où un gros homme en tablier sanglant jette dans une grande marmite, à l'aide d'une sorte de pelle, des têtes d'agneaux boursouflées. Comme accompagnement, on nous sert des galettes de pain et une soupe épaisse et grasse. Après les morceaux de cervelle, de joues et de mâchoire, toutes sortes d'abats arrivent sur la table.

– Les poumons, s'amuse Ahmad, j'appelle toujours ça « les serviettes-éponges ». Parce que la surface ressemble vraiment à ça, vous ne trouvez pas ?

Heureusement, c'est meilleur qu'une serviette de bain. Enfin, un peu.

Mais Ahmad a gardé en réserve une petite surprise, spécialement pour moi cette fois : sur le chemin du retour, il me montre une plaque de rue indiquant : *Freiburg Avenue*. Incroyable mais vrai. Je m'étais habitué depuis longtemps à toutes ces rues Shariati, Beheshti, Azeri et Imam-Khomeini dont l'omniprésence a de quoi égarer le voyageur, même muni de son plan.

– Ce nom de rue est unique en Iran. C'est parce que la ville allemande de Fribourg est jumelée avec Ispahan, m'explique Ahmad.

La dictature

De : Sofia, Ispahan

C u @ 10:00 @ music school:-)

Les jours suivants commenceront tous de la même façon : par un SMS contenant de brèves indications sur le lieu de rendez-vous, puis deux points-tiret-parenthèse. Un ordre suivi d'un smiley : Sofia doit être une très bonne prof.

– Je suis un véritable dictateur, me dit-elle un jour où je lui parle de sa façon non consultative d'élaborer notre planning quotidien.

Le professeur Amini a emprunté une guitare exprès pour moi. Yamaha, *made in Indonesia*. Les cordes sont si vieilles qu'ici et là, elles sont tachées de rouille. Nous sommes assis dans une sorte de salle d'attente. J'entends des applaudissements venus de la salle voisine, trois fois à peu de temps d'intervalle. Je me demande quel type de manifestation déchaîne un tel enthousiasme. Amini déclenche alors la sonnerie de l'école : il est exactement 10 h 45.

– On peut y aller, annonce-t-il, et il me fait signe de le suivre.

Nous traversons la cour et ouvrons une porte qui donne

sur la grande salle. Une cinquantaine d'élèves, assis sur des chaises en plastique jaune, guettent mon entrée en scène avec curiosité. Sur une estrade, un tabouret de piano sous le double portrait obligatoire de Khomeini et Khamenei. Je passe la porte : nouvelle salve d'applaudissements. Les précédents n'étaient qu'un petit échauffement.

En acceptant ce *guitar workshop*, je m'étais imaginé deux ou trois élèves qui poseraient des questions sur la position de *sol* majeur ou les accords d'« Hotel California ». Grossière erreur. Je m'installe sur le tabouret de piano. Grand silence, visages attentifs. Dans mon estomac, un trou noir se forme qui essaie d'absorber tout le reste de mon corps, ce qui serait une chance inespérée de disparaître sans laisser de traces. Ça tire dans tous les sens, mais hélas, je ne suis pas englouti. Sofia, assise tout au fond, met en route son caméscope. M. Amini fait une petite présentation et tend le bras dans ma direction, comme sur un plateau de télévision : nouvelle salve d'applaudissements. Jamais encore je n'ai été si frénétiquement applaudi sans avoir encore rien fait. Peut-être la meilleure illustration de l'hospitalité iranienne. Je finis par annoncer :

– *I will play two classical pieces by Spanish composer Francisco Tárrega.*

J'accorde à nouveau la guitare, ce sont toujours quelques précieuses secondes gagnées. Puis j'attaque, les doigts crispés. « Lágrima », larme, c'est le titre du morceau. Il faut dire que je pourrais le jouer même en dormant. Ça accroche à deux endroits, mais rien de bien méchant. J'enchaîne sur « Adelita », presque sans faute, et c'est parti, applaudissements et trépignements. Le tango qui suit est un peu rapide pour moi et je passe plutôt à côté. En revanche, « Someone Like You » d'Adele est un bon investissement, Adele marche à tous les coups en Iran. Les applaudissements redoublent. Amini demande s'il y a des questions dans la salle.

Un petit gars à lunettes en écaille lève la main.

– Est-ce que tu pourrais jouer quelque chose de vraiment dansant ?

Le trou noir est de retour, il tente désespérément de m'aspirer vers le néant – en vain.

– Seulement à condition que toi, tu viennes danser ! répond Amini, en fin diplomate.

– Bon, je vais essayer, dis-je.

Ce sera, certainement pour la seule et unique fois dans l'histoire de cette école de musique, « Enter Sandman » de Metallica – transposition improvisée pour guitare classique solo. Une fausse note sur quatre en moyenne, mais ce qui est sûr, c'est que je joue *fortissimo*. Et c'est dansant. Impossible d'entendre ça sans taper dans ses mains. Pourtant, cinquante garçons en uniforme y parviennent sans problème. Applaudissements retenus, quelques mots de remerciement du professeur. J'ai survécu, et les enfants peuvent retourner en cours.

– Tu as été bon, déclare Sofia.

Dans la somptueuse salle du trône, des fresques montrent des combattants montés sur des éléphants, des musiciens qui pincent ou caressent les cordes de leurs instruments, des rois recevant d'autres rois. Dehors, assis sur les marches du palais Chehel-Sotoun, près de gros lions de pierre au regard stupide, nous sommes plongés dans une bien étrange conversation en allemand. « *Der Baum ist schön. Die Frau ist schön. Der Mann ist wichtig*[1] », dit Sofia. Encore quelques problèmes de prononciation. « *Ich bin nicht normal. Das Kind ist nicht genau. Die Tomate ist kostenlos. Ich bin frei. Wir sind frei. Der Mann ist frei. Die Frau ist genau. Das ist positiv*[2]. »

– D'où est-ce que tu sors ces phrases bizarres ? lui demandé-je.

– Je les ai trouvées sur un site internet.

Dans un cahier d'écolier, elle a tout recopié très proprement mot à mot, et elle s'entraîne à lire à haute voix.

– Je crois que ce n'est pas un bon site internet. « *Die Frau ist genau* » (« La femme est exacte »), franchement, chez nous, personne ne dirait ça !

Passe une famille européenne avec enfant, un petit garçon d'environ cinq ans. Il porte de grosses lunettes de soleil et une petite casquette de base-ball.

– Mon Dieu, qu'il est mignon ! piaille Sofia. Tu crois que je peux leur demander de faire une photo avec lui ?

Mais déjà, elle fonce sur les parents éberlués, se cramponne au gamin et me passe son téléphone. Je prends la photo, elle embrasse le petit sur la joue. Il a l'air un peu effarouché, personne ne lui a demandé son avis. Sofia remercie les parents avec effusion. J'essaie d'introduire un point de vue plus objectif :

– Il n'était pas si mignon que ça. Un peu trop joufflu.

Mais rien à faire, elle est aussi rayonnante que si cette

---

1. « L'arbre est beau. La femme est belle. L'homme est important. »
2. « Je ne suis pas normal. L'enfant n'est pas exact. La tomate est gratuite. Je suis libre. Nous sommes libres. L'homme est libre. La femme est exacte. C'est positif. »

petite famille venait de lui annoncer qu'elle a gagné dix millions de rials au loto.

– N'importe quoi, il était adorable ! Maintenant, je le sais, il faut absolument que j'aille en Europe.

Mères de nos contrées, cachez vite vos enfants en bas âge.

– Ils sont tous aussi adorables, chez vous ?

– Au moins. Tu aurais dû me voir, moi, à cinq ans.

– J'imagine ! Bon, faisons un peu d'allemand, maintenant.

Les compétences linguistiques de Sofia progressent, mais aussi mon petit projet de recherche sur le thème « L'amour et le mariage en Iran ». Pour le déjeuner, je rencontre Massi, une heureuse nature tout en décontraction sous son foulard noir, courtière en Bourse et guide touristique occasionnelle pour les invités officiels de la ville. Elle m'emmène dans un bistrot du quartier arménien où les serveurs portent des bretelles noires sur leurs chemises blanches. Sur les tables, des boîtes de mouchoirs Hermès. Au plafond, des espèces de mobiles – en les regardant de plus près, on s'aperçoit qu'il s'agit de lustres de créateur, l'un constitué de dizaines de théières peintes en jaune, l'autre de couteaux et de fourchettes.

– Ah bon, tu loges chez Ahmad ? dit Massi. Il est fou. Personne à Ispahan n'a eu autant d'invités que lui.

Elle-même, très active sur Couchsurfing, organise sans cesse des rencontres.

– Mais une fois, Ahmad a été arrêté parce qu'il se baladait en ville avec une fille étrangère. La police l'a menacé de lui retirer la licence qui lui permet de tenir sa boutique, alors il a supprimé son profil. Maintenant, il ne reçoit des gens que par l'intermédiaire d'autres copains.

– Tu as déjà eu des problèmes avec la police ?

– Non, heureusement, dit Massi. En fait, je n'y pense pas tellement. Mais une fois, au poste de police, des agents ont montré à quelqu'un que je connais des photos d'une de nos réunions, dans un parc. C'est vrai que ça fait un peu peur.

Salade César, smoothies de couleurs vives : on pourrait être dans le quartier branché de n'importe quelle grande ville d'Europe.

– J'ai un problème et j'aimerais savoir ce que tu en penses, déclare brusquement Massi.

– Bien sûr. De quoi s'agit-il ?

– Je me demande si je dois me marier ou pas. J'ai déjà vingt-neuf ans. J'ai rencontré un homme très gentil, il a un bon job. En ce moment, il candidate pour un poste au service des étrangers de Téhéran.

– Mais quel est le hic ?

– Lui, il est calme, et moi, je suis extravertie. On n'a pas grand-chose à se dire, on est tellement différents. Il m'aime, mais moi, je ne l'aime pas. Pas encore, en tout cas. Je ne sais pas du tout quelle décision prendre. En Iran, c'est toujours l'homme qui fait le premier pas. Qui sait quand une autre occasion se présentera ?

– Vous vous connaissez depuis combien de temps ?

– On s'est déjà vus trois fois.

Je manque de m'étouffer avec une feuille de salade.

– Et quand t'a-t-il fait sa demande en mariage ?

– Sur Facebook, avant notre premier rendez-vous en tête à tête. Il y a d'abord eu une première rencontre officielle, et ensuite, on est devenus amis sur Facebook.

– Mais pourquoi es-tu si pressée de te marier avec lui ?

– Quand une femme iranienne vit seule, il y a toujours des ragots, des rumeurs. Ma famille me met la pression pour que je n'attende pas plus de deux ans.

– Alors laisse-toi un peu plus de temps pour mieux le connaître.

– Oui, mais s'il n'est plus intéressé ?

– Si c'est sérieux pour lui, il pourra patienter quelques mois.

J'ai du mal à donner de bons conseils. Je sens bien que pour tout ce qui touche au mariage, je débarque d'une autre planète.

En Iran, en épousant un homme, une femme devient pour ainsi dire la propriété de son mari. En revanche, c'est à lui de prendre en charge le coût d'un logement commun, et en cas de séparation, il doit s'acquitter d'une indemnité substantielle. D'après le droit civil, cette somme constitue la contrepartie du fait que « la femme, dans le mariage, partage la couche de l'homme, assure l'entretien du foyer et lui obéit ». Sans l'autorisation de son conjoint, elle ne peut même pas sortir de chez elle, sans parler de voyager à l'étranger. Selon la loi, quand un homme veut divorcer, il lui suffit de se mettre dans la rue et de prononcer trois fois haut et fort : « Je te répudie. » Quand une femme a la même intention, il faut qu'elle passe devant un tribunal et qu'elle obtienne la signature de son mari. Ensuite, c'est toujours l'homme qui obtient la garde des enfants. Chez les jeunes couples, la tendance est désormais au contrat de mariage, qui accorde du moins quelques droits supplémentaires à l'épouse. Ne pas se marier ne constitue pas non plus la solution, et pas seulement en raison de la sécurité financière que cela procure à l'épouse. La pression familiale et sociale est si puissante, la norme si profondément ancrée en chaque individu que très rares sont les femmes qui osent rester seules. Même celles qui ont fait des études supérieures et exercent une profession de haut niveau, comme Massi.

– Tu sais, en Iran, il y a deux mariages, m'explique-t-elle. Le premier a lieu en petit comité. Après, les deux partenaires habitent encore chez leurs parents, mais ils commencent à chercher ensemble un appartement, des meubles. C'est là qu'ils commencent vraiment à se connaître, car avant, ils n'en ont pas eu l'occasion. Si on se sépare avant le vrai grand mariage, ce n'est pas si dramatique que ça. Mais ça reste un divorce.

Si je cherchais un point de vue masculin sur la question, un jeune homme rencontré par hasard me le fournit en me ramenant chez Ahmad. Alors que j'attends un taxi sur le trottoir, Arash, vingt-trois ans, se propose pour m'emmener. Il est étudiant en électrotechnique.

– Nous sommes la génération sacrifiée, dit-il. On n'a quasiment aucune chance de trouver un bon job et tout devient de plus en plus cher. Pour acheter une maison dans un quartier pourri, il me faudra travailler pendant vingt ans. Si c'est dans un bon quartier, il me faudra travailler cent ans. Et pour me marier, il faudrait que je possède ma propre banque.

L'opinion de Sofia manque encore au tableau. Nous nous donnons rendez-vous le lendemain dans un parc, sur la rive du Zayandeh. Elle me dit qu'elle ne comprend pas comment les Européens peuvent avoir des enfants sans se marier.

– Alors il n'y a plus aucune obligation, l'homme peut faire ce qu'il veut ! Tandis que si on signe un contrat, si on fait une énorme fête avec tous les amis, c'est un engagement sérieux.

Ses parents lui ont déjà arrangé quelques rencontres. Son père est très croyant, il conduit des groupes de pèlerins en visite dans tous les lieux saints du chiisme.

– Une fois, il y avait un type… Ça n'allait pas du tout. Il

disait des choses tellement bêtes que je n'osais même pas le regarder.

Sofia n'est pas favorable à ce que les adolescents fréquentent ceux du sexe opposé. C'est la prof en elle qui parle :

– Ça les détournerait vraiment trop de l'école.

Un jour, elle a failli se désinscrire une fois pour toutes de Couchsurfing, parce que certaines rencontres tournaient un peu trop à la drague :

– Il y a beaucoup de gens qui cherchent un ou une partenaire. Ils essaient de te faire boire, ils te mettent la pression en te disant : « Ah, mais toi, tu n'es pas une femme moderne ! » Alors qu'il n'y a aucune fille qui soit vraiment « moderne ». Tu devrais les voir à la maison… Et l'autre problème, c'est que beaucoup de filles veulent être « occidentales » quand il s'agit de garçons et de faire la fête, mais plus du tout pour des choses comme la discipline ou la ponctualité. Elles ne prennent que ce qui les arrange.

Ivre chez l'imam

Sur la voie rapide qui mène à l'aéroport, je me sens plutôt du genre moderne, puisque je me souviens tout à coup que j'ai encore une bouteille du meilleur vin de tout le pays dans mon sac à dos. C'est Akbar, l'oncle de Sofia, qui est au volant (en fait, ce n'est pas vraiment son oncle, mais en Iran, on a coutume d'appeler ainsi les amis proches quand ils sont de la génération précédente). Sa femme est à côté de lui, Sofia à l'arrière. Akbar est ingénieur et a récemment reçu une offre d'emploi dans une société de télécom, 3S Network, installée à Irvine, en Californie. Dans quelques mois, il s'envolera pour les États-Unis. Il est content de faire un peu d'anglais avec moi. Sur son téléphone portable, il a enregistré les cent vingt questions qui l'attendent au moment où il déposera sa demande de visa à Téhéran, avec la réponse correcte. Il les connaît toutes par cœur, presque mot pour mot, comme je le constate lorsque nous nous lançons dans un jeu de rôle où je fais l'employé impitoyable du consulat.

– *Who interviewed you for the job, and how many interviews did you have ?*

– *I had three phone interviews with Mister Hawkins.*

– *How did you hear about the company ?*

– *The CEO is from Iran, he is a friend of my brother-in-law.*

– *How do you know the company is real ?*
– *I talked to some employees and I checked the website.*
– *Why will you come back to Iran ?*
– *Because of my family.*
– *Why do you want to change ?*
– *I will earn more money and learn more in my field.*

D'après ce qu'il me raconte, un poste d'ingénieur n'est pas la meilleure façon de faire fortune en Iran.

– Ici, je gagne trois cent cinquante dollars par mois, aux États-Unis, j'en gagnerais cinq mille.

Il veut à tout prix que ça marche : il y a quelques mois, il savait tout juste dire « *hello* » et « *how are you* ». Depuis, il ne fait rien d'autre que de l'anglais, avec un professeur particulier. Quand nous nous quittons, je lui souhaite bonne chance.

– Prie pour moi au tombeau de l'imam Reza à Mashhad, me dit Sofia en me serrant la main. Dis-lui que je veux aller en Allemagne, qu'il doit absolument m'aider.

– Ne t'en fais pas. Tu es la meilleure dictatrice de tout le pays, lui dis-je.

Il me reste une heure avant de m'envoler pour l'une des villes les plus saintes de l'Iran. Je demande pardon en esprit à Sa Majesté Ehsan, prince et maître vigneron de Marivan. Pour déguster un 2013 aussi délicieusement fruité, il y aurait mille et un endroits plus adéquats que les toilettes de l'aéroport Shahid-Beheshti d'Ispahan. En deux minutes, j'arrive à descendre les deux tiers de la bouteille, puis je vide le reste sur le sol en céramique. Il me faut tirer la chasse deux fois pour faire disparaître toute trace de rouge. La bouteille à la poubelle, un chewing-gum dans la bouche, et le tour est joué. Je me dirige en marchant aussi droit que possible vers le guichet de la compagnie Taban Air. Entre deux hoquets, je constate que dans *check-in*, il suffit d'intervertir deux lettres pour obtenir le mot *chicken*, puis je présente mon billet et je me mets dans la file d'attente pour les contrôles de sécurité.

De : Sofia, Ispahan

Sorry I couldn't have even a small hug with
u @ airport in front of my friends U know
maybe they find it strange ;-)
Was nice meeting u. U r so kind :)

À : Elaheh, Mashhad

Hi elaheh, i m on my way now,
i will arrive at the airport in around 3 hours.
see you soon!

De : Elaheh, Mashhad

My address is shariati st., taleghani.
call me when you get to the taxi.

De : Massi, Ispahan

have a great rest of the trip.
please pray for me at imam reza shrine!:)

Dans les haut-parleurs crachotants, j'entends une annonce : *« Mister Stephan, please come to the information desk. »* Je ne suis pas sûr d'avoir bien entendu le nom. Aurais-je perdu quelque chose ? Mon passeport et mon billet sont bien là, dans ma main, ça ne peut pas être ça. Quand j'ai jeté la bouteille, ai-je été filmé par une caméra de sécurité ? A-t-on retrouvé des traces de vin dans la poubelle ?

Je décide de ne pas bouger. Devant les portes, dans la salle d'embarquement, la même annonce retentit, toujours aussi indistincte. Allons, ce doit être pour quelqu'un d'autre, c'est le vin qui me perturbe… J'essaie de me raisonner, de concentrer toute ma peur sur le vol à venir.

Taban Air est une toute petite compagnie qui ne possède que sept engins. Les problèmes de maintenance dans l'aviation sont bien connus, on manque de pièces étrangères, et sûrement aussi pour les avions américains à hélices de type MD-80 où je m'apprête justement à prendre place. Les ingénieurs iraniens sont les jazzmen de l'aéronautique. Des maîtres dans l'art de l'improvisation, qui savent placer ici ou là une note inattendue et éviter les solutions trop évidentes. Je me demande, en pratique, si ce sont plutôt les ordinateurs de bord, l'hydraulique ou les moteurs qui sont rafistolés avec des pièces sorties des usines automobiles Saipa. Ou les trois. Et si les techniciens, comme certains musiciens, improvisent d'autant mieux qu'ils ont bu un petit coup de rouge. Allez hop, il volera bien comme ça, *inchallah*… Le dernier crash à l'atterrissage de cette compagnie remonte à quatre ans, j'ai vérifié sur Google. Comme par hasard sur la ligne Ispahan-Mashhad, quarante-deux blessés. Cet intervalle de quatre années éveille en moi les trois réactions suivantes :

a) Conséquence de cet accident, la sécurité a été fortement améliorée depuis.

b) Ce serait bien le moment que ça recommence.

c) Je me fais des idées pour rien.

Naturellement, la bonne réponse s'avère être la réponse c). Le pilote s'élance avec élégance, reste en l'air juste aussi longtemps qu'annoncé et se pose aussi doucement qu'une plume de mainate sur un tapis persan.

مشهد

MASHHAD

Population : 2,6 millions d'habitants
Province : Razavi-Khorasan

Croire et compter

– Tu as apporté ton maillot de bain ? Cet après-midi, il y a une pool-party, m'annonce Elaheh.

Ce n'est pas le genre de phrase que je m'attendais à entendre dans la pieuse et rigoriste Mashhad. Mais à la longue, j'aurais dû m'en douter. L'Iran s'ingénie à ne jamais être où on l'attend. L'État théocratique déjoue tout ce qui ressemble à des préjugés, à des clichés médiatiques. Pèlerinage le matin, fête le soir : voilà un programme qui me plaît.

Elaheh est dentiste. C'est une jolie brune qui ressemble un peu à la rappeuse Sabrina Setlur. Son ami Ismaïl vient nous chercher au volant d'un très vieux véhicule tout-terrain dépourvu de pare-brise. À 45 à l'heure, la balade pétaradante dans la ville sainte à bord de cet engin est un pur délice : enfin une impression de liberté sans se cacher entre quatre murs ou derrière des clôtures. Visage au vent, cheveux au soleil, on se demande à quoi peuvent bien servir les pare-brise des voitures, finalement.

Mashhad paraît plus moderne et plus propre que Téhéran ou Ispahan. Grâce aux quinze millions de pèlerins qui affluent chaque année, c'est une ville riche. Au bord de la route se dressent des panneaux publicitaires géants pour des agences immobilières, et les passerelles réservées aux piétons semblent flambant neuves. Des grues géantes numérotées de 1 à 9 annoncent la construction de l'un des plus grands centres commerciaux du pays. Nous descendons ensuite dans une station de métro (moyen de transport bien plus moderne et cette fois équipé de fenêtres) pour nous rendre au centre-ville.

Quinze millions de pèlerins. Il faut d'abord s'imaginer un grand stade de foot plein à craquer. Celui de Dortmund, par exemple. Une foule immense, plus de 80 000 personnes. Essayez de vous représenter dix, vingt stades comme celui-là. Vous n'y êtes toujours pas. Chaque année, ce sont 190 stades géants qui se déversent au centre-ville de Mashhad. Certaines sources officielles parlent même de vingt millions de pèlerins (250 stades géants). Mais face à de tels chiffres, il faut se montrer prudent : peut-être la propagande d'État a-t-elle tendance à exagérer quelque peu la piété des Iraniens.

Il y a mille deux cents ans, l'iman Reza n'a pas particulièrement fait parler de lui. Mais il reste l'un des douze imans qui sont pour les chiites les successeurs légitimes de Mahomet, et cela suffit pour lui valoir tous les honneurs. Qui plus est, tout le monde croit que le calife Haroun al-Rashid lui a réglé son compte avec des raisins empoisonnés (ce dont les historiens sont nettement moins sûrs). Ce sort tragique lui confère le statut de martyr. Les dix imams restants ont été enterrés hors des frontières de l'Iran (quant au douzième imam, comme on attend encore son retour, il n'a pas de tombeau). Le mausolée de l'imam Reza n'a rien d'un cimetière, mais tout d'un palais. L'ensemble du site est considéré comme la plus grande mosquée du monde en superficie. Avec ses 600 000 m^2, elle dépasse d'un tiers les mosquées géantes de La Mecque et de Kerbala. Nous retrouvons une amie d'Elaheh et Ismaïl, une architecte prénommée Parisa. Les deux autres, peu tentés par la sainteté, me laissent seul avec elle. Ils me gardent mon appareil photo, qui doit rester hors du sanctuaire, alors que bizarrement, on a le droit de prendre des photos avec son téléphone portable. Je passe les deux heures qui suivent à découvrir avec Parisa une longue succession de cours intérieures, de splendides *iwans*, de portiques ornés d'or. Des hommes en uniforme tenant en main des espèces de plumeaux colorés maintiennent le bon ordre parmi la foule.

– La couleur jaune sert à repérer les guides qui répondent aux questions générales, la couleur verte ceux qui sont experts dans le domaine religieux, m'explique Parisa. Avec leurs plumeaux, les guides ont le droit de donner un petit coup sur les femmes (et les hommes) qui se trompent de chemin, car beaucoup de zones et d'entrées exigent une séparation des sexes très stricte. Il paraît que la liste d'attente pour travailler dans le sanctuaire compte dix mille inscrits – ce qui tient sans doute davantage à la proximité des lieux saints qu'au privilège de donner des coups de plumeau aux visiteurs.

Parisa est sans cesse rappelée à l'ordre par l'un ou l'autre des surveillants : on ne doit voir dépasser aucun de ses cheveux, ni aucun de ses ongles au vernis turquoise si bien assorti à la coupole des mosquées. Dans l'ensemble du sanctuaire, les femmes ont l'obligation de porter le tchador. La magnificence et l'immensité du site sont vraiment impressionnantes.

– Un jour, j'ai emmené un touriste français ici, et il a dit que, tout à coup, le château de Versailles lui paraissait tout petit.

C'est dire l'effet produit par le site.

Depuis plus de mille ans, le sanctuaire a connu d'innombrables transformations, et la place tend à manquer. On voit donc apparaître de nouvelles salles de prière souterraines dont les escaliers ressemblent fort à ceux du métro. Mais les espaces où ils conduisent sont ornés de miroirs, de centaines de tapis et de centaines de luminaires. Tous les lustres ont des ampoules blanches, sauf un qui a des ampoules vertes.

– C'est pour montrer l'endroit de la pièce le plus proche du tombeau, dit Parisa.

Les pèlerins se pressent en masse autour d'une sorte de cage dorée derrière laquelle est dissimulé le sarcophage de Reza. En tant que non-musulman, je ne suis pas autorisé à m'avancer jusqu'à la grille. Il faut avouer que, du point de vue émotionnel, je dénoterais par rapport à l'ambiance générale : presque tous les visiteurs prient, beaucoup pleurent la mort du martyr, quand je ne suis que stupéfait. En pensée, je demande à l'imam Reza un prochain départ vers l'Allemagne pour Sofia, un époux digne de ce nom pour Massi – et la prolongation de mon visa qui arrive à expiration dans cinq jours.

On ose à peine calculer combien doivent coûter des bâtiments comme ceux-là. Derrière le sanctuaire de l'imam Reza, il y a un conglomérat économique comprenant des mines, une usine d'autobus, des industriels du textile, des sociétés de presse, des firmes agricoles et une bonne partie des terrains sur lesquels s'élève la métropole elle-même. Les hôtels où logent les pèlerins lui versent une redevance foncière. C'est le principe des *bonyads*, qui ont officiellement le statut de fondations et sont donc exonérées d'impôts et subventionnées par l'État. Elles sont placées sous l'autorité directe du guide suprême Ali Khamenei, lui-même natif de Mashhad. Le pays compte cent vingt *bonyads*, qui constituent un important acteur économique. La plus considérable est justement celle qui gère le mausolée de l'imam Reza, avec quatorze milliards de dollars de chiffre d'affaires annuel. Plus que chez Porsche.

Faire la fête

Ismaïl ne roule certes pas en Porsche, mais pour une petite excursion entre amis, sa vieille jeep est au moins aussi agréable. Dans l'après-midi, nous quittons la ville et roulons jusqu'à un embranchement où un panneau indique les jardins de Vakilabad. Notre chauffeur sort son téléphone portable. Quelques centaines de mètres plus loin, il stoppe devant un lourd portail métallique dans le genre mot de passe exigé et vigile à la carrure de boxeur, qui s'ouvre aussitôt pour nous laisser passer. Nous nous garons derrière deux autres voitures dans une allée de graviers. De la trance s'échappe des portières d'une Peugeot.

– T'as de l'herbe ? demande un type tatoué qui ressemble, sinon à un champion de boxe, du moins à un chanteur de gansta-rap.

– Laisse tomber, répond Ismaïl.

– Et à boire ?

– Non plus.

Il y a aussi Sayma, une copine d'Elaleh, et trois autres gars. La fête est organisée dans un jardin entouré d'un mur de quatre mètres de haut, bien à l'abri des regards. Il y pousse des fruits acides qu'on appelle des « tomates vertes » et aussi des mûres. Juste à l'entrée, une piscine d'environ huit mètres de long et deux mètres de profondeur. Dans une maisonnette en bois avec coin-cuisine et salon, nous allons nous changer à tour de rôle. Bientôt, deux femmes en bikini et cinq hommes en caleçon de bain sautillent l'un derrière l'autre dans une eau glaciale. Ismaïl a apporté une caméra GoPro avec compartiment étanche et il filme, surtout les nageuses. Sayma semble ravie de l'attention que suscitent ses formes harmonieuses. Je suis surpris de la confiance qu'elle témoigne à Ismaïl, qui pourrait faire n'importe quoi avec les vidéos – les poster sur Facebook, par exemple. Je me sens comme un reporter invité sur le tournage clandestin d'un film pornographique. La seule différence est que, si la police débarquait, un tournage porno en Europe aurait des conséquences nettement moins graves qu'un apéro au bord de la piscine en Iran. On insiste pour que je prenne des photos avec mon précieux appareil : les gars assis dans la jeep, les filles sur le capot. Des documents sensationnels, à rendre folle la police des mœurs. Malheureusement, jamais je ne pourrai les publier.

– Bon, on n'a rien à boire, et maintenant, on fait quoi ?

Elaheh a posé la question qui tue. Assis sur des chaises en plastique, nous mangeons du melon et tirons sur nos mini-cigarettes Bahman sans trop savoir comment nous occuper. J'apprends à dire en persan « Ton père est un chien » et « Mange de la merde », et en échange, j'enseigne aux autres de très vilains gros mots en allemand. La conversation ne prend pas meilleure tournure, et la fête se dégonfle comme un ballon de baudruche. Il ne suffit pas que ce soit interdit pour qu'on s'amuse à tous les coups. Sur le chemin du retour, nous nous arrêtons au Café Venice, un bar à l'européenne aussi sympa qu'un tel endroit peut l'être sans alcool. Derrière le comptoir s'alignent des bouteilles remplies de liquides de toutes les couleurs. Rien d'alcoolisé, seulement des sirops. Sur un tableau noir, une citation écrite à la craie : « *La fortuna più grande è trovare felicità nelle piccole cose* » – le plus grand bonheur est de se réjouir des petites choses. C'est tellement vrai. Justement, un petit plaisir me réjouit incroyablement : l'odeur d'un vrai cappuccino, après des semaines de Nescafé. La salle aux murs lambrissés est si sombre que les visages des jeunes consommateurs sont surtout éclairés par leurs tablettes et leurs smartphones, sur lesquels ils jouent à Castle Clash ou envoient des messages – quelques mots et une bonne dose d'*emoticons*. Comme WhatsApp ne fonctionne pas toujours, les applications les plus utilisées sont Viber et Tango.

Dans notre groupe aussi, la conversation a tendance à retomber : les écrans allumés nous isolent les uns des autres. Elaheh commande un *French coffee* et parle des substances illicites.

– Je crois qu'au fond, le gouvernement n'a rien contre. Parce que ça empêche les gens d'imaginer des trucs. Quand tu es défoncé, tu ne fais pas la révolution.

Elle tire voluptueusement sur sa cigarette Bahman.

– D'ailleurs, dans le Coran, autant il est écrit que l'alcool est interdit, autant le haschisch, l'opium et l'héroïne ne sont pas clairement mentionnés.

– Tu n'as pas peur de te faire prendre quand tu bois ?

– C'est une affaire de chance. Jusqu'à maintenant, j'ai eu de la chance.

Chacun retourne à son écran. Elaleh a fait cinq ans d'études dentaires à Istanbul, elle est allée trois fois en Europe et connaît Hambourg, Berlin et Münster. Son père dirige une société de biotechnologie. En ce moment, elle partage un appartement avec sa mère, gynécologue. En

Europe, une jeune femme comme elle serait considérée comme « à haut potentiel ». À Mashhad, la deuxième ville d'Iran, elle ne trouve pas de travail.

– En ce moment, je donne un coup de main dans un cabinet dentaire. Juste pour acquérir de l'expérience, je ne gagne rien.

Elaheh a un frère ingénieur et une sœur médecin. Tous deux sont partis depuis longtemps s'installer aux États-Unis. Elaleh ne tardera probablement pas à les rejoindre à l'étranger. Comme tant d'autres jeunes ultraqualifiés, elle n'entrevoit aucune perspective dans son propre pays. À cela s'ajoutent ses mauvaises expériences du côté des hommes iraniens.

– En général, ils ne s'intéressent qu'à deux choses : le fric et la pornographie.

Un ami à elle se joint à la bande, Mehdi, un chef d'entreprise aussi potelé que dynamique spécialisé dans l'électronique et les équipements électriques. Après quelques années passées à Toronto, il parle un anglais impeccable. Particulièrement loquace, il ne tarit pas d'anecdotes sur le prince arabe auquel il vient de vendre des interrupteurs dorés à l'or fin. Puis sur l'ambassade italienne à Téhéran, très cool, alors que l'ambassade allemande est beaucoup plus coincée. Sur l'avion qui s'est écrasé à l'atterrissage quelques jours plus tôt à Zahedan, à l'est de l'Iran, et d'où un ami à lui est ressorti vivant. Sur un salon de l'électronique à Francfort où il s'est rendu en mars dernier. Et aussi sur Mashhad.

– Mes copains de Téhéran me disent qu'on doit s'ennuyer terriblement à Mashhad, à cause de tous ces religieux fanatiques. Mais ce n'est pas vrai du tout. Il y a tout ce dont on peut rêver ici : des soirées clandestines, des cafés sympas, tout ce qu'on veut. Du moment qu'on évite le *haram*, la partie de la ville où il y a le sanctuaire, on peut vivre vraiment bien ici.

Mehdi ne s'intéresse pas aux édifices religieux où les gens viennent en pèlerinage : il a d'autres centres d'intérêt.

– Je me fais toujours un petit pèlerinage à Amsterdam. L'an dernier, j'ai pris des *magic mushrooms* et je suis allé voir les grandes expositions de fleurs au parc de Keukenhof, un truc incroyable. Pendant deux jours, j'ai dû me balader avec des lunettes de soleil.

C'est l'illumination pour tous : pendant que les fidèles musulmans font leur pèlerinage à Mashhad pour voir le tombeau de l'Imam, les Mashhadis les moins portés sur la religion font le leur en Hollande pour visiter les *coffee shops*.

Lost in Visa Application

L'imam Reza est-il intervenu en ma faveur ? Toujours est-il que le tampon tant espéré ne s'est pas matérialisé de lui-même sur mon passeport. Le lendemain, je monte donc dans un taxi pour me rendre au Foreign Affairs Office. Dans une salle d'attente dépouillée, un petit homme en costume gris me passe sur le gril.

– Pourquoi voulez-vous rester plus longtemps ? s'enquiert-il sur le même ton que si je venais me proposer pour faire le ménage en string dans son appartement.

– J'apprécie beaucoup mon voyage en Iran, cela me plaît énormément ici.

Parmi toutes les phrases que je prononcerai dans les heures qui suivent, c'est l'une des rares qui soient conformes à la vérité.

– Qu'est-ce que vous faites à Mashhad ?

– Je viens visiter le Saint Sanctuaire.

– Où avez-vous obtenu la première prolongation ?

– À Kerman.

– Et là-bas, qu'est-ce que vous étiez allé faire ?

– Visiter le désert de Kalout. Tout le pays m'intéresse, j'aimerais le connaître le mieux possible, dis-je dans l'espoir de l'amadouer.

– Eh bien vous aviez assez de vingt jours pour cela.

Pour appuyer ses propos, il tapote avec l'index sur la date qui figure sur mon visa initial.

– Alors je ne pourrai pas obtenir une prolongation ici ?

– Allez à la police, 1, rue Imam-Reza, et posez-leur la question.

Il me tourne le dos et s'en va, me signifiant ainsi que pour lui, cette conversation est terminée. Je reprends un taxi pour la rue Imam-Reza. Le chauffeur doit m'avoir mal compris, car il me dépose à un rond-point devant un minuscule poste de police où deux fonctionnaires fatigués sont justement en train de se relayer pour monter la garde. Peu de chances qu'ils trouvent dans leur tiroir le tampon qui permettrait de prolonger mon titre de séjour. De toute façon, ce n'est pas la bonne rue. Je pourrais leur demander où se trouve le commissariat central, mais cela me paraît un peu incongru. Si le Foreign Affairs Office ne veut pas me donner de visa, pourquoi cela marcherait-il mieux là-bas ? Et quand on est un délinquant multirécidiviste, ne vaut-il pas mieux éviter d'aller se jeter dans les bras de la police iranienne ? Je marche dans une rue où l'on ne trouve presque que des hôtels et des boutiques de souvenirs. Dans les vitrines des photographes, les portraits d'enfants ridiculement attifés incrustés à grands coups de Photoshop devant la coupole du sanctuaire semblent très en vogue.

À un coin de rue, je tombe sur l'Aria Travel Agency où j'achète un billet pour rejoindre la mer Caspienne en bus, départ le lendemain. J'en profite pour me renseigner sur les possibilités d'extension de visa. Le chef de l'agence prend personnellement mon cas en main et décroche son téléphone.

– Impossible, m'annonce-t-il en raccrochant.

– Impossible ? À Mashhad ou dans tout le pays ?

– Dans tout le pays. Mais vous pouvez toujours vous adresser à une autre administration et discuter un peu.

– Vous croyez que ça servira à quelque chose ?

– Si vous me posez la question, non. Beaucoup de complications, et aucune chance que ça marche.

– Et la police ?

– Non, ils ne parlent pas l'anglais. Je vous écris l'adresse de l'autre bureau des visas.

– Et je leur explique à nouveau mon problème ?

– Oui. Mais sachez qu'il est absolument impossible d'obtenir une prolongation de visa.

Dans la rue, j'arrête le premier taxi qui passe et je lui mets sous le nez le papier où est notée l'adresse. Vingt minutes plus tard, il s'arrête devant un mur vert, dans une rue perpendiculaire au boulevard Pirouzi.

– Edareh-ye Gozarnameh, annonce-t-il.

C'est bien le nom de l'administration que m'a indiquée l'agent de voyages. Une entrée étroite mène à une cour intérieure où s'élève une guérite de bois. Quelques soldats armés vont et viennent d'un air affairé. Derrière son comptoir, le réceptionniste m'adresse un sourire rayonnant.

– Bonjour ! D'où venez-vous donc ?

– D'Allemagne.

– Ooooh, l'Allemagne ! Je suppose que vous voulez prolonger votre visa. Si vous voulez bien aller en parler à mon ami qui travaille dans le bâtiment principal, c'est par là, sur votre gauche, ajoute-t-il d'une voix très aimable.

Je suis si surpris par un tel accueil que le passeport m'en tombe presque des mains. Dans son bureau, l'« ami » reprend la conversation là où l'autre l'avait laissée :

– Comment allez-vous ?

– Bien, merci.

– Que puis-je faire pour vous ?

– Je voudrais prolonger mon visa.

– Très bien, remplissez ce formulaire. Combien de temps votre visa est-il encore valable ?

– Cinq jours.

– OK.

– Combien de temps dure la procédure ?

– Dans les cinq jours, justement.

– Ah bon, mais je quitte la ville demain ! Est-ce qu'il y aurait un moyen de le faire plus rapidement ?

– Peut-être que oui, peut-être que non.

La gentillesse du préposé contraste furieusement avec l'atmosphère peu engageante de la salle où nous sommes. « Vous êtes priés d'éviter les questions inutiles afin de ne pas faire perdre leur temps aux autres usagers et au personnel », peut-on lire sur une affiche. Sur une autre, le portrait de Khamenei est flanqué de la phrase suivante : *« If the leader order, we attack. If want our head, we grant our head » (sic)*. Une troisième affiche rappelle la réglementation sur les mariages entre étrangers et ressortissantes iraniennes. « Veuillez respecter les lois en vigueur sous peine d'un à trois ans d'emprisonnement. » Je remplis le formulaire. Adresse allemande, nom du père, motif du voyage (tourisme), profession *(website editor)*, hôtel (Al-Naby, le premier dans la liste du *Lonely Planet*). Je remets ma copie à un troisième employé, dans la pièce voisine où des vitres percées d'une minuscule fente séparent les fonctionnaires des demandeurs. Juste au-dessus, un panneau à LED affiche des numéros d'ordre à trois chiffres. 167, 199, 267. Chaque changement de chiffre est annoncé par un grand « ping ».

– Serait-il possible de traiter ma demande aujourd'hui ? demandai-je.

– Je vais me renseigner.

Deux minutes plus tard :

– Il pourrait y avoir une possibilité, seulement parce que vous êtes allemand. On aime bien les Allemands.

Il jette un coup d'œil à ma demande – un jeune gars en uniforme de soldat.

– Ça alors, c'est marrant, dit-il, moi aussi je fais des sites internet. Vous utilisez quoi comme langage ?

– Moi, j'écris les contenus, je ne fais pas de programmation.

J'ai bien l'impression que ça brûle.

– Et pour qui travaillez-vous ?

– Je suis à mon compte, je fais de la publicité. Pour des musées, des établissements culturels.

La réponse paraît lui suffire.

– *Are you single ?*

– Oui.

Je suis tellement stressé par la description improbable que je viens de faire de mon métier que je ne m'étonne plus de rien.

– Excusez-moi, fait-il, une question non officielle maintenant. Vous mesurez combien ?

– Un mètre quatre-vingt-dix.

– Exactement comme moi ! On a plein de choses en commun ! Et vous gagnez combien par mois ?

Et moi qui croyais qu'il fallait « éviter les questions inutiles »… Un quatrième fonctionnaire arrive. Apparemment, mon passage constitue l'événement d'une journée qui en manquait cruellement.

– Hambourg ! s'exclame-t-il. Mahdavikia !

C'est à mon tour :

– Ali Daei ! Ali Karimi !

C'est la fête au bureau des visas. Il ne nous reste plus qu'à devenir amis sur Facebook et à nous donner rendez-vous pour aller prendre une bière tous ensemble.

Mais en attendant, retour aux choses sérieuses : un employé revient, mon formulaire à la main.

– Il faut qu'on le traduise en persan. Pourriez-vous nous écrire l'adresse exacte de l'hôtel ?

Je la recopie en lettres d'imprimerie sur mon guide de voyage. Mollah Hashem Lane, pas très loin du sanctuaire. Imam Reza, je t'en prie, fais que mon visa soit prolongé.

– Asseyez-vous, on vous appellera.

En attendant dans une administration iranienne à qui on vient juste de raconter un certain nombre de demi-vérités, toutes sortes de pensées vous assaillent. Pourvu qu'ils n'appellent pas mon prétendu hôtel. Pourquoi, au lieu de *website editor*, n'ai-je pas mis *student*, en faisant comme Yasmine quand nous avons été emmenés au poste au Kurdistan ? Pourquoi suis-je obligé de mentir à ces gens si adorables ? Que vais-je dire s'ils me cherchent sur Google et s'aperçoivent que je travaille pour un gros journal en ligne et non pas pour de petits musées ? Tant de questions sans réponses. Ce qui est certain, en tout cas, c'est que le nouveau poster que je vois devant moi est parfaitement en accord avec mon état d'esprit : « La patience est la clé du succès, et la prospérité vient à ceux qui savent attendre. » J'entends sans arrêt des coups de tampon, mais apparemment, aucun ne tombe sur mon passeport.

– *Mister Stephan !* appelle soudain une voix.

Je m'avance jusqu'au guichet. Un employé que je ne connais pas. Pour que le demandeur ne prenne pas trop ses aises, le siège en plastique est fixé non pas face à l'hygiaphone, mais à angle droit. L'homme me regarde d'un air grave :

– Hmm, fait-il.

Pause. Dans sa main, je vois mon passeport.

– On a un problème, poursuit-il.

Rester cool. Ne pas oublier de respirer, ne pas éveiller les soupçons.

– Quel genre de problème ? articulé-je péniblement.

– Vous êtes allé à Kerman, et là-bas, vous avez fait prolonger votre visa. Il faut qu'on vérifie tout ça. Vous pouvez revenir mercredi.

Dans trois jours, donc.

– Mais je dois prendre l'autocar demain. J'ai mon billet.

– Hmm. Asseyez-vous.

La patience est la clé du succès. La patience est la clé du succès. La patience… Dans mon *Lonely Planet*, je lis : « Mashhad n'est pas le meilleur endroit pour faire prolonger son visa. » Une heure passe. Une heure et demie. Coups de tampon, numéros à trois chiffres qui clignotent, cerveau en bouillie. Ping. 188. *If the leader order, we attack*. Ping. 211. Mahdavikia. Ping, 286. *Are you single ?* Ping. 189. On aime bien les Allemands. Ping. 212. À Kerman, on fume tellement d'opium que, dans les avions, les passagers qui passent au-dessus de la ville planent aussi. Ping. 190. La patience est la clé du succès.

– *Mister Stephan !*

J'ai failli rater mon numéro. Je m'approche du guichet. Le *webdesigner* de tout à l'heure, du haut de son mètre quatre-vingt-dix, me tend mon passeport. Avec tampon. Visa prolongé jusqu'au 28 mai 2014.

– Signez ici, s'il vous plaît. Au revoir !

Vert-blanc-rouge

L'autocar se traîne dans un embouteillage en périphérie de la ville, sur une voie rapide flanquée de centaines de drapeaux iraniens et de lampadaires vert-blanc-rouge. Trois couleurs : vert pour la foi, rouge pour le sang des martyrs, et au milieu, on a casé le blanc qui symbolise la paix et l'amitié. L'emblème national, une épée et quatre croissants de lune formant une représentation stylisée du nom de Dieu, trône sur la partie blanche, comme pour signifier qu'en cas de doute, les armes et Allah l'emporteront toujours sur la paix. Mais que dire du pays sur lequel flotte ce drapeau ? Pour moi, l'Iran est à la fois source d'émerveillement et de colère. Émerveillement à la vue de lieux aussi magiques que Yazd, Shiraz ou Ispahan, de la beauté de la nature, et parce que la chaleur de ses habitants est vraiment unique au monde. Colère quand les citoyens se voient imposer une religion d'État au lieu d'avoir la liberté de choisir. Parce qu'on n'offre pas aux jeunes la chance de faire quelque chose de leur vie. Parce que c'est un pays riche, qui tire des revenus faramineux du pétrole et du gaz sans que la plupart des gens puissent en bénéficier. Comme Cassim dans *Ali Baba et les quarante voleurs*, ils sont entourés de richesses, mais restent prisonniers de la caverne.

C'est à Mashhad que j'ai ressenti le plus fortement le contraste entre ces deux Iran, entre ces deux réalités qui coexistent. D'un côté la théocratie où les gens vont pleurer leurs martyrs devant la grille dorée du mausolée de l'Imam. De l'autre, le jeu de cache-cache auquel se livrent ceux qui vont à des fêtes clandestines et recherchent l'ivresse profane bien plus que l'extase sacrée. J'ai beau être allé dans un certain nombre de pays sur tous les continents, nulle part sur la planète je n'ai senti une différence aussi forte entre l'image que l'on donne en public et la personne que l'on est en privé. Jamais je n'ai vu une culture du « tout et son contraire » aussi développée qu'ici. Au quotidien, on navigue en virtuose entre les lois, en passant toujours à deux doigts de la collision, comme un automobiliste iranien aux heures de pointe. Les paraboles sont interdites, mais dans certains quartiers, toutes les maisons en ont une. Les vêtements ajustés et les foulards tirés en arrière sont interdits aux femmes, mais omniprésents l'après-midi dans les parcs de Téhéran ou de Shiraz. Facebook est interdit, et tous les moins de trente ans l'utilisent. Et même les gens plus âgés, jusqu'à Khamenei en personne et au président Rohani, qui est actif sur Twitter alors que c'est tout aussi illégal.

Dehors, il fait nuit. Par la fenêtre, on voit les lumières de Qoushan, Shirvan ou Gorgan. Monuments patriotiques aux carrefours, fresques en hommage aux martyrs sur les murs de béton, portraits des deux chefs de l'État barbus. La moindre ville est cernée de propagande pour la République islamique. Derrière ces fenêtres, combien de gens espèrent en leur for intérieur l'avènement d'un autre système politique ? Combien sont heureux de vivre dans l'unique État chiite du monde ? Et combien vivent dans la peur du régime ?

Le contrôleur du bus, un moustachu d'une cinquantaine d'années en jeans et chemise fatigués, me demande mon billet. Je le lui montre. Il désigne mes lunettes de soleil Adidas :

– *How much ?* s'enquiert-il.

Aussitôt après, sans que je lui demande rien, il me parle du triste sort des musulmans :

– *No whisky, no beer, no digi digi.*

Il explicite ce qu'il entend par ce terme mystérieux en faisant aller et venir son index droit dans un cercle que forment son pouce et son index de la main gauche.

– *Go Thailand, China – digi digi no problem for muslim.*

Même geste. Puis il se dirige vers le passager suivant.

Imaginer l'Iran comme un pays très puritain serait une grave erreur. À la télévision, dans les émissions religieuses, on aborde en détail des sujets comme les affres de l'abstinence (masculine). L'homme y est présenté comme une bête sauvage aux pulsions sexuelles très difficilement contrôlables. Une vision des choses des plus confortables pour les détenteurs du chromosome Y : puisque leur nature est ainsi faite, c'est à la femme d'éviter de les tenter. Si quelque chose devait arriver, ce serait elle la coupable, et la seule à en supporter les conséquences. Une question semble alors s'imposer : pourquoi confier les rênes du pouvoir, dans tous les domaines, à des brutes qui se laissent aussi facilement corrompre ? Mais dans la République islamique, cette question ne semble pas d'actualité. En ce moment, une vidéo tirée d'un talk-show télévisé remporte un franc succès (même chez les jeunes, qui la font circuler grâce à leur téléphone portable). On y voit Ali Khamenei s'exprimer en faveur de la hausse de la natalité parmi les Iraniens.

– Tous les couples devraient avoir cinq enfants, et encore

mieux, huit, ou quatorze, affirme le Guide suprême devant la photo d'une mosquée. Alors commencez dès aujourd'hui ! Dites « *Ya Ali !* », dites « *Ya Zahra !* », et allez-y !

On m'explique que *Ya Ali*, « au nom d'Ali », est la formule que l'on prononce quand on doit s'attaquer à une corvée ou passer un examen difficile. J'essaie d'imaginer le président ou la chancelière allemande en train de donner des conseils de sexologie sur un plateau télé à une heure de grande écoute : impensable.

Le film diffusé dans le bus où j'ai pris place est d'un genre nettement plus innocent. C'est une comédie qui met en scène un homme très fortuné amoureux d'une pauvre voleuse. La famille ne veut pas l'accepter, mais grâce à sa ruse paysanne et à ses talents de comédienne, elle finit par mettre tout le monde de son côté et supplanter la promise officielle, bien plus riche mais bien moins drôle.

– Les films iraniens se terminent toujours sur un *happy end*, m'a-t-on dit un jour à Téhéran. Parce que la réalité est bien assez triste comme ça.

عباس اباد

ABBAS ABAD

Population : 11 256 habitants
Province : Mazandaran

Savoir s'amuser

La personne la plus libre que j'aie rencontrée en Iran est un moustachu de cinquante-trois ans en gilet kaki répondant au nom de Mohammad.

Cependant, le pseudo par lequel il signe ses e-mails lui va nettement mieux : *Funman*. Nous nous rencontrons devant le stand d'un marchand de glaces à Abbas, une petite localité en bordure de la mer Caspienne essentiellement constituée d'une rue principale et de quelques rangées de maisons attenantes.

– J'adooore les glaces, proclame Funman.

Il ne parle qu'à tue-tête : son organe vocal ne semble tout simplement pas réglé pour fonctionner à volume réduit.

– Pourquoi tant de gens sont-ils malheureux, ou stressés ? Il suffit d'une bonne glace pour être heureux ! me crie-t-il en revenant du comptoir avec deux coupes bien remplies. C'est le principal dans la vie : il faut savoir s'amuser !

Nous nous connaissons depuis quelques minutes à peine, mais tout est déjà lancé pour plusieurs jours.

– Demain, je suis invité à un mariage. Mon fils n'est pas là, tu ne voudrais pas venir à sa place ?

Après cette invitation, il m'examine de la tête aux pieds, sceptique. Avec plus de six semaines de voyage derrière moi, je ferais une excellente publicité pour une marque de lessive. Pour la photo « avant », naturellement.

– Tu as quelque chose de correct à te mettre ?

Funman roule en Honda 125 blanche. Sur le casier à bagages en zinc, il a inscrit son numéro de portable et son adresse e-mail. Un homme sociable, donc. Au-dessus du compteur, en une audacieuse construction, il a fixé à grand renfort de ruban adhésif et de bouts de ficelle un autoradio JVC et un haut-parleur d'environ vingt centimètres de diamètre.

– J'ai beaucoup voyagé avec, crie Funman. Avant, j'étais chauffeur de poids lourd. De toute ma vie, je n'ai jamais passé plus de quatre-vingt-dix jours de suite à la maison. Viens, mon magasin n'est pas loin, tu n'as qu'à descendre la rue jusqu'au parasol, là-bas.

J'y vais à pied, il me précède à moto. Sa boutique est un petit snack avec tables en plastique et carte du pays sur le mur. Mahboubeh, la femme de Funman, prépare une soupe *ash* dans une grande marmite et la sert dans des ramequins en plastique.

– Au mariage, je te présenterai quelques amis. Tu verras plein de jolies filles. On y va à neuf heures, tonne Funman.

– Non, à huit heures, corrige Mahboubeh d'une voix douce.

Habillée de façon très conservatrice, elle donne l'impression d'être bien plus détendue que lui. Difficile d'imaginer plus grand contraste au sein d'un couple. En guise de cadeau d'arrivée, je leur offre un paquet de biscuits aux noisettes ; mes stocks de *marzipan* sont épuisés depuis longtemps.

– J'adooore les sucreries, comment tu as deviné ??? Merci ! Je n'en donnerai à personne.

Et le maître de maison continue à tue-tête :

– Tu veux aller sur internet ? Viens, je t'ajoute comme ami sur Facebook. Il me faut de la musique ! Ma femme trouve que je fais trop de bruit. Aaaahh, des cyclistes !

Il sort en courant, car il vient d'apercevoir quelques sportifs en VTT qui passent, le souffle court, dans la rue principale. Bref, mon hôte est à peu près aussi calme qu'un essaim de guêpes au milieu duquel on vient de jeter une pierre.

– J'adooore les cyclistes ! clame-t-il en revenant. Je me suis inscrit sur Warm Showers : c'est une plate-forme juste pour les cyclistes qui cherchent à se loger.

Au total, il a accueilli chez lui entre trois et quatre cents visiteurs en l'espace de deux ans et demi.

Funman saisit une Porsche en plastique d'environ trente centimètres de long rangée sur son bureau à côté de l'ordinateur et tourne un bouton. On entend « Brother Louie » de Modern Talking. Un lecteur mp3 se cache dans le véhicule. Impression de déjà-vu. La pire chanson des années 1980 m'énervait déjà au Kurdistan, et il faut qu'elle me poursuive jusqu'à la mer Caspienne.

Visiblement, Funman a besoin de cette ambiance sonore pour travailler : il tape sur le clavier de son ordinateur. Mahboubeh nous régale de sa délicieuse soupe, et quant à moi, je fouille mon sac de fond en comble pour y dénicher ma chemise noire. Enfin, je mets la main dessus : elle est encore toute propre.

– Tu n'aurais pas quelque chose de plus gai ? demande Funman.

Il éteint la lumière du snack, monte le son de sa chaîne stéréo-voiture de course, maintenant c'est « Happy Nation » du groupe Ace of Base. Il se lève et danse dans le noir. Juste quelques secondes.

Le mariage est une bruyante fête où se pressent une bonne centaine d'invités en costume et robe de soirée. Et aussi un intrus en jeans et chemise noire. Sur le parking, une Hyundai blanche étincelante avec décoration florale sur le capot. Une sorte de tente mène à la salle du banquet et à une salle octogonale avec piste de danse. La plupart des femmes se promènent sans voile, avec des robes scandaleusement courtes et des talons qui dépassent largement les dix centimètres. Naturellement, c'est contraire aux règles en vigueur, mais les jeunes mariés ont sans doute pris leurs précautions. Avec une bonne liasse de billets, on peut s'assurer que la police locale ne fera pas de descente à l'hôtel Vazik ce soir-là. Tout au fond du parking, un groupe d'hommes assis à des tables de bois en profite. Funman me conduit jusqu'à eux et m'en présente quelques-uns. Alors que nous venons de nous asseoir, un jeune homme à la coiffure particulièrement soignée et au costume particulièrement classe nous sert un alcool de raisins secs qui n'est buvable qu'allongé de bière Delster sans alcool. On fait des photos de groupe ; seul le jeune gars à la bouteille refuse d'être pris en photo.

– Il est dans la Marine, m'explique Funman.

Il redoute qu'une photo de beuverie partagée sur Facebook ou Instagram ne lui attire des ennuis. Un autre s'approche, le regard vitreux, et me fait trois bises.

– J'ai toujours voulu embrasser un Allemand, bafouille-t-il avant le lever le bras droit dans un salut hitlérien si enthousiaste qu'il manque de basculer en arrière. Mais attention, je suis pas une pédale !

Un ami le repousse :

– Ne fais pas attention à lui, il est fou.

Les cocktails ont un puissant fumet de carburant et semblent de qualité douteuse. D'où ma joie quand après trois verres, nous passons dans la salle de danse.

– Voyons un peu quel effet tu vas faire à la jeune génération ! s'amuse Funman.

Pour l'instant, l'effet produit est manifestement nul. Mais je me contente volontiers d'observer la situation, assis sur ma chaise drapée de soie. C'est le moment où les mariés doivent danser seuls, un tango et des valses. Monsieur mesure environ trois têtes de plus que Madame, un peu crispée, qui transpire dans sa robe de mariée. Juste derrière moi, il y a le DJ, un gars aux biceps bodybuildés qui ne cesse de hurler des choses dans le micro. La sono est réglée plus fort que dans la plupart des clubs allemands, mais Funman s'installe juste devant les enceintes.

– J'aime la musique forte, hurle-t-il. Allez, vas-y, en piste !

J'obéis, ne serait-ce que pour m'éloigner un instant des haut-parleurs. Les Perses sont les rois de la danse. Tout le monde glisse avec aisance sur le parquet, partout des visages réjouis, une fête très réussie. La plupart des personnes présentes ont plus de grâce dans leur petit doigt que je n'en ai dans mon corps tout entier. En termes de style, la différence majeure réside dans l'articulation de l'épaule. Chez les danseurs iraniens, les coudes descendent rarement en dessous de la ligne des clavicules, alors que les danseurs d'Europe de l'Ouest ont tendance à les placer beaucoup plus bas. La comparaison directe fait immanquablement ressembler ces derniers à des poules effectuant de vaines tentatives d'envol.

– On ne peut pas dire que tu danses bien, commente Funman quand au bout de cinq chansons, je retourne m'asseoir. Mais la soirée me réserve encore un grand moment de bonheur : une jeune fille nommée Setareh m'explique qu'elle m'a pris pour le fils de Mohammad avant de se rendre compte que j'étais étranger. Elle m'a pris pour un autochtone ! Mission accomplie ! Je m'avance devant toute la noce réunie ; d'un geste désinvolte, je demande un peu de silence au DJ, j'attends encore quelques secondes pour faire monter la tension. Et là, tel Kennedy, je m'écrie dans le micro : *« Ich bin ein Iraner ! »* Naturellement, je ne le fais pas pour de vrai. Mais l'eau-de-vie de raisins secs aidant, l'idée me traverse l'esprit, et il faut reconnaître que ça aurait eu un certain panache.

Orwell

Cette fois-ci, le logement consiste en une villa avec un grand jardin, pour moi tout seul. Il y a vingt ans, c'était sûrement une très belle maison, et aujourd'hui, elle a gardé un certain charme.

– Tu as peur du noir ? demande Funman en ouvrant le portail métallique qui donne sur un jardin en friche.

La porte d'entrée ouvre sur la cuisine. Une épouvantable odeur de viande avariée nous assaille en entrant. Funman laisse échapper un juron.

– C'est les Australiens de la dernière fois ! Comme s'ils ne pouvaient pas réfléchir un peu avant de laisser traîner leurs restes de viande ! C'est pour ça que ma femme ne veut pas de couchsurfers.

Le salon et la chambre sentent moins mauvais (odeur de gravats dans le premier, de couvertures humides dans la seconde). Depuis des mois, personne n'a fait le ménage ni rangé la maison. Comme d'habitude, pas de lit. Je m'installe le plus confortablement possible sur le tapis.

– La chaîne stéréo est là, tu peux y mettre ton portable, dit Funman avant de disparaître dans l'obscurité du dehors.

Pendant la nuit, le sol craque un peu, un animal s'agite de temps en temps dehors, et une fois, je crois même entendre des pas. Mais ma plus grande frayeur a lieu le lendemain matin, quand une moto traverse le jardin en pétaradant, avec la musique à fond. Le moteur se tait, on peut à présent reconnaître la chanson, un tube sentimental latino. « Could I Have This Kiss Forever », par Enrique Iglesias.

– Stephan ! Tu es debout ? hurle une voix enrouée, mais familière.

La question est d'ailleurs superflue. Cette entrée en fanfare aurait suffi à réveiller un mort.

– Je veux te montrer quelques trucs dans le coin. Ça te plaira !

Peu après, un touriste ensommeillé et un comique survolté font leur entrée dans la bibliothèque d'Abbas Abad. À gauche, un escalier mène à la salle de lecture réservée aux femmes. Les hommes doivent prendre l'escalier de droite. Une femme en tchador noir est assise au bureau d'accueil situé au centre de la pièce. Derrière elle, des rayonnages de livres, et des posters de Khamenei en train de lire le Coran.

– Vas-y, demande-lui quelque chose, me demande Funman, sociologue amateur. Juste pour voir comment elle réagit.

Je m'exécute et pose ma question :

– *Do you have any books in English ?*

Elle semble déstabilisée, regarde Funman et lui dit quelque chose en persan. Il lui fait signe de parler avec moi.

– *Yes*, finit-elle par articuler. *Come*.

Elle me conduit jusqu'à une étagère et retourne précipitamment à son bureau. Outre quelques dictionnaires et manuels d'utilisation de logiciels, il y a là un seul et unique roman. *La Ferme des animaux*, par George Orwell. Si l'on en croit les coups de tampon, le livre n'a été emprunté que deux fois. C'est bien dommage, car l'histoire est vraiment excellente. Une révolution se produit à la ferme, à la suite de laquelle les nouveaux tenants du pouvoir se révèlent encore pires que les précédents.

« Ô Allah, tire-moi de l'obscurité de l'ignorance ! » peut-on lire sur une affiche accrochée au mur.

– *Where are you from ?* demande la bibliothécaire.

Tout à coup, elle ose venir discuter. Son anglais est bon, elle semble juste plus à l'aise à l'écrit qu'à l'oral. Elle s'appelle Fatimeh, son mari écrit des poèmes. Titulaire d'un master en biologie, elle est originaire de Téhéran. Mais le Nord, c'est bien mieux, dit-elle : le bon air, la verdure.

Entre-temps, Funman s'est fait un nouvel ami, un religieux en turban et long kaftan. Dans l'espace informatique, il est en train de lui montrer quelques photos de son profil sur le site Couchsurfing. Il y en a une, par exemple, où on le voit en Turquie, en train de boire une bière Efes. L'homme de Dieu sursaute, mais se reprend aussitôt.

– Il est cool, me dit Funman. Il sait que les gens boivent de l'alcool, même si lui ne le fait pas. Un type bien. Il y a des gens bien partout, et même quelques-uns qui portent un turban. Pendant des années, il a prêché le vendredi à la mosquée. Vas-y, pose-lui une question !

On ne peut pas dire que les sorties avec Funman soient reposantes.

– Euh… Quelle place occupe la religion dans votre vie de tous les jours ?

Rien de plus malin ne m'est venu à l'esprit qui n'ait pas aussitôt des implications politiques.

– Je ne prie pas plus que les autres gens, dit l'aimable religieux, avant d'ajouter qu'il regrette de ne pas savoir parler l'anglais :

– Cela ne fait pas longtemps que les écoles coraniques proposent aussi des cours de langue.

Puis il prend congé, au motif qu'il doit aller à la mosquée.

– *Berim*, dit Funman à son tour. Allons-y !

– *Berim !* lui dis-je pour m'entraîner un peu en persan.

Il se met à rire.

– Pas comme ça ! Il faut rouler les « r » !

– Je n'y arrive pas.

– C'est pourtant simple : rrrrr !

– Je ne peux pas, on n'a pas ce son-là en allemand, en tout cas pas là d'où je viens.

– C'est idiot, tout le monde peut le faire.

– OK. Répète-moi le mot « écureuil » en allemand : *Eichhörnchen*.

– *Aïk-Hern-Ken !*

– Non, *Eich-hörn-chen*. C'est pourtant facile !

– *Aï-Kern-Shen !*

– Ce n'est pas ça du tout. *Let's go. Berim !*

– *Aï-Shern-Ken !*

Après une bonne tranche de rigolade, nous allons manger une glace.

– Tu as vu comme elle était timide, la fille de la bibliothèque ? demande Funman tout en s'attaquant à une boule de glace au chocolat. Ça fait de la peine. On élève les jeunes dans la peur. Ils ne peuvent jamais rien faire, on les surprotège, jamais on ne les laisse se jeter à l'eau.

– Pourtant, elle parlait très bien l'anglais.

– Quand tu vis dans un système qui repose sur la peur, ça déteint sur toi. Il n'y a pas que le régime qui maintient le système en vie, il y a aussi les parents qui retiennent leurs enfants parce qu'ils ont peur pour eux.

– Comment se fait-il que tu ne sois pas parti depuis longtemps ?

– J'aime mon pays. Si le gouvernement nous laissait juste un peu plus de liberté, les gens ne seraient pas si nombreux à s'enfuir. Aujourd'hui, il fait chaud, j'aimerais bien sortir en short. Mais je ne peux pas. Sur les bords de la mer Caspienne, on a des plages fabuleuses, mais pour aller me baigner, je vais jusqu'en Turquie. Parce qu'ici, je ne peux parler à personne sans craindre que ça ait des conséquences.

– Tu n'as pourtant pas l'air de quelqu'un qui se laisse facilement impressionner.

– La plupart des policiers sont bien plus jeunes que moi. S'ils m'arrêtent parce que j'ai la musique à fond sur ma moto, je leur réponds qu'ils n'ont rien à me dire. Je n'ai encore jamais eu d'ennuis sérieux.

En tout cas, la timidité n'est absolument pas inscrite dans la nature des Iraniens, comme je le constate le lendemain matin à l'école élémentaire 22 Bahman de Salmanshahr, le village voisin. Le 22 Bahman est une date qui correspond au 11 février, date anniversaire de la Révolution. Funman m'a demandé si à l'occasion d'une manifestation sur la meilleure gestion des déchets, je voulais bien évoquer les aspects écologiques de mon voyage. J'ai sélectionné quelques photos et préparé quelques phrases sensées, et assis au premier rang de la grande salle, j'attends le moment de faire mon entrée. L'hymne national sort soudain d'un radiocassette Aiwa, tout le monde se lève et met la main sur son cœur. Le directeur prend la parole, une maîtresse prend la parole, quelques enfants prennent aussi la parole et jouent un morceau sur trois claviers électroniques. Enfin, on offre des cadeaux aux gagnants d'un concours de dessin, puis c'est la distribution de biscuits et de jus de raisin en Tetrapack. Funman court dans toute la pièce en faisant des photos. Mon petit exposé est manifestement passé à la trappe. À la place, je suis autorisé à m'entretenir avec une classe de CE2. Mais le chemin entre la salle de conférences et la salle de cours est un vrai parcours du combattant : je suis assailli de gamins en uniforme bleu et noir et baskets de skaters qui me demandent des autographes comme si j'étais une star du sport. Il me faut bien mettre ma signature sur des dizaines de cahiers et de feuilles de papier. Et répondre à toutes les questions sur mon origine, mon statut matrimonial et le football. Je profite de cette belle occasion pour mettre les choses au point : Messi est meilleur que Ronaldo et le Borussia Dortmund est meilleur que le Bayern München. Il fallait que ce soit dit.

Dans la salle de classe, les élèves se présentent l'un après l'autre en anglais : *« Hello, my name is Farshad »*, *« Hello, my name is Ahmad »*, *« Hello, my name is Alireza »*. Il fait incroyablement chaud dans la classe, aucune climatisation pour apporter un peu d'air frais. Je me sens un peu comme une bête curieuse tandis que Funman et l'instituteur racontent en persan comment s'est passé mon voyage jusqu'ici. Je ne comprends que les noms de lieu : Kish, Kerman, Yazd, Shiraz, Ispahan, Mashhad.

– Avez-vous un message à transmettre aux enfants ? demande le maître en guise de conclusion.

– Apprenez l'anglais, dis-je en pensant au bouquin que j'ai trouvé à la bibliothèque, *La Ferme des animaux*. Et voyagez dans votre pays, apprenez à bien le connaître. C'est un pays magnifique.

Au milieu d'une grande mêlée d'enfants, je traverse la cour peu après avec Funman pour retourner dans la rue.

Nous passons devant deux cages de foot et une carte multicolore de l'Iran peinte au mur. Les hurlements des écoliers sont absolument infernaux, et même les deux maîtres accourus pour mettre de l'ordre n'arrivent pas à les calmer. Combien faudra-t-il de rappels à l'ordre pour que ces garçons perdent cette énergie indomptable ? S'il vous plaît, restez un peu comme vous êtes, ne sombrez pas dans la léthargie, aurais-je dû ajouter.

À : PeaceGulf, Téhéran

Hi Reza, how are you?
I contacted you some weeks ago on cs.
would it be possible that I stay at your place
for 2 nights from thursday? would be great!

De : PeaceGulf, Téhéran

Sure Stephan you can stay with me

À : PeaceGulf, Téhéran

Wow, that was a quick reply :)
thanks so much, see you soon!

De : PeaceGulf, Téhéran

:)

La caravane de la vie

Les Iraniens adorent le nord de leur pays. Parce qu'il y est plus vert qu'ailleurs, parce qu'il y a des plages pour se baigner, de la pluie, et des montagnes. En longeant la côte de la mer Caspienne vers l'ouest, on a devant soi le même paysage sur des centaines de kilomètres : à droite, la mer, à gauche, des forêts verdoyantes d'où émergent des sommets montagneux plus ou moins imposants selon les endroits. Des plantations de kiwis, des rizières qui rappellent les hauts plateaux du Vietnam. Et la mer intérieure aux eaux grises, une frontière qui stimule l'imagination : si la Terre n'était pas ronde, sur ses plages, on embrasserait d'un seul coup d'œil l'Azerbaïdjan, la Russie, le Kazakhstan et le Turkménistan. Pour le reste, les visiteurs occidentaux seront moins fascinés que les locaux, et préféreront sans doute les paysages désertiques ou les merveilles architecturales des autres régions.

Dans un autocar longue distance, je longe la côte jusqu'à Astara, à la frontière avec l'Azerbaïdjan, avant de m'enfoncer à l'intérieur des terres en direction d'Ardabil, où m'attend un avion à hélices MD-80, année modèle 1989, pour me ramener à Téhéran. Le mont Elbourz se rapproche, et avec lui les immeubles de carton gris de la capitale, les voitures dans leurs éternels embouteillages, la tour de télé. À l'est, je distingue le Damavand, le plus haut sommet du pays, une pyramide couronnée de neige de près de six kilomètres de haut qui se détache avec précision sur le ciel. Je retrouve sa silhouette parmi des dizaines de posters touristiques, de cartes et de poèmes écrits à la main, sur les murs de la cave de Reza, quarante ans, *alias* PeaceGulf, qui est sans doute le couchsurfer le plus expérimenté du pays. En cinq ans, il totalise 1 058 amis et 798 recommandations. Sa réputation le précède : plusieurs de mes hôtes m'ont déjà parlé de lui. Il a déjà été arrêté vingt fois, m'a-t-on dit. Il s'est déjà querellé avec des gens du gouvernement au sujet du couchsurfing. Il serait le premier à avoir proposé un hébergement chez lui en Iran ; il pourrait loger jusqu'à cinquante personnes à la fois ; il est intelligent, intéressant. Et pourtant, on ne me conseillait pas de passer la nuit dans ses locaux. Reza me dit quelques mots de bienvenue à la porte. C'est un costaud, grandes lunettes, cheveu rare, sandales blanches en caoutchouc.

– Je suis en cours. Descends donc faire connaissance avec les autres !

Un étroit escalier descend au sous-sol, où quelqu'un joue de l'accordéon et chante en français. Il y a déjà six invités, un qui vient de Malaisie et les cinq autres de France. Ils font le tour du monde à bord d'un vieux camping-car, avec un écran et un projecteur pour passer des courts-métrages. Le projet s'intitule Nomadic Cinema. Ils sont allés en Pologne, en Serbie, en Turquie, et ont l'intention de traverser le Turkménistan et le Kazakhstan. Mais pour ce qui est de l'Iran, ils ne savent pas encore s'ils pourront organiser une projection.

– Il faudra qu'on vérifie bien s'il n'y a pas des choses trop érotiques, par exemple, précise Sophie, cinéaste.

Le local est meublé de bric et de broc ; au milieu de la

plus grande pièce trône une table de ping-pong. On y trouve une carte tracée à la main et plastifiée où sont indiqués les cafés internet, les supérettes et les stations de métro des environs. L'atmosphère rappelle davantage une auberge de jeunesse qu'un domicile privé. En dehors d'un lit pliant que je trouve dans un débarras, il n'y a que quelques coussins. Si on n'a pas son propre matelas, il faut dormir à même les dalles de pierre (ce que Reza précise d'ailleurs très clairement dans son profil). Le maître de maison ne tarde pas à descendre, et nous nous installons sur des chaises de jardin pour discuter du couchsurfing en Iran.

– Il y a six mois, je recevais encore des gens chez mes parents, me raconte Reza, qui a étudié l'électrotechnique à Téhéran et la philosophie à Toronto. Mais ma mère a fini par imposer des règles claires : tout le monde devait être dehors à neuf heures du matin, et ne rentrer qu'à neuf heures du soir, pour aller directement se coucher. Alors j'ai aménagé tout le sous-sol pour les visiteurs, et comme ça, mes parents sont tranquilles à l'étage.

Je lui demande quelle est sa profession.

– Je donne des cours particuliers d'anglais, mais à part ça, je n'ai pas beaucoup de travail.

Il lui reste donc assez de temps pour organiser des activités bénévoles. Une quantité incroyable d'activités. Le samedi, c'est soirée poésie autour de l'œuvre de Hafez, le dimanche, rendez-vous Firdoussi, le lundi, poèmes de Saadi ; le mardi à l'heure du déjeuner, Reza prépare des légumes (une recette personnelle) et donne gratuitement des cours de conversation en anglais (« on parle de sujets qu'on a rarement l'occasion d'aborder, comme les droits des femmes ou la fête du Travail, par exemple »). Le mercredi, cours d'arabe, le jeudi, randonnée et ramassage de déchets au nord de Téhéran, le vendredi, poèmes d'Omar Khayyam. Et parfois, Reza emmène les étrangers dans une école où sont scolarisés des enfants afghans réfugiés. À moins qu'il n'invite quelques amis pour jouer au tennis de table. Je lui demande s'il a eu des problèmes avec la loi à cause de toutes ces rencontres et tous ces invités.

– Une fois, j'ai contacté un couchsurfer israélien. On a échangé deux ou trois messages et je lui ai laissé une appréciation. Les employés du ministère du Tourisme ont trouvé ça suspect. Ils ont demandé ce que ça signifiait. En fait, ils n'avaient rien contre le couchsurfing en général, mais ils cherchaient un moyen pour rendre ce type de tourisme acceptable aux yeux de la police. Notre idée a été de mettre en place un site internet qui permettrait aux hébergeurs d'enregistrer leurs invités, comme le font les hôtels. Pour que plus personne ne puisse penser qu'on accueille des espions étrangers.

– Mais jusqu'à présent, rien de tel n'a été mis en place.

Reza a fait de fréquents passages au poste de police, mais cela ne l'inquiète pas outre mesure.

– J'explique à chaque fois que j'aime avoir des gens à la maison, et ça se passe bien.

Il possède un certificat de guide touristique, ce qui peut s'avérer utile.

– À Téhéran, il se passe des choses autrement plus graves que le couchsurfing : des orgies privées, des fêtes illégales. Même les activités politiques secrètes intéressent davantage la police.

Je ne peux m'empêcher de penser à Nasrine, la guide qui a perdu son accréditation à Kerman juste parce qu'elle a accueilli chez elle des étrangers. Selon les régions, les infractions à la loi semblent être sanctionnées très différemment.

C'est vendredi : le soir venu, j'accompagne donc Reza au parc Laleh pour la soirée Omar Khayyam. Une quinzaine de personnes ont fait le déplacement, dont beaucoup d'étudiants. Il y a aussi Setareh, la graphiste de vingt-sept ans que j'avais contactée par mail. Elle s'intéresse beaucoup à mon voyage, car elle-même rêve de mieux connaître son pays. Nous sommes assis dans une sorte d'amphithéâtre ; autour de nous, des gens jouent au volley-ball ou au badminton.

Pour commencer, chacun des participants se présente. Un ingénieur qui étudie maintenant la sociologie. Une spécialiste de sciences islamiques qui s'est reconvertie dans le théâtre. Un peintre qui a arrêté depuis des années ses études d'économie. Un écrivain qui travaille sur un livre expliquant comment échapper au cocon étouffant des contraintes religieuses. Un agronome qui vient de se réorienter vers la philosophie occidentale. Et un programmeur qui préférerait être chanteur. Naturellement, on lui demande aussitôt une petite sérénade, et d'une voix douce, il entonne un quatrain d'Omar Khayyam :

> Bien vite passe la caravane de la vie !
> Chaque moment de joie, arrache-le-lui,
> Chaque jour sans plaisir sera perdu pour toi.
> Verse, échanson ! Déjà la nuit s'en va.

– Bravo ! dit Reza, et les autres applaudissent.

Tous ces gens essaient de suivre leur véritable passion au lieu de se conformer aux normes en vigueur.

– C'est très fréquent, m'explique Reza. Sous la pression sociale, les jeunes se lancent dans des métiers qui ne leur correspondent pas du tout.

Setareh sort toutefois un peu du lot. Elle raconte qu'après

une licence de graphisme, elle étudie maintenant le management touristique, parce que les perspectives d'emploi sont meilleures dans cette branche. Après environ deux heures de

présentations, nous nous transportons jusqu'à la statue de Khayyam pour lire des poèmes. L'effigie de pierre à l'image du poète et mathématicien s'appuie sur un gros livre ; à ses pieds, on voit une cruche de vin. Il nous regarde d'un air sérieux, mais non dépourvu de bienveillance.

L'enthousiasme des étudiants pour une poésie hédoniste vieille de neuf siècles est admirable, la langue sonne comme une musique, je suis entré dans le Cercle des poètes disparus en version persane.

– La grosse différence entre Khayyam et les mystiques de l'islam, c'est qu'ils pensent toujours à l'au-delà, à l'« après », alors que le poète, lui, ne pensait qu'à célébrer l'ici et maintenant, m'explique Reza.

Autrement dit, mis en situation de choisir entre un bon vin ici-bas ou soixante-douze vierges un peu plus tard, Khayyam aurait toujours opté pour le verre.

De : Setareh

hi, one of my friend is planning a party tomorrow around 5pm. Do you want to come?

À : Setareh

Hi setareh, sounds great, i d love to join you! see you tomorrow!

Divines surprises

Le lendemain matin, j'ai rendez-vous avec Setareh pour faire un tour en ville, dans les environs du bazar de Téhéran. Elle m'emmène au magasin d'affiches tenu par M. Rezai, chez qui elle a souvent travaillé. La variété des motifs est impressionnante : biches dans les bois, chalets des Alpes, Jésus présidant à la Cène, versets du Coran, Khomeini en prière, Khomeini et Khamenei en 3D – selon l'angle sous lequel on regarde l'image, on voit tantôt l'un, tantôt l'autre. Setareh me montre une vue de Londres. Sur un fond en noir et blanc se détachent des bus à impériale rouge vif.

– C'est moi qui l'ai faite, dit-elle.

L'image me semble pourtant très connue.

– OK, je l'ai trouvée sur internet. C'est un boulot facile et bien payé.

En Iran, il y a des domaines où les règles sont très strictes et d'autres où c'est loin d'être le cas, comme tout ce qui concerne le droit d'auteur. Quelques vitrines plus loin, on trouve presque gratuitement des logiciels qui coûtent en Europe des centaines d'euros. Photoshop pour deux euros, Microsoft Office pour un euro cinquante.

– J'ai une surprise pour toi, m'annonce Setareh alors que nous prenons notre repas de midi dans un petit restaurant qui sert du *gheymeh*, une succulente soupe aux lentilles et à la viande.

– Qu'est-ce que c'est ?

– Je t'ai trouvé une interview. C'est *Donya-e-Eqtesad*, un des plus grands journaux du pays, qui veut publier quelque chose sur ton voyage.

– Comment as-tu fait pour obtenir ça ?

– C'était très facile, par un contact que m'a donné un de mes profs. Quand est-ce que ça t'irait ?

– Demain après-midi ?

– OK, je les appelle tout de suite.

La perspective de voir de l'intérieur une entreprise de presse comme celle-là n'est pas pour me déplaire. Évidemment, il me faudra passer sous silence bien des détails pour que mon histoire ait une chance d'être imprimée. Pendant que Setareh parle au téléphone, je constate que mon persan s'est nettement amélioré. Je comprends quelques mots, quelques formules de politesse. Et le mot *Spiegel*.

– Demain après-midi, ça leur convient. Cinq heures, dit-elle après avoir raccroché.

– Tu as dit que je travaille pour *Der Spiegel* ?

– Oui, ils ont trouvé ça très intéressant.

– Tu leur as dit aussi que j'écris un livre sur l'Iran ?

– Oui, tu crois que je n'aurais pas dû ?

– Je ne sais pas. Je ne suis pas sûr que ce soit une bonne idée de me faire interviewer.

Avant que dans l'après-midi, nous nous rendions à une « *after-work-party* », deux choses étonnantes se produisent. Dans la rue, un homme d'environ cinquante ans me crie tout à coup :

– *Stephan ! Salam ! How are you ?*

Je l'ai déjà vu quelque part, mais où ? Soudain, ça me

revient : dans le petit village frontalier de Hajij, nous nous sommes rencontrés le soir qui a suivi notre arrestation. Hajij est à 470 kilomètres de là et Téhéran compte dix millions d'habitants. Un hasard absolument incroyable.

Deux heures après, Setareh me montre un parc où nous décidons de nous reposer un peu.

– Il n'y a presque jamais de touristes ici, affirme-t-elle.

Nous nous asseyons sur un banc, et aussitôt, à une cinquantaine de mètres de nous, nous apercevons un couple installé sur une couverture. Même de là où nous sommes, on voit bien que ce sont des étrangers.

– Regarde, lui dis-je, des touristes !

Elle a l'air sincèrement étonnée. Peu après, il se met à tomber quelques gouttes. Nos deux voisins se lèvent et avancent dans notre direction.

– Stephan ?!? s'écrie l'un d'eux.

– Clemens ?!?

C'est un blogueur spécialisé dans le voyage, avec sa copine Annette. Nous nous sommes connus à Hambourg. Hambourg se situe à 3 800 kilomètres de là, Téhéran regorge de parcs. Encore un hasard extraordinaire. Leur avion est arrivé le matin même, et ils ont deux semaines devant eux pour découvrir Yazd, Shiraz et Ispahan.

Une rencontre pareille mérite bien qu'on aille boire une bière. Et c'est d'ailleurs ce que nous faisons, puisque Setareh nous invite tous à la fête que ses amis organisent. On achète un paquet de sucreries pour ne pas arriver les mains vides, et elle nous emmène jusqu'à un bureau situé dans une rangée de petits immeubles sans cachet particulier, au quatrième étage. C'est une entreprise qui vend des caméras de surveillance. Cinq jeunes entre vingt-trois et trente ans nous accueillent joyeusement en déployant une banderole où on peut lire « *Willkommen Liebe Stephan den Iran* » (quelque chose comme « Bienvenue Stephan chéris l'Iran »), et en passant une chanson du groupe de *trash metal* berlinois Rammstein sur leur lecteur mp3. J'apprécie l'injonction qui figure dans le message, même si, à vrai dire, je n'en ai plus vraiment besoin.

– En fait, c'était censé vouloir dire « *Dear Stephan, Welcome to Iran* », précise Setareh, quand je lui traduis l'inscription.

– C'est encore mieux comme ça.

Deux des amis présents travaillent sur place. Pour bien commencer leur week-end, ils invitent toute leur bande à boire des bières au bureau. Sur une table, il y a déjà des Cheetos au fromage et des gressins salés. Au mur, des modèles d'exposition des différentes caméras de sécurité, ce qui donne à l'ambiance un petit côté parano.

– Ne t'en fais pas, elles ne sont pas allumées, me rassure Ashkan, brasseur de bière amateur et employé de bureau, en remarquant mon regard inquiet.

– Bière ou thé ?

Sa bière brune, servie dans des bouteilles de Delster sans alcool, est excellente.

– Corsée et agréable en bouche, décrète Annette, qui par sa naissance est la meilleure spécialiste parmi nous, puisqu'elle est originaire de Franconie, terre de vignes et de brasseries.

– Chaque mois, j'en fais une centaine de litres. Elle est

un peu plus forte que la bière normale, dans les 10 degrés d'alcool.

Demain aura lieu la prochaine soirée, cette fois chez Jafar, un ingénieur barbu reconverti dans l'architecture qui joue du piano, grand fan de Dream Theater et Porcupine Tree. Nous sommes tous invités. Tout à coup, on entend une détonation semblable à un coup de feu, puis le bruit de quelque chose qui se brise. Une pluie d'éclats de verre s'abat sur le sol. Une vitre cassée, plusieurs lattes des stores arrachées. Durant quelques secondes, tout le monde se tait. Puis Ashkan fait l'inventaire des dégâts :

– C'est le vent qui a balancé une tuile du toit des voisins dans la fenêtre !

Maintenant, la bourrasque s'engouffre à l'intérieur et nous transportons chaises et boissons dans la pièce voisine. Quelques instants plus tard, les filles reviennent de la cuisine avec des assiettes de pâtes à la sauce tomate. Jafar, l'ingénieur, a travaillé cinq ans pour le ministère de la Défense, il s'y connaît en espionnage et en services secrets. Je lui demande ce qu'il pense de mon projet d'interview.

– Ça pourrait être dangereux pour toi, répond-il. Et aussi pour nous, puisque tu viendras nous voir juste après et qu'on organise une fête. Quelqu'un pourrait te suivre.

Évidemment. L'État voyou. Elle est de retour, la peur d'avoir affaire aux autorités. J'ai longtemps réussi à l'étouffer. Ce n'est qu'à Mashhad, lors de la demande de prolongation du visa, qu'elle est revenue pour un jour. Avec les péripéties du voyage, l'insouciance de celui qui ne fait que passer, la normalité de la vie quotidienne parmi des gens inhabituellement chaleureux, on a trop tendance à oublier les dangers.

– Tu ne t'imagines pas le professionnalisme des services secrets. Ici, ils sont meilleurs que dans la plupart des pays du monde. Ils recueillent les données que les touristes communiquent aux hôtels, ils écoutent les coups de téléphone, contrôlent les SMS. Comme c'est pour un gros journal, tu peux être sûr que les services secrets vont être de la partie. Peut-être qu'à la sortie, tu vas devoir répondre encore à des questions – avec eux cette fois. Et franchement, c'est une expérience que je ne te souhaite pas. Réfléchis bien.

– Je crois que c'est tout réfléchi. Je vais annuler.

– C'est le choix le plus raisonnable, conclut Jafar.

Happy end

Cinq litres d'alcool de raisins secs pourraient paraître une quantité un peu excessive pour dix personnes, mais le dealer n'a pas voulu en vendre moins. Par ailleurs, dans un cellier près de l'entrée, il y a aussi deux jerricans en plastique contenant chacun vingt litres de bière maison. Bref, personne ne risque de mourir de soif chez Jafar. Mon avion part le lendemain pour Hambourg, ce sera donc, en quelque sorte, ma soirée d'adieu.

De la porte d'entrée au salon de l'appartement, on observe une nette différence de comportement entre les deux sexes. Les hommes entrent et se dirigent plus ou moins directement vers l'alcool, les femmes disparaissent une dizaine de minutes dans le cellier pour troquer leur voile et leur manteau long contre des vêtements incroyablement courts et moulants. Jafar possède un loft luxueusement aménagé, avec sol en pierre et vue féerique sur la tour de télévision Milad dans le soleil couchant. Des nuages gris foncé planent sur les hauts immeubles de Téhéran, et à l'horizon, on voit des éclairs annonciateurs d'un orage qui approche. En face, depuis un toit, un homme semble regarder dans notre direction ; je referme vite le rideau. Sur les armoires, sur les tables, des croix et des images de Jésus.

– Je suis le seul de la bande à être branché religion, avoue Jafar en souriant. Mais je suis chrétien, pas musulman.

Il s'installe devant son clavier numérique Korg et improvise en virtuose à partir d'une chanson rock. Ensuite, il me met une guitare numérique dans les mains et bientôt, tout le monde chante des chansons d'Adele ou de Guns N'Roses, et aussi quelques langoureuses chansons persanes.

On boit, on danse, entre hommes (« Mais attention, on n'est pas des pédés ! »), entre hommes et femmes, entre femmes. Une bande d'amis très sympa. On en oublierait facilement où on se trouve, s'il n'y avait pas, comme à chaque fois, ces moments où le nuage noir de la mélancolie vient soudain assombrir la fête. Ashkan est venu avec sa copine, Nazanine. Ils sont en couple depuis quatre ans. Il dit qu'il rêverait, une fois dans sa vie, d'aller dans un bar avec elle et de lui offrir un cocktail. Ouvertement, devant tout le monde.

– Est-ce que c'est trop demander ?

Je le vois soudain au bord des larmes.

Peu après, Jafar revient sur les risques de surveillance. Il propose de copier toutes mes photos et tous mes textes sur son ordinateur, « juste au cas où, à l'aéroport, on te confisquerait quelque chose. Et le mieux, ce serait que toutes les photos qui représentent des fêtes, des installations militaires ou des centrales atomiques, tu les effaces ».

Pendant que je transfère toutes mes données, dangereuses ou non, sur l'ordinateur de Jafar, Setareh vient s'asseoir à côté de moi.

– J'ai quelque chose à te montrer, dit-elle.

Elle ouvre une connexion VPN afin de pouvoir accéder à des pages internet bloquées, et sur YouYube, elle tape *« Happy Teheran »*. Ce que montre ce clip ressemble beaucoup à ce qu'on peut voir derrière nous, dans la pièce où nous sommes. Six jeunes, trois garçons et trois filles, dansent joyeusement sur un tube de Pharrell Williams, tonalité *fa* mineur, 160 BPM.

Dans un escalier, dans un salon, sur un balcon avec vue sur la tour Milad. Tantôt seuls, tantôt hommes et femmes ensemble. Sur les têtes, des chapeaux, des bandeaux, mais pas de voile. « *Clap along if you feel like a room without a roof, clap along if you feel like happiness is the truth* », disent les paroles de la chanson. Une invitation à profiter du moment présent, très proche finalement du *carpe diem* que lançait à sa façon Omar Khayyam, neuf cents ans plus tôt. À la fin de la vidéo s'affichent les prénoms des participants, et pour certains leur nom de famille. Et un bref message : « En réalisant ce film, nous avons profité de chaque seconde. En espérant que ça fera apparaître un sourire sur tes lèvres. » Mais la magie n'a pas opéré sur tous les spectateurs.

– Tous ceux qu'on voit dans le film ont été arrêtés, m'apprend Setareh.

À partir du moment où ils ont mis en ligne le clip, il n'a fallu que six heures à la police pour les retrouver tous. Accusés d'avoir porté atteinte aux valeurs et à la morale islamique, ils ont passé trois jours en garde à vue. Il y a quelques jours, alors que je me baladais dans le nord de l'Iran, ils ont été libérés sous caution, puis condamnés à six mois de détention et à quatre-vingt-onze coups de fouet – avec sursis. Le chef de la police de Téhéran Hossein Sajedinia a utilisé la publicité autour de cette affaire pour donner un avertissement à tous les jeunes Iraniens : la police est toujours en alerte, prête à poursuivre ceux qui ne respecteraient pas les normes sociales. Soudain, la vidéo est devenue inaccessible sur le net. « L'Iran est un pays où la joie est un délit », a twitté la célèbre journaliste Golnaz Esfandiari.

Le pays déborde de jeunes. Quarante-quatre millions d'Iraniens, soit 60 % de la population totale, sont âgés de moins de trente ans. Je n'ai rencontré que quelques dizaines d'entre eux. Loin de constituer une enquête représentative, mon voyage a été une rencontre avec un groupe partageant des caractéristiques communes. Qui parle l'anglais, qui s'intéresse au voyage, au mode de vie occidental, qui aspire à davantage de libertés. Un groupe de gens qui ont remarquablement appris à déjouer la loi au quotidien, en dépit des peines effrayantes qui les menacent. En trente-cinq ans de République islamique, jamais ils n'ont été aussi nombreux. Leur révolution sociale se joue derrière des portes closes. Et aussi dans le monde numérique. Flirter sur Viber, enlever son voile sur Facebook, poster des vidéos scandaleuses sur YouTube : l'internet permet une liberté plus grande que la vie réelle. C'est aussi un moyen de se réfugier hors de l'espace public. Mais un jour ou l'autre, ils prendront si bien goût à la traversée des frontières par écran interposé qu'ils n'accepteront plus de rester prisonniers *off line*. « En Iran, le changement doit être pacifique et venir de l'intérieur », a un jour écrit l'avocate Shirin Ebadi, prix Nobel de la paix.

J'ai eu le sentiment que ces jeunes n'avaient pas encore pris conscience du potentiel que représente à lui seul leur nombre. Ni du fait qu'ils avaient véritablement une chance de faire changer leur pays.

Je m'approche de la fenêtre. Derrière moi, c'est la fête, mais je m'isole un instant juste pour regarder le *skyline* de la ville, qui semble découpé dans du carton. Des dizaines de milliers d'immeubles aux fenêtres aveugles, aux portes d'entrée soigneusement verrouillées.

Des barrières visuelles derrière lesquelles, chaque jour, se passent les choses les plus folles comme les plus banales.

Quelque part, un contrôleur aérien joue au simulateur de vol. Une dominatrice ligote un esclave. Une graphiste dîne chez des amis. Le patron d'un bateau de pêche chante une chanson triste. Un ingénieur sautille dans sa cuisine pour attraper un oiseau. Un vétéran de guerre joue au backgammon. Un prince s'offre un bon verre de vin. Un ami de la nature trie des fleurs de safran. Une jolie étudiante reçoit son petit ami au salon. Un chauffeur de poids lourd écoute Modern Talking. Un professeur d'anglais tape sur son ordinateur une invitation pour sa prochaine soirée « Cercle des poètes disparus ».

Le lendemain, vers midi, je monterai dans un avion. Le vol TK875 m'emmènera à Istanbul. Retour vers le futur, six cent vingt et un ans de décalage. Je vais montrer mon passeport allemand, enregistrer mon sac à dos et boire ma dernière Delster. Et je serai dehors, de retour dans un monde où personne n'a peur, chaque jour, de se faire arrêter pour des broutilles. Où personne n'est forcé de pratiquer une religion qui n'est pas la sienne. Où mener une vie normale n'exige pas un jeu de cache-cache permanent.

Dans l'avion, j'aurai la gueule de bois à cause de l'eau-de-vie et une chanson qui me trotte dans la tête *(« Clap along if you feel like happiness is the truth »)*. La vidéo de Téhéran n'est restée bloquée que quelque temps, elle est à nouveau accessible en ligne. Un million de personnes dans le monde l'ont vue, et chaque jour, le nombre augmente. Les danseurs ne pourront pas être jugés une deuxième fois pour cela.

Ils ont gagné.

(« Happy »)

Remerciements

Je voudrais remercier de tout cœur ces personnes sans lesquelles ce livre n'aurait jamais pu voir le jour :

Yasmine de Téhéran, Massoud de l'île de Kish, Hussein de Kerman, Saeed de Shiraz, Ahmad de Boushehr, Maryan de Boushehr, Farshad d'Ahvaz, Hamed & Ashkan de Khorramabad, Azim & Sousan de Kermanshah, Ehsan de Marivan, Shahin & Mona de Hamedan, Ahmad d'Ispahan, Sofia d'Ispahan, Mellid d'Ispahan, Massi d'Ispahan, Elaheh de Mashhad, Azadeh de Babol, Saeed de Chalous, Funman Mohammad d'Abbas Abad, Azim & Nilo de Choubar, Hussein d'Ardabil, Reza de Téhéran, Shahab de Téhéran, Venus de Téhéran, Kian de l'île de Qeshm, Setareh de Téhéran, Fardad, Hamed, Babak, Sahar, Mina, Arash, Negar, Anita, Maryam, Ali, Mohsen, Abbas, Marzieh, Helaleh, Narjes, Pedram, Sahar & Nazanine, Laila.

Anastasiya Izhak, Mina Esfandiari (minaesfandiari.de), Rudiger Ditz, Martina Kluver, Bettina Feldweg, Jule Fischer, Samuel Zuder (samuelzuder.com), Marina & Yiannis de Marili Apartments sur l'île de Paros (marili-studios.gr), Nora Reinhardt, Katrin Schmiedekampf, Stefan Schultz, Azadeh F. Parsi, Verena Töpper, Anja Tiedge, Nasser

Manouchehri, Marouso Triantafyllou, Aysegul Eraslan, Ben Wadewitz, Annette Schneider, Clemens Sehi (anekdotique.de), Johannes Klaus (reisedepeschen.de), Antje Blinda, Lena Hinz, Kitty Liu, Tom Hillenbrand, Philip Laubach-Kiani, Astrid Därr, Anja Lange, Tonia Sorrentino, Bianca Bontempo, Mareike Engelken, Melanie Maier, Anouk Joester, Janine Borse, Hallie Gu, Christian Byfield, mes parents.

Couchsurfing im Iran sur Facebook :
www.facebook.com/couchsurfingimiran

Table

Mise en pages PCA
44400 Rezé

Achevé d'imprimer en avril 2016
sur les presses de Normandie Roto Impression s.a.s.
à Lonrai (Orne)
pour le compte des Éditions Payot & Rivages
18, rue Séguier -75006 Paris
N° d'impression : 1601705
Dépôt légal : avril 2016

Imprimé en France